HONGGUAN JINGJIXUE
ANLI YU SHIXUN JIAOCHENG

宏观经济学
案例与实训教程

主　编　霍爱英
副主编　高晓华

西南财经大学出版社
中国·成都

图书在版编目(CIP)数据

宏观经济学案例与实训教程/霍爱英主编.—成都:西南财经大学出版社,2016.12

ISBN 978-7-5504-2741-9

Ⅰ.①宏… Ⅱ.①霍… Ⅲ.①宏观经济学—教材 Ⅳ.①F015

中国版本图书馆 CIP 数据核字(2016)第 287005 号

宏观经济学案例与实训教程

主　编:霍爱英

副主编:高晓华

责任编辑:张明星

责任校对:陈何真璐　袁婷

封面设计:墨创文化

责任印制:封俊川

出版发行	西南财经大学出版社(四川省成都市光华村街 55 号)
网　　址	http://www.bookcj.com
电子邮件	bookcj@foxmail.com
邮政编码	610074
电　　话	028-87353785　87352368
照　　排	四川胜翔数码印务设计有限公司
印　　刷	郫县犀浦印刷厂
成品尺寸	185mm×260mm
印　　张	14.5
字　　数	325 千字
版　　次	2016 年 12 月第 1 版
印　　次	2016 年 12 月第 1 次印刷
印　　数	1—2000 册
书　　号	ISBN 978-7-5504-2741-9
定　　价	32.80 元

德州学院经管类创业型人才培养模式
创新实验区系列教材
编委会

总序

人才培养质量是大学的生命线，人才培养模式改革是大学发展永恒的主题。作为一所地方性、应用型本科院校，人才培养有什么优势和特色，决定着学校的发展方向、前途和命运。自2007年3月起，德州学院组织全体教授认真学习研究了《教育部、财政部关于实施高等学校本科教学质量与教学改革工程的意见》和《教育部关于进一步深化本科教学改革，全面提高教学质量的若干意见》两个重要文件，先后出台了《德州学院关于深化教学改革，全面提高教学质量的意见》《德州学院关于人才培养模式改革的实施意见》和《德州学院人才培养模式创新实验区建设与管理办法（试行）》三个执行文件。2009年年初，德州学院决定集全校之力，开展经管类创业型人才培养模式创新实验区建设工作。

德州学院于2011年3月17日制定了《关于培养创新性应用型人才的实施意见》，提出了创新性应用型人才的教育改革思路。2011年10月，学校决定以经管类创业型人才培养模式创新实验区建设为试点，开展创新创业型人才培养模式创新工作。学校还明确了经管类创业型人才培养模式创新实验区的任务：扎实开展经管类创业型人才培养模式的理论研究和实践探索，总结培养创新性应用型人才的经验和教训，为创建山东省应用型人才培养特色名校提供理论支撑和工作经验。

从国家与山东省经济发展战略来看，我国急需培养经管类创新性应用型人才。目前，我国经济正在从工业化初期向工业化中后期转变，以培养基础扎实的专业型人才为主要目标的人才培养模式暴露出了不能满足社会多元化需求的缺陷，造成了大量经管类学生的就业困难。因此，经管类人才培养模式的改革已迫在眉睫。首先，需要转变教育理念。教育不能局限于知识的传授，教师的作用应该是培养学生的自学能力，注重发掘学生的特长，使其形成良好的个性品质，要树立培养学生创新与创业精神的教育理念。其次，要调整培养目标。应该以适应地方经济和社会发展变化的岗位工作需要为导向，把培养目标转向知识面宽、能力强、素质高、适应能力强的复合型创业人才上来。同时，把质量标准从单纯的学术专业水平标准变成社会适应性标准。最后，要改变培养方式。要与社会对接和交流，要从封闭式走向开放式；同时，应该加快素质教育和能力培养内容与方法的改革，全面提升学生的社会适应能力和在不同环境下的应变能力。应把学生培养成为具有较高的创新意识，长于行动、敢担风险，勇担责任、百折不挠的创新创业型人才。

人才培养方案的改革是人才培养模式改革的首要工作。创新实验区课题工作小组对德州学院经管类创业型人才培养目标从政治方向、知识结构、应用能力、综合素质、就业岗位、办学定位、办学特色七个方面进行了综合描述，从经管类人才培养的知识结构、能力结构和综合素质三个方面进行了规格设计，针对每一项规格制定了相应的课程、实验、实习实训、专业创新设计、科技文化竞赛等教学环节培养方案，构建形成了以能力为主干、创新为核心，知识、能力和素质和谐统一的理论教学体系、实践教学体系和创新创业教学体系。

人才培养内容与方法的改革是人才培养模式改革的核心内容。创新实验区课题工作小组提出，要以经管类创业型人才培养模式创新系列教材编写与使用为突破口，利用 3~5 年时间初步实现课堂教学从知识传授向能力培养的转型。这标志着德州学院人才培养模式改革进入核心和攻坚阶段，既是良好的机遇，更面临巨大的挑战。

这套经管类创业型人才培养模式创新系列教材编写是基于以下逻辑过程：德州学院经济管理系率先完成了创新性应用型人才培养理论教学体系、实践教学体系和创新创业教学体系的框架构建。其中，理论课程内容的创新在理论教学体系改革中居于核心和统领地位。该人才培养内容与方法的创新把专业课程划分为核心课程、主干课程、特色课程和一般课程四类，采取不同的建设方案与建设措施。其中，核心课程建设按照每个专业遴选 3~5 门课程作为专业核心课程进行团队建设。例如，会计学专业确定了管理学、初级会计、初级会计学、财务管理和审计学五门专业核心课程。每一门核心课程按照强化专业知识、培养实践能力和提高教学素质的要求，划分为经典课程教材选用、案例与实训教程设计和教师教学指导设计三个环节进行建设。而特色课程也是在培养知识、能力、素质和创新精神四位一体的创业型人才培养中专门开设的课程，其目的是增强创业型人才培养的针对性和可操作性。

这套经管类创业型人才培养模式创新系列教材是在许许多多的教研工作者，甚至包括部分学生、家长的共同努力下完成的，凝聚了大家的智慧和心血。希望这套教材能为德州学院的人才培养模式创新工作探索出一条成功的道路。

季桂起

2011 年 10 月

前言

宏观经济学诞生于20世纪二三十年代，英国经济学家凯恩斯（J. M. Keynes，1883—1946）1936年出版的《就业、利息和货币通论》是宏观领域的开山之作，为宏观分析奠定了最初的框架，标志着现代西方宏观经济学正式成为一门独立的理论经济学分支学科。最近30多年来，西方经济学在我国逐步普及，而西方宏观经济学作为目前宏观调控的理论基础，在我国的宏观经济调控管理中起到了很大作用。有关西方宏观经济学的教材也是层出不穷，可谓汗牛充栋。

2009年，德州学院提出创建山东省创业型人才培养模式创新实验区的目标，并把经管类创业型人才培养模式列为第一批创新实验区内容，把工商管理专业（创业管理方向）列为创新改革专业。同年，德州学院经管类创业型人才培养模式创新实验区成立。实验区工作小组经过反复思考，决定编写一套创业型、教学型的经管类系列教材，分为经管类核心课程、主干课程和特色课程三类。笔者有幸承担了宏观经济学的教材编写工作。

近几年来，中国的经济学教育、教学方法有了重大进步，更加重视理论联系实际，实验、实践、案例教学逐步加强。鉴于此，笔者以我国经济学界杰出教育家、西方经济学学科主要奠基人之一高鸿业先生主编的《西方经济学（宏观部分）》这一一直被各大院校选用的权威教材为依据，编写授课案例与实训项目。

本书的主要特色是通过每章的案例导入、实训作业、实训活动、案例研究及案例使用指南等，引导学生在课堂学习理论知识的同时进行深入思考，将宏观经济学理论学习与实际运用结合为一体，提升学生掌握宏观经济学理论知识的水平及分析社会经济现象问题的能力。其次，为了方便学生学习，本书每章都配备有学习目标、关键词和知识精要。关键词和知识精要简要阐明了各章的核心基础知识点，帮助学生凝练教材学习内容，化繁为简，深入浅出，节约学习时间。最后，本书第一章至第九章分别一一对应高鸿业先生主编的《西方经济学（宏观部分·第六版）》的第十二章至第二十章的教材内容，读者在使用过程中应该注意配合学习。

本书在付梓之际，感谢各位同事的帮助，感谢梁超老师、韩大平老师、毛丽君老师和靳琳老师曾参与提供编写材料！更感谢本书副主编高晓华老师的坚持不辍！最后感谢各位领导以及西南财经大学出版社的支持！

本书可作为大学本科层次经济管理类专业应用参考教材，更可以作为考研学习的参考书目，还可以作为各界从事社会经济管理工作者的应用参考书籍。由于编者能力有限，书中疏漏之处在所难免，欢迎广大读者和同行给予指导、批评和帮助。

编　者

2016 年 10 月

目 录

第一章　宏观经济的基本指标及其衡量

【案例导入】

案例导入一：漫画凯恩斯

案例来源：http://baike.haosou.com/doc/4980021-5203067.html.

问题：他是谁？他在做什么？

案例导入二：中华人民共和国2014年国民经济和社会发展统计公报

国民经济稳定增长。初步核算，全年国内生产总值636 463亿元，比上年增长7.4%。其中，第一产业增加值58 332亿元，增长4.1%；第二产业增加值271 392亿元，增长7.3%；第三产业增加值306 739亿元，增长8.1%。第一产业增加值占国内生产总值的比重为9.2%，第二产业增加值比重为42.6%，第三产业增加值比重为48.2%。

就业继续增加。年末全国就业人员77 253万人，其中城镇就业人员39 310万人。全年城镇新增就业1 322万人。年末城镇登记失业率为4.09%。全国农民工总量为27 395万人，比上年增长1.9%。其中，外出农民工16 821万人，增长1.3%；本地农民工10 574万人，增长2.8%。劳动生产率稳步提高。全年国家全员劳动生产率为72 313元/人，比上年提高7.0%。

价格水平涨幅较低。全年居民消费价格比上年上涨2.0%，其中食品价格上涨3.1%。固定资产投资价格上涨0.5%。工业生产者出厂价格下降1.9%。工业生产者购进价格下降2.2%。农产品生产者价格下降0.2%。

外汇储备略有增加。年末国家外汇储备38 430亿美元，比上年末增加217亿美元。全年人民币平均汇率为1美元兑6.142 8元人民币，比上年升值0.8%。

案例来源：http://www.stats.gov.cn/tjsj/zxfb/201502/t20150226_685799.html.

问题：

1. 2014 年我国经济运行如何？
2. 宏观经济学研究的主要内容从公报中如何体现出来？
3. 面对宏观经济数据你得出什么结论？你目前的知识储备够吗？

【学习目标】

1. 了解宏观经济学的特点。
2. 理解 GDP 的含义和国民收入的广泛概念。
3. 理解收入法和支出法核算的 GDP。
4. 运用所学知识解读现实中的宏观经济数据。

【关键术语】

国内生产总值（GDP）

【知识精要】

1. 宏观经济学的特点：研究对象是社会总体的经济行为。研究方法是总量分析法。研究任务是解决失业、通货膨胀和通货紧缩（物价波动）、经济增长和国际收支均衡问题。

2. 宏观经济学诞生于 20 世纪二三十年代，英国经济学家凯恩斯（J. M. Keynes，1883—1946）1936 年出版的《就业、利息和货币通论》是宏观领域的开山之作，为宏观分析奠定了最初的框架，标志着现代西方宏观经济学正式成为一门独立的理论经济学分支学科。

3. 国内生产总值（GDP）是核算国民经济活动的核心指标。它是经济社会（一国或一地区）在一定时期内运用生产要素所生产的全部最终产品（物品和劳务）的市场价值。

4. 核算国内生产总值可用生产法、支出法和收入法，常用的是后两种方法。支出法核算国内生产总值（GDP）= 消费（C）+投资（I）+政府购买支出（G）+净出口（$X-M$）；收入法核算国内生产总值（GDP）= 工资（W）+利息（INT）+利润（P）+租金（R）+间接税（IBT）+折旧（D）。

5. 国民收入核算体系中存在储蓄投资恒等式。在两部门、三部门和四部门经济中分别表示为 $S=I$、$I=S+(T-G)$、$I=S+(T-G)+(M-X+K_r)$。式中，S 为居民私人储蓄；T 为政府净收入；K_r 为本国居民对外国人的转移支付。

【实训作业】

一、名词解释

1. 国内生产总值（GDP）
2. 国民生产总值（GNP）
3. 国内生产净值（NDP）
4. 国民收入（NI）
5. 个人收入（PI）
6. 个人可支配收入（DPI）
7. 国内生产总值折算指数（GDP implicit deflator）

二、简要回答

1. 举例说明最终产品和中间产品的区别。
2. 举例说明经济中流量和存量的联系与区别。
3. 为什么人们购买债券和股票从个人来说是投资，但从经济学上不算投资？
4. 简要阐述名义国民（内）生产总值和实际国民（内）生产总值。
5. 用支出法如何核算国内生产总值？
6. 用收入法如何核算国内生产总值？
7. 国内生产总值核算指标的缺陷是什么？

三、论述

1. 举例分析 GDP、GNP、NDP、NI、PI 和 DPI 之间的关系。
2. 请推导四部门经济中总储蓄和投资的恒等式。

四、问题计算

1. 某年发生了以下活动：(a) 一银矿公司支付 7.5 万美元给矿工开采了 50 千克银卖给一银器制造商，售价 10 万美元；(b) 银器制造商支付 5 万美元工资给工人造了一批项链卖给消费者，售价 40 万美元。

(1) 用最终产品生产法计算 GDP。

(2) 每个生产阶段生产多少价值？用增值法计算 GDP。

(3) 在生产活动中赚得的工资和利润共为多少？用收入法计算 GDP。

2. 假定某经济社会有 A、B、C 三个厂商，A 厂商年产出 5 000 美元，卖给 B、C 和消费者。其中 B 买 A 的产出 200 美元，C 买 2 000 美元，其余 2 800 美元卖给消费者。B 年产出 500 美元，直接卖给消费者。C 年产出 6 000 美元，其中 3 000 美元由 A 买，其余由消费者买。

(1) 假设投入在生产中用光，计算价值增加多少？

（2）计算 GDP 为多少？

（3）如果只有 C 有 500 美元折旧，计算国民收入。

3. 假设国内生产总值是 5 000，个人可支配收入是 4 100，政府预算赤字是 200，消费是 800，贸易赤字是 100。试计算：（1）储蓄；（2）投资；（3）政府支出。

4. 根据一国的国民收入统计资料：

单位：亿美元

项目	数额
国内生产总值	4 800
总投资	800
净投资	300
消费	3 000
政府购买	960
政府预算盈余	30

试计算：（1）国内生产净值；（2）净出口；（3）政府税收减去转移支付后的收入；（4）个人可支配收入；（5）个人收入。

【实训作业答案】

一、名词解释

1. 国内生产总值（GDP）：一个地域概念，指经济社会（即一个国家）在一定时期内运用生产要素所生产的全部最终产品（物品和劳务）的市场价值。

2. 国民生产总值（GNP）：一个国民概念，指某国国民在一定时期内运用生产要素所生产的全部最终产品（物品和劳务）的市场价值。

3. 国内生产净值（NDP）：最终产品价值并未扣除资本设备消耗，如果把消耗的资本设备价值扣除了，就得到了净增值。简言之是指从国内生产总值（GDP）中扣除资本折旧得到的。

4. 国民收入（NI）：通常所说的国民收入是所谓“广义”的国民收入，它包括国民生产总值（国内生产总值）、国民生产净值（国内生产净值），也包括“狭义”的国民收入，即国民收入（NI）。狭义国民收入（NI）是按生产要素报酬计算的国民收入，它等于国民生产净值减去间接税和企业转移支付，再加上政府补贴。

5. 个人收入（PI）：个人收入的构成实际上是国民收入减去一部分应当作为生产要素报酬支付给个人而没有支付的部分，再加上个人实际获得的不属于生产要素报酬的收入。

综上，个人收入的公式为：

PI（个人收入）= NI（国民收入）-企业未分配利润-公司所得税-社会保险税费+转移支付

6. 个人可支配收入（DPI）：个人可支配收入指一个国家一年内个人可以支配的累加，个人收入减去个人所得税的余额，就是个人可支配收入，可以用来消费与储蓄。

公式表示为：

DPI（Disposable Personal Income）= PI-个人所得税=消费+储蓄

7. 国内生产总值折算指数（GDP implicit deflator）：名义的 GDP 和实际的 GDP 的比率。反映出这一时期和基期相比的价格变动。

二、简要回答

1. 举例说明最终产品和中间产品的区别。

答：在国民收入核算中，一件产品究竟是中间产品还是最终产品，不能根据产品的物质属性来加以区别，而只能根据产品是否进入最终使用者手中这一点来加以区别。例如，我们不能根据产品的物质属性来判断面粉和面包究竟是最终产品还是中间产品。看起来，面粉一定是中间产品，面包一定是最终产品。其实不然。如果面粉为面包厂所购买，则面粉是中间产品，如果面粉为家庭主妇所购买，则是最终产品。同样，如果面包由面包商店卖给消费者，则此面包是最终产品，但如果面包由生产厂商出售给面包商店，则它还属于中间产品。

2. 举例说明经济中流量和存量的联系与区别。

答：存量指某一时点上存在的某种经济变量的数值，其大小没有时间维度，而流量是指一定时期内发生的某种经济变量的数值，其大小有时间维度；但是二者也有联系，流量来自存量，又归于存量，存量由流量累积而成。拿财富与收入来说，财富是存量，收入是流量。

3. 为什么人们购买债券和股票从个人来说是投资，但从经济学上不算投资？

答：经济学上所讲的投资是增加或替换资本资产的支出，即建造新厂房、购买新机器设备等行为，而人们购买债券和股票只是一种证券交易活动，并不是实际的生产经营活动。人们购买债券或股票，是一种产权转移活动，因而不属于经济学意义的投资活动，也不能计入 GDP。公司从人们手里取得了出售债券或股票的货币资金再去购买厂房或机器设备，才算投资活动。

4. 简要阐述名义国民（内）生产总值和实际国民（内）生产总值。

答：名义国民生产总值或名义国内生产总值：是指运用当期市场价格计算的总产出。实际国民生产总值或实际国内生产总值：是指运用某一基期市场价格计算的总产出。名义国民（内）生产总值增长率-通货膨胀率=真实国民（内）生产总值增长率。在价格上涨的情况下，国民（内）生产总值的上升只是一种假象，有实质性影响的还是实际国民（内）生产总值变化率，所以使用国内生产总值这个指标时，还必须通过 GNP（GDP）缩减指数，对名义国民（内）生产总值做出调整，从而精确地反映产出的实际变动。GNP（GDP）缩减指数=名义 GNP 或 GDP/实际 GNP 或 GDP。

5. 用支出法如何核算国内生产总值？

答：用支出法核算国内生产总值，就是通过核算一定时期内整个社会购买最终产品的总支出即整个社会对最终产品的总需求来计量 GDP。一个经济社会在一定时期内购买最终产品的总支出或总需求就是指消费支出或消费需求（C）、投资支出或投资需求（I）、政府支出或政府需求（G）和净出口（NX）。净出口是出口（X）减去进口

(M) 的差额，可以视为外国对本国产品的净需求，即外国购买本国产品的净支出。因此，用支出法核算 GDP 的公式，即可表示为：$GDP=C+I+G+NX$。

6. 用收入法如何核算国内生产总值?

答：用收入法核算国内生产总值，就是通过计算一定时期内的生产要素收入即企业生产成本来核算 GDP。在经济生活中，要素收入或企业生产成本具体包括：①工资、利息、租金等生产要素的报酬；②非公司企业主收入，如农民、律师、医生的收入等；③公司税前利润，包括公司所得税、社会保险税、股东红利和公司未分配利润等；④企业间接税和转移支付；⑤资本折旧。因此，如果用收入法计算国内生产总值，其计算公式则为：GDP=工资+利息+租金+利润+企业间接税+企业转移支付+资本折旧。

从理论上说，用支出法和用收入法计算的 GDP 在数值上应是完全相等的，但在实际核算过程中，由于技术等方面的原因，两者常常会出现偏差，因此，还必须进行统计误差方面的调整。

7. 国内生产总值核算指标的缺陷是什么?

答：国内生产总值（GDP）是一个地域概念，指经济社会（即一个国家或地区）在一定时期内运用生产要素所生产的全部最终产品（物品和劳务）的市场价值。

它是最重要的宏观经济指标，常被公认为衡量国家经济状况的最佳指标。它不但可以反映一个国家的经济表现，更可以反映一国的国力与财富，是国民经济核算体系（SNA）中一个重要的综合性指标，也是我国新国民经济核算体系中的核心指标和反映常住单位生产活动成果的指标。

缺陷：第一，国内生产总值是用最终产品来计量的，即最终产品在该时期的最终出售价值。第二，国内生产总值是一个市场价值的概念。各种最终产品的市场价值是在市场上达成交换的价值，都是用货币来加以衡量的，通过市场交换体现出来。一种产品的市场价值就是用这种最终产品的单价乘以其产量获得的。第三，国内生产总值一般仅指市场活动导致的价值。那些非生产性活动以及地下交易、黑市交易等不计入 GDP 中，如家务劳动、自给自足性生产、赌博和毒品的非法交易等。第四，GDP 是计算期内生产的最终产品价值，因而是流量而不是存量。第五，GDP 不是实实在在流通的财富，它只是用标准的货币平均值来表示财富的多少。但是生产出来的东西能不能完全转化成流通的财富，这个是不一定的。第六，由于不同国家产品结构和市场价格存在差异，因此两国指标难以进行精确比较。

三、论述

1. 举例分析 GDP、GNP、NDP、NI、PI 和 DPI 之间的关系。

答：GDP 衡量在国内生产的总收入，GNP 衡量国民（一国居民）所赚取的总收入。二者关系：GNP=GDP+来自国外的要素收入-对国外的要素支付。

NDP 是国内生产净值，它是指从 GDP 中减去资本折旧——在一年期间经济中工厂、设备和住房存量磨损的数额得到的。即 NDP=GDP-折旧。

NI 指国民收入，是从 NDP 中减去企业间接税（如销售税等）得到的。即 NI=NDP-企业间接税。

PI 是个人收入，即家庭和非公司企业所得到的收入额。PI = NI - 公司利润 - 社会保险税 - 净利息 + 股息 + 政府对个人的转移支付 + 个人利息收入。

DPI 是个人可支配收入，是在个人收入中减去个人对政府的税收支付和某些非税收支付（比如停车罚款）。即：DPI = PI - 个人税收和非税收支付。

某国最终消费 8 000 亿美元，国内私人投资总额 5 000 亿美元（其中 1 000 亿美元为折旧），政府税收 3 000 亿美元（间接税为 2 000 亿美元），政府支出 3 000 亿美元（政府购买 2 500 亿美元，转移支付 500 亿美元），出口 2 000 亿美元，进口 1 500 亿美元。根据以上数据计算该国的 GDP、GNP、NDP、NI、PI 与 DPI。

答案：

GDP = GNP = 8 000+5 000+2 500+（2 000−1 500）= 16 000（亿美元）

NDP = GDP−1 000 = 16 000−1 000 = 15 000（亿美元）

NI = NDP−2 000 = 15 000−2 000 = 13 000（亿美元）

PI = NI+500 = 13 000+500 = 13 500（亿美元）

DPI = PI−（3 000−2 000）= 13 500−1 000 = 12 500（亿美元）

2. 请推导四部门经济中总储蓄和投资的恒等式。

答：四部门经济就是在三部门经济中引入一个国外部门，即包括消费者（居民）、企业、政府部门和国外部门。

投资储蓄恒等式为 $I=S+(T-G)+(M-X)$，其中 $(M-X)$ 为外国在本国的储蓄。

推导过程：

从支出角度看，国内生产总值是消费支出、投资支出、政府购买支出和净出口的总和，即 $GDP=C+I+G+(X-M)$。

从总供给角度看，国民收入构成的公式可写成：$Y=C+S+T+M$。

这样，四部门经济中国民收入构成的基本公式就是 $C+I+G+X=Y=C+S+T+M$，公式两边消去 C，得到 $I+G+X=S+T+M$ 这一等式，也可以看成是四部门经济中的储蓄-投资恒等式，因为这一等式可以转化为以下式子：$I=S+(T-G)+(M-X)$。在这里，S 代表居民私人储蓄，$(T-G)$ 代表政府储蓄，而 $(M-X)$ 则可代表净出口。这样，$I=S+(T-G)+(M-X)$ 这个公式就代表四部门经济中总储蓄（私人、政府和国外）和投资的恒等关系。

四、问题计算

1. 某年发生了以下活动：（a）一银矿公司支付 7.5 万美元给矿工开采了 50 千克银卖给一银器制造商，售价 10 万美元；（b）银器制造商支付 5 万美元工资给工人造了一批项链卖给消费者，售价 40 万美元。

（1）用最终产品生产法计算 GDP。

（2）每个生产阶段生产多少价值？用增值法计算 GDP。

（3）在生产活动中赚得的工资和利润共为多少？用收入法计算 GDP。

答：（1）项链为最终产品，价值为 40 万美元。

（2）开矿阶段生产 10 万美元，银器制造阶段生产 30 万美元（即 40 万美元−10 万美元=30 万美元），两个阶段共增值 40 万美元。

（3）在生产活动中，所获工资共计：7.5+5=12.5（万美元）。在生产活动中，所获利润共计：（10−7.5）+（30−5）=27.5（万美元）。

用收入法计得的 GDP 为 12.5+27.5=40（万美元），可见，用最终产品法、增值法和收入法计得的 GDP 是相同的。

2. 假定某经济社会有 A、B、C 三个厂商，A 厂商年产出 5 000 美元，卖给 B、C 和消费者。其中 B 买 A 的产出 200 美元，C 买 2 000 美元，其余 2 800 美元卖给消费者。B 年产出 500 美元，直接卖给消费者。C 年产出 6 000 美元，其中 3 000 美元由 A 买，其余由消费者买。

（1）假设投入在生产中用光，计算价值增加多少？

（2）计算 GDP 为多少？

（3）如果只有 C 有 500 美元折旧，计算国民收入。

答：（1）A 的价值增加为 5 000−3 000=2 000（美元）

B 的价值增加为 500−200=300（美元）

C 的价值增加为 6 000−2 000=4 000（美元）

合计价值增加为 2 000+300+4 000=6 300（美元）

（2）最终产品价值为 2 800+500+3 000=6 300（美元），式中 2 800、500、3 000 分别为 A、B、C 卖给消费者的最终产品价值。

（3）国民收入为 6 300−500=5 800（美元）。

3. 假设国内生产总值是 5 000，个人可支配收入是 4 100，政府预算赤字是 200，消费是 800，贸易赤字是 100。试计算：（1）储蓄；（2）投资；（3）政府支出。

答：（1）用 S 表示储蓄，用 Y_d 代表个人可支配收入，则 $S=Y_d-C=4\ 100-3\ 800=300$（亿美元）。

（2）用 I 代表投资，用 S_P、S_G、S_R 分别代表私人部门、政府部门和国外部门的储蓄，则 $S_G=T-G=BS$。在这里，T 代表政府税收收入，G 代表政府支出，BS 代表预算盈余。在本题中，$S_G=BS=-200$（亿元）。

S_R 表示外国部门的储蓄，即外国的出口减去进口，对本国来说，则是进口减去出口，在本题中为 100，因此，$I=S_P+S_G+S_R=300+(-200)+100=200$（亿元）。

（3）从 $GDP=C+I+G+(X-M)$ 中可知，政府支出 $G=5\ 000-3\ 800-200-(-100)=1\ 100$（亿元）。

4. 根据一国的国民收入统计资料：

单位：亿美元

国内生产总值	4 800
总投资	800
净投资	300
消费	3 000
政府购买	960
政府预算盈余	30

试计算：（1）国内生产净值；（2）净出口；（3）政府税收减去转移支付后的收入；（4）个人可支配收入；（5）个人收入。

答：（1）国内生产净值=国内生产总值-资本消耗补偿，而资本消耗补偿（折旧）就等于总投资减净投资后的余额，即800-300=500（亿美元），因此，国内生产净值=4 800-500=4 300（亿美元）。

（2）从 GDP = $C+I+G+NX$ 中可知 NX = GDP $-C-I-G$，因此，净出口 NX = 4 800-3 000-800-960=40（亿美元）。

（3）用 BS 代表政府预算盈余，T 代表净税收即政府税收减去政府转移支付后的收入，则有 $BS=T-G$，从而有 $T=BS+G$=30+960=990（亿美元）。

（4）个人可支配收入本来是个人所得税后的余额，本题中没有说明间接税、公司利润、社会保险税等因素，因此，可从国民生产净值中直接得到个人可支配收入，即 DPI=NNP-T=4 300-990=3 310（亿美元）。

（5）个人储蓄 S=DPI-C=3 310-3 000=310（亿美元）。

【实训活动】

实训活动　政府文件解读

目的：

1. 运用本章所学知识解读宏观经济数据及了解宏观经济运行状况。
2. 联系自身实际评价知识储备。

内容：

1. 时间：25~30 分钟。
2. 地点：任意。
3. 人数：任课班级学生人数，3~6 人构成独立小组。
4. 合作人数：1~3 人构成的独立小组。

步骤：

第一步：选取材料（建议教师提供）。

实训解读材料：

李克强作的政府工作报告（摘登）

2014 年回顾

我国经济社会发展总体平稳、稳中有进

国务院总理李克强5日在第十二届全国人大三次会议上作政府工作报告时说，过去一年，我国发展面临的国际国内环境复杂严峻。全球经济复苏艰难曲折，主要经济体走势分化。国内经济下行压力持续加大，多重困难和挑战相互交织。在以习近平同志为总书记的党中央的坚强领导下，全国各族人民万众一心，克难攻坚，完成了全年经济社会发展主要目标任务，全面深化改革实现良好开局，全面推进依法治国开启新征程，全面从严治党取得新进展，全面建成小康社会又迈出坚实步伐。一年来，我国经济社会发展总体平稳，稳中有进。

李克强说“稳”的主要标志是，经济运行处于合理区间。增速稳，国内生产总值达到63.6万亿元，比上年增长7.4%，在世界主要经济体中名列前茅。就业稳，城镇新增就业1 322万人，高于上年。价格稳，居民消费价格上涨2%。“进”的总体特征是，发展的协调性和可持续性增强。经济结构有新的优化，粮食产量达到0.605万亿千克，消费对经济增长的贡献率上升3个百分点，达到51.2%，服务业增加值比重由46.9%提高到48.2%，新产业、新业态、新商业模式不断涌现。中西部地区经济增速快于东部地区。发展质量有新的提升，一般公共预算收入增长8.6%，研究与试验发展经费支出与国内生产总值之比超过2%，能耗强度下降4.8%，是近年来最大降幅。人民生活有新的改善，全国居民人均可支配收入实际增长8%，快于经济增长；农村居民人均可支配收入实际增长9.2%，快于城镇居民收入增长；农村贫困人口减少1 232万人；6 600多万农村人口饮水安全问题得到解决；出境旅游超过1亿人次。改革开放有新的突破，全面深化改革系列重点任务启动实施，本届政府减少1/3行政审批事项的目标提前实现。这份成绩单的确来之不易，它凝聚着全国各族人民的心血和汗水，坚定了我们奋勇前行的决心和信心。

（略）

2015年部署

增强忧患意识，坚定必胜信念，牢牢把握发展主动权

国务院总理李克强5日作政府工作报告时说，我们必须增强忧患意识，坚定必胜信念，牢牢把握发展的主动权。

他指出，我国是世界上最大的发展中国家，仍处于并将长期处于社会主义初级阶段，发展是硬道理，是解决一切问题的基础和关键。化解各种矛盾和风险，跨越“中等收入陷阱”，实现现代化，根本要靠发展，发展必须有合理的增长速度。同时，我国经济发展进入新常态，正处在爬坡过坎的关口，体制机制弊端和结构性矛盾是“拦路虎”，不深化改革和调整经济结构，就难以实现平稳健康发展。我们必须毫不动摇坚持以经济建设为中心，切实抓好发展这个执政兴国第一要务。必须坚持不懈依靠改革推动科学发展，加快转变经济发展方式，实现有质量、有效益、可持续的发展。

当前，世界经济正处于深度调整之中，复苏动力不足，地缘政治影响加重，不确定因素增多，推动增长、增加就业、调整结构成为国际社会共识。我国经济下行压力还在加大，发展中深层次矛盾凸显，今年面临的困难可能比去年还要大。同时，我国发展仍处于可以大有作为的重要战略机遇期，有巨大的潜力、韧性和回旋余地。新型工业化、信息化、城镇化、农业现代化持续推进，发展基础日益雄厚，改革红利正在释放，宏观调控积累了丰富经验。

政府工作总体要求

国务院总理李克强5日作政府工作报告时说，新的一年是全面深化改革的关键之年，是全面推进依法治国的开局之年，也是稳增长调结构的紧要之年。政府工作的总体要求是：高举中国特色社会主义伟大旗帜，以邓小平理论、“三个代表”重要思想、

科学发展观为指导，全面贯彻党的十八大和十八届三中、四中全会精神，贯彻落实习近平总书记系列重要讲话精神，主动适应和引领经济发展新常态，坚持稳中求进工作总基调，保持经济运行在合理区间，着力提高经济发展质量和效益，把转方式调结构放到更加重要的位置，狠抓改革攻坚，突出创新驱动，强化风险防控，加强民生保障，处理好改革发展稳定关系，全面推进社会主义经济建设、政治建设、文化建设、社会建设、生态文明建设，促进经济平稳健康发展和社会和谐稳定。

李克强表示，我们要把握好总体要求，着眼于保持中高速增长和迈向中高端水平“双目标”，坚持稳政策稳预期和促改革调结构“双结合”，打造大众创业、万众创新和增加公共产品、公共服务“双引擎”，推动发展调速不减势、量增质更优，实现中国经济提质增效升级。

今年经济社会发展主要预期目标

国务院总理李克强5日作政府工作报告时说，今年经济社会发展的主要预期目标是：国内生产总值增长7%左右，居民消费价格涨幅3%左右，城镇新增就业1 000万人以上，城镇登记失业率4.5%以内，进出口增长6%左右，国际收支基本平衡，居民收入增长与经济发展同步。能耗强度下降3.1%以上，主要污染物排放继续减少。

他说，经济增长预期7%左右，考虑了需要和可能，与全面建成小康社会目标相衔接，与经济总量扩大和结构升级的要求相适应，符合发展规律，符合客观实际。以这样的速度保持较长时期发展，实现现代化的物质基础就会更加雄厚。稳增长也是为了保就业，随着服务业比重上升、小微企业增多和经济体量增大，7%左右的速度可以实现比较充分的就业。

材料来源：http://cpc.people.com.cn/n/2015/0306/c64094-26646179.html.

第二步：小组成员可以人手一份，在15分钟之内研读材料。

第三步：请组内各个成员进行解读。

第四步：比较进行专业学习之前与完成本章学习后的认知水平。

问题研讨：

1. 你的小组团队是如何工作的?

2. 纵向比较自己经过专业学习前后的认知水平，并对此进行客观评价。

3. 横向比较自己与其他未进行专业学习的同学的认知水平，尽量客观评价。

实训点评：

1. 比较学习前后对于相关术语的认知程度。例如：国内生产总值、就业、居民消费价格指数、经济增长、人均可支配收入、失业和国际收支平衡等。

2. 可进一步深入学习2016年《政府工作报告》，比较2014年和2015年的《政府工作报告》中各个指标及数据，加深对中国宏观经济运行态势的理解。

【案例研究及案例使用指南】

案例 1　有趣的宏观经济学：意见相反的两位经济学家都可获得诺贝尔奖

在日常生活中我们知道，“一张桌子是方的就是方的，不能够说成圆的”，这是物理科学，很多自然科学都是这样，是黑的就是黑的，是白的就是白的。如果白的是对的，那么黑的就是错的。而经济学，特别是宏观经济学则不完全是这样，“持不同观点”的两位宏观经济学家，可能都会获得诺贝尔经济学奖，或者说两位诺贝尔经济学奖得主其关于宏观经济现象的观点可能完全相反。比如，关于 2008 年次贷危机引起的经济危机将持续多久的问题，2008 年诺贝尔经济学奖得主克鲁格曼认为将持续很长时间，而在 2008 年底的时候，1996 年诺贝尔经济学奖得主莫里斯则认为经济危机估计两年就会过去。宏观经济学就是这样一门门派林立、观点多样、争论不断的发展中的经济科学。

一、宏观经济学中的“革命”和“反革命”

宏观经济学中的“革命”和“反革命”不断循环上演。1936 年以凯恩斯为代表的有效需求不足理论标志着宏观经济学的开始，并指导西方资本主义国家成功摆脱了 20 世纪 30 年代经济危机的困扰，由此奠定了其不可动摇的经济学地位。但是 20 世纪 50 年代之后，这种牢固不移的新信仰迅速成为过时的谈资。以希克斯、汉森以及萨缪尔森为代表的新古典综合派推出了 *IS-LM* 模型，试图调和凯恩斯主义和古典经济学之间的分歧。但是新古典综合派的统治并没有维持多久，由于菲利普斯曲线对于 20 世纪 70 年代西方经济“滞胀”的解释乏力，新古典综合派又遭受了来自弗里德曼和费尔普斯的猛烈抨击。到 20 世纪 70 年代中期，凯恩斯主义遭到第二波攻击，这就是以卢卡斯（Robert E. Lucas，Jr）等人为代表的新古典主义宏观经济学家发动的“理性预期革命”。进入 20 世纪 80 年代后，大多数经验证据并不支持货币的经济周期理论。基德兰德和普雷斯科特等人提出了真实经济周期理论。真实经济周期理论的出现在现代西方宏观经济学中掀起了一场“革命”。

面对如此反复循环的经济学“革命”和“反革命”，有些理论一脉相承，有些理论截然相反，并且自从诺贝尔经济学奖创立以来，这其中不少经济学家获得过该奖——无论他们持有什么样的观点，提出什么样的理论。面对这样的情况，许多人迷惑不解：持有相反观点的两位经济学家为什么都能获得诺贝尔奖？这有悖常理，于是人们不禁要问宏观经济学还是一门科学吗？

二、宏观经济学是科学吗？

宏观经济学是不是科学的问题，在经济学界一直争论不休，也没有明确的界定，可谓仁者见仁、智者见智。对于持否定意见的学者来讲，归纳起来，他们的观点如下：

第一，西方宏观经济学缺乏科学所应有的内在一致性，即在科学体系中，不能同时存在两种或两种以上的相互抵触的说法。而在西方宏观经济学中，相互矛盾的说法大量存在，例如自由放任和国家干预的争论。

第二，在科学研究中，不同学说的暂时存在是允许的，随着分析的深入最终能对正确和错误加以判断。然而，宏观经济学中长期存在的大量而又无法消除的理论矛盾却不是科学研究中的正常现象。例如就造成经济波动的原因而言，凯恩斯和货币主义理论都从实践和理论上进行了详细认真的分析，但直到今天争论似乎也没有结束，因为最终没有证明谁是谁非。

第三，科学研究具有累积性的特点，而西方宏观经济学却不是如此。随着历史条件的变迁，新的理论往往完全排斥旧的学说，新旧之间的关系不是相互补充而是相互排斥。在1936年出现的凯恩斯主义压倒了原有的古典宏观经济学，而1995年诺贝尔经济学奖获得者卢卡斯提出的观点和凯恩斯是相反的。也就是说，宏观经济学说的流行并不取决于其内在的正确性，而是由历史条件的变迁所决定的。可见，这种随历史条件的变迁而改变其基本内容的理论体系总是有些让人难以接受其为一门科学。

基于以上原因，有些人把宏观经济学称为“伪科学”，但大多数人还是对此持肯定态度的。例如著名的经济学家熊彼特曾经也讨论过这个问题，他拓展了科学的内涵，最终把宏观经济学作为科学来看待。也有学者认为经济发展不是完全随机的，在一定条件下，总是遵循一些规律。对于这些规律的研究就形成了经济学。要发现经济规律，也要用严谨的探索和论证方法进行实践，这是一个求实创新的思维和行为模式。当代经济学已经形成了系统的经济理论体系，影响甚至决定了人类社会的经济框架和经济制度。这些特征表明，经济学明显具有科学的特征。

事实上，因为经济学的发展和纯粹科学的发展存在着根本的区别，导致我们不能拿自然科学的特点来判断经济学是否属于科学。对于此论述，瑞典著名的经济学家缪尔达尔（Gunnar Myrdal，1898—1987）在一本对于“经济学主流”的尖锐批判的论文集中谈到，社会科学与自然科学的真正重大的区别在于，社会科学的研究者永远也得不到常数和普遍适用的自然法则，即在我们的社会领域中，对事实以及事实和事实之间的关系的研究所涉及的事物，比物质的宇宙间的事实和事实之间的关系要复杂得多，而且变化多端并充满流动性和不确定性。社会科学所研究的问题是关于人的行为的问题，而人的行为不像自然物质一样具有永恒不变的性质，人的行为有赖于并取决于生存其中的生活条件和组织机构形成的错综复杂的复合体；人类的行为现象表现为不同的、千变万化的可变性与僵化的东西的各种组合，因而即使是在时间的某一点上和在某种特殊情况下，这些现象确实难以把它们作为事实而定义、观察和衡量。

三、不奇怪的宏观经济学

人们经常就经济学家作为一个群体为决策者提出不同的建议（甚至是相互矛盾的建议）进行批评。为什么经济学家会给决策者提供看起来相互矛盾的建议呢？为什么经济学家对于同样的经济现象会有不同的解释呢？

（一）科学判断的基础不同

几个世纪前，天文学家为太阳系的中心是地球还是太阳而争论不休。最近，气象学家也在争论地球是否正在经历着“全球变暖”。因为对真理孜孜不倦的追求，科学家对同样的现象有不同的认知毫不奇怪。同理，经济学家通常也会由于同样的原因对同样的经济现象存在分歧。经济学中有许多问题需要探讨。经济学家有时意见不一致，是因为他们对不同理论的正确性或重要参数的大小有不同的预感。例如，经济学家对于政府是应该根据家庭收入还是消费支出来征税的看法就不一致。支持把现行所得税改为消费税的人认为，这种变化会鼓励家庭更多地储蓄，因为用于储蓄的收入并不征税。高储蓄又会引起生产率和生活水平更快地增长。支持现行所得税的人认为，家庭储蓄并不会对税法的改变做出多大反应。这两派经济学家对税制具有不同的观点，是因为他们关于储蓄对税收激励反应程度的实证观点不同。

（二）价值观的不同

经济学家有时提出了不一致的建议是因为他们有不同的价值观。不能只根据科学来判断政策。假设张先生和李女士从镇上的水井中取得等量的水。为了支付维修水井的费用，镇里向其居民征税。张先生收入为 5 万元，征税 5 000 元，即其收入的 10%。李女士收入为 1 万元，征税 2 000 元，即其收入的 20%。这种政策公平吗？如果不公平的话，谁支付得多了，而谁支付得少了？如果镇里聘请两个专家来研究该镇为维修水井应该应该向居民征收多少税的问题，这两个专家提出不一致的建议，我们不会感到奇怪。

（三）经济学范式不同

由于每个经济学家从属于不同的经济学范式，基于不同的经济学原理，拥有不同的经济学背景知识，所以每个经济学家对同一经济现象会有不同的解释。由于经济现象的复杂性，对同一个经济现象的解释将会无限多样，这也就不足为怪了。

综上所述，或许对于宏观经济学是否属于科学我们还是无法定论，或许对于意见不同的宏观经济学家都能获诺贝尔奖我们还是疑惑不解。但不可否认，宏观经济学仍以其独特的魅力吸引着众多的人不断去研究、去探索。

案例来源：武拉平，等. 宏观经济学案例集［M］. 北京：中国人民大学出版社，2013：12-15.

思考题

1. 宏观经济学和自然科学一样吗？为什么？

2. 为什么面对同样的经济现象，不同的人会提出不同的观点？

3. 多数人认为，微观经济学是一门体系完善、基础扎实、与其他学科联系密切的科学，具备成为一门学科的主要特点。如果宏观经济学能够与微观经济学建立密切的联系，将宏观经济学基于微观经济学的基本假设和基本逻辑之上，那么宏观经济学将与微观经济学进一步融合，真正成为一门科学，即宏观经济学应该有其微观基础。请思考：宏观经济学是一门科学吗？

案例 1 使用指南

第一步：目标设定参考。本案例可以配合本章教学及高鸿业主编《西方经济学（宏观部分·第六版）》的第二十一章、二十二章教学及学习使用，同时，应该对于宏观经济学的发展和演变、经济学流派等内容有所阅读，通过对案例的学习，了解宏观经济学的“科学性”的特殊性。

第二步：背景介绍。宏观经济学新古典综合派的代表人物如萨缪尔森、莫迪利安尼、托宾、索洛等获得了诺贝尔经济学奖。但是，与新古典综合学派主张国家干预想法相反，强调自由放任的货币主义和理性预期学派的弗里德曼和卢卡斯也分别获得了诺贝尔经济学奖。此外，研究国民收入体系的库兹涅茨和斯通也获得此殊荣。近年来，多位新古典学派的代表人物也获得诺贝尔经济学奖。为什么这些经济学家研究观点完全相反，但都可以获得诺贝尔经济学奖呢？

第三步：理论学习。可以参考本章知识精要及高鸿业主编《西方经济学（宏观部分·第六版）》的第十二章、二十一章、二十二章。同时，应该对宏观经济学的发展和演变、经济学流派等内容进行学习梳理。

第四步：讨论思考题目。可以选择根据思考题分组讨论，每组学生轮流发言，组内相互补充发言，各组学生代表相互点评。

第五步：学习总结或教师点评。教师对案例研讨中的主要观点进行梳理、归纳和点评，简述本案例的基础理论，在运用基础理论对案例反映的问题进行深入分析后，辅以适当的框图进行总结。

案例备注说明：该案例对于初学者比较困难，可以在结束学期教学或在通读《西方经济学（宏观部分·第六版）》完毕以后使用更佳。当然对于自学能力比较强的学生而言可以直接使用。

案例 2　披着羊皮的羊：经济学模型的尴尬

一、尴尬的赫克曼（Heckman）模型

赫克曼荣获 2000 年诺贝尔经济学奖，是计量经济学界的一件盛事，但他的获奖代表作——赫克曼模型（Heckman model 或 Heckman two-step model）所面对的批判和困境，也道出了微观计量经济学处境的尴尬。

自选择（self selection）是信息经济学中的概念。我上网，因为我愿意，这就是自选择。很多考研的同学都想知道上网对考研有没有帮助、效果多大。而回答类似的问题，是微观计量经济学的基本任务，也是赫克曼几十年来的研究主题。

赫克曼模型的核心是如何校正由不可观测的因素引起的自选择性偏差。变量观测不到，怎么办？其解决的思路很简单，用假设代替数据，假设不可观测的变量呈正态分布，因而计量经济学家由凡人变成了上帝，顺理成章得出了“正确”的估计。不同的是上帝是真的知道，计量经济学家只是假设知道，假设错了，结果自然不会正确。事实上赫克曼模型中二元正态分布的假设一直是统计学家和部分经济学家批判的重点，如果此假设不成立，由赫克曼模型得出的估计既不是无偏的（unbiased），也不是一致的（consistent）。

20 世纪 70 年代，赫克曼声名鹊起，经济学界对克服自选择性偏差一片乐观。30 年后，微观计量经济学发展成了一个庞大的体系，赫克曼模型也变得更复杂、更精巧了，但当时的乐观气氛已荡然无存。实际上，在赫克曼的贡献中，实证研究比赫克曼模型更重要。他指出了自选择存在的普遍性，唤起了人们对自选择导致的估计偏差的重视，但如何校正这一偏差，却是远远未完成也不可能完成的课题。

二、经济学模型华丽的外表

1997 年美国经济学家默顿和斯科尔斯以期权定价理论获得诺贝尔经济学奖，但他们此后经营的投资公司却失败了，这使得大家对他们的理论持怀疑的态度——自己的理论不支持自己的实体事业发展，被人怀疑很正常。而为什么会出现这样的现象呢？关于此问题，托马斯·萨金特（Thomas Sargent）教授进行过分析。

萨金特教授2011 年获得诺贝尔经济学奖。他在1976 年发表了一篇论文，文章的主要论点为：经济学者往往以简单的数学模型来描绘人类的经济活动，因此，经济学者所设计的基本模型通常就是提纲挈领地反映出经济学者的理论。但是基本模型通常很简要，为了进一步以实际资料来检验理论，就必须对基本模型作一些转换、加上一些相关的条件。经过这个程序，最终得到的就是可以检验运算的简化模型。

有趣的就是这个由“基本模型”调整转化成“简化模型”的过程中，可能会产生一些意想不到的结果。萨金特教授用一个很简单的例子说明，即使以完全相反的两个理论所设计的基本模型为依据，最后经过转化调整之后，最终得出的可能是完全一样的简化模型。换句话说，由不同的理论出发，最终可能得到同样的结果。

对经济学者而言，萨金特教授的见解很有启发性。一般学者在讨论现实问题时，常常自信满满地通过不断简化模型提出各种独到的解释，然后再理所当然地对自认为的问题提出对策。可是萨金特教授的论文一针见血地指出这种想当然的逻辑的危险所在：即使由两个不同的基本模型出发，也可以得到同样的简化模型。所以单单是指出一种和简化模型并不抵触的基本模型，并不表示已经找到真正的、正确的基本模型——所找到的或许只是好几个理论都说得通的基本经济学模型而已。

其次，目前经济学有被高度数学化的趋势，使得经济学模型披着华丽的外衣。尤其是 20 世纪后半期，经济学几乎进入了数学化阶段，有人称之为“经济学中的数学爆炸”。在这一阶段中，对经济的数学化做出突出贡献的人物当属诺贝尔奖得主。多数诺贝尔经济学奖得主提出的主要理论和模型，大都以深奥的数学为基础，不断地进行转化、推理，最后得出结论。当然我们不是对这些理论持批评和怀疑的态度，能获得诺贝尔奖的学者在经济理论方面肯定有着自己独特的观点和积极的意义。只是在这个不断“变化”的世界中，经典的理论已经离现实过于遥远了。

三、启示

西方经济学家将数理工具引入经济分析是值得称道的。数理工具是科学，将它运用于经济学不仅没有什么不妥，而且应当提倡。但为了单纯的数学美感而建造数理经济模型，只追求完美的数理模型，肯定会将经济学引入歧途。这样的经济研究也会迷失方向。数理模型是分析和推理的强有力的工具，但本身并不专属经济学范畴，也不能替代经济理论及其发展。

再次，经济模型是理想化的。每个经济模型都有前定的假设，去除掉了不可预知、不可量化因素或者影响较弱的细节问题。这些模型本身是对理想中的经济的定位，所以最终都与现实有偏差，不可能准确描述现实，因此经济学模型解决不了现实问题的情况是很正常的。

最后，在使用经济学理论时，还要注意活学活用、特殊情况特殊分析。中国经济建立在中国特有的传统文化与政治体制之上，有许多不同于西方的经济现象。因此，中国的经济学者要研究中国经济的特性，根据中国的实际情况构造经济模型，解决问题，以此在一定程度上减少或避免模型的尴尬。

案例来源：武拉平，等. 宏观经济学案例集［M］. 北京：中国人民大学出版社，2013：16-18.

思考题

1. 为什么有些诺贝尔经济学奖获得者的经济理论有时候不能解决现实经济问题？

2. 不同的经济学家从不同的理论出发，却能得到同样的结果，为什么？

案例 2 使用指南

第一步：目标设定参考。本案例可以配合本章教学，通过对案例的学习，加强对宏观经济学研究方法的科学理解。

第二步：背景介绍。学习、研究经济学的人，面对各种各样的经济学模型颇有进入“乱花渐欲迷人眼”的境界。总结这些模型，有一个共同点：都是首先要设置严格的假设，在此前提下，对经济问题进行分析，得出结论。但如果突破了这些假设，经济学模型还一样有效吗？在现实生活中，我们碰到的经济学问题，往往并不能满足那些严格的限定条件，致使许多问题暂时找不到解决的路径。本案例分析了经济学模型有时不能很好地解决实际经济问题的原因。

第三步：理论学习。可以参考本章知识精要及高鸿业主编《西方经济学（宏观部分·第六版）》的各章模型，亦可以借鉴高鸿业主编《西方经济学（微观部分·第六版）》的各章模型。

第四步：讨论思考题目。可以选择根据思考题分组讨论，每组学生轮流发言，组内相互补充发言，各组学生代表相互点评。

第五步：学习总结或教师点评。教师对案例研讨中的主要观点进行梳理、归纳和点评，简述本案例的基础理论，在运用基础理论对案例反映的问题进行深入分析后，辅以适当的框图进行总结。

案例备注说明：该案例对于初学者比较困难，可以在结束学期教学或在通读《西方经济学（宏观部分·第六版）》完毕以后使用更佳。当然对于自学能力比较强的学生而言可以直接使用。同时，需要学习者具备一定的计量统计分析能力。

案例 3　目前中国 GDP 总量和增长速度的官方数据是否可信？

国民经济核算是一个非常复杂、系统的工程。我国自 1992 年开始采用 SNA（the System of National Accounts）以来，国民经济核算已经基本和国际接轨，但不可否认的是，我国 GDP 核算和数据收集中还存在一些问题，主要包括：一是由于服务业的统计基础比较薄弱，在核算中可能低估甚至遗漏了某些服务业产出。二是 GDP 的生产和使用数据不太匹配。从理论上讲，GDP 的生产额和使用额应该相等，在实践中，由于所采用的基础数据来源不同，两者可能会有所差异，但差异不应很大，在发达国家，两者的相对差率一般不超过1%。但近几年来，我国 GDP 的生产额和使用额之间的相对差率呈逐年扩大趋势，2003 年达到创纪录的 3.7%。三是地区 GDP 汇总数据与国家 GDP 数据之间的差距呈扩大之势。2002 年地区 GDP 汇总增长率比国家 GDP 增长率高 2.3 个百分点，2003 年高 2.6 个百分点，2004 年高 3.9 个百分点。四是由于价格指数资料存在缺口，不变价 GDP 的核算存在薄弱环节。我国目前没有编制服务业生产者价格指数，大部分服务业不变价增加值的计算采用居民消费价格指数中对应的服务项目价格指数。但是，有些服务，如计算机服务、会计师服务、广告服务，其服务对象往往不是居民住户，因此，这些服务业不变价增加值计算实际上没有对应的消费价格指数。在这种情况下，只能用有关价格指数替代，这一定会影响到不变价数据计算的准确性。我国目前还没有编制服务贸易价格指数，服务进出口的不变价计算只能参考货物贸易价格指数和国内外相关的服务价格指数，这也会影响到服务进出口不变价数据的准确性。五是未被观测经济在核算中反映得不够全面。根据经济合作与发展组织（OECD）的定义，未被观测经济包括非法生产、地下生产、非正规部门生产等活动，这些生产活动容易被统计所遗漏。我国 GDP 核算虽然包括了部分未被观测经济（如农民自产自用的生产活动），但尚未就相应的经济活动进行全面、系统、深入的研究，缺乏有效的统计手段和措施，因此，发生遗漏就在所难免了。六是 GDP 核算所依据的部分统计数据容易受到某些地方政府官员的干扰。目前，我国统计系统的独立性不强，某些地方领导出于政绩的考虑，对一些重要统计数据进行直接或间接干扰的现象时有发生。虽然国家统计局采取了多种措施对地方统计数据进行联审、评估和调整，但由于各种主客观原因，完全消除这种影响在现阶段是不现实的。

针对中国 GDP 核算的现状，反映中国经济发展的官方统计数据尤其是 GDP 数据引起了国内外经济学家和国际组织的广泛关注。归纳起来，他们对中国官方公布的 GDP 数据不外乎有三种看法：

第一种看法认为中国近几年官方 GDP 增长率数据存在明显高估，不能真实反映中国经济的发展状况，持这种看法的学者在国内以孟连和王晓鲁为代表，在国外以美国匹兹堡大学托马斯·罗斯基教授为代表。持此种看法的罗斯基教授通过分析近几年中国官方统计数据之间的不一致性、中国国内某些学者发表的对统计数据的看法，以及经济增长率的上限，认为从 1998 年开始，中国官方统计明显夸大了经济增长率，继而得出了 1997—2001 年中国累积经济增长率不会超过官方公布数据的三分之一，甚至可能更低的结论。任若恩教授在对罗斯基所采用的方法进行了认真剖析后，认为他所采用的方法过于简单化，过于草率，科研水准较低。

第二种看法认为中国官方 GDP 总量数据存在低估，但增长速度存在高估，持这种看法的学者和国际组织主要以荷兰格罗林根大学著名教授安盎斯·麦迪森和世界银行为代表。持此种看法的世界银行于 20 世纪 90 年代初曾派代表团对中国统计体系进行了考察。代表团成员认为中国统计体系虽然进行了深入的改革，但其在基本概念、调查范围、调查方法等方面仍存在很大的缺陷，从而导致中国官方 GDP 总量数据的低估和速度的高估，并对中国官方 1992 年 GDP 数据进行了大幅上调。1999 年上半年，国家统计局会同财政部与世界银行代表团就中国 GDP 的核算口径、方法和估价问题等进行了广泛和深入的磋商。通过磋商，世界银行得出结论：世界银行以前调整中国官方GDP数据是没有依据的，并承诺对以前的调整按照中国官方数据进行纠正，将来在世界银行出版物中将不做任何调整地使用中国官方GDP数据。

第三种看法认为中国官方GDP数据虽有一些不尽如人意的地方，但基本上能反映中国经济发展的实际状况，持这种看法的学者在国内主要以北京航空航天大学任若恩教授为代表，在国外主要以美国斯坦福大学著名经济学家刘遵义教授、美国宾夕法尼亚大学著名计量经济学家劳伦斯·克莱茵教授和美国布鲁金斯学会高级研究员尼古拉斯·拉迪为代表。持此种观点的克莱茵教授利用能源、交通、通信、劳动力、农业、公共部门、工资、物价等具有较广泛代表性的15个变量，对中国GDP进行了主成分估计，最后得出结论：主成分的变动与中国官方估计的实际GDP的变动是一致的。拉迪教授通过比较可信度较高的两个指标，即进口额和财政收入在1997—2001年期间的增长速度与同期经济增长速度，认为这一期间中国的官方经济增长率是基本可信的。

GDP数据是反映宏观经济运行的最重要的数据，需要我们科学地进行核算，同时，我们对不同的观点也要高度重视，认真讨论。

案例来源：李晓西，等. 宏观经济学案例集［M］. 北京：中国人民大学出版社，2006：1-8.

思考题

1. 你认为应该如何看待我国官方公布的GDP数据？

2. 如何从GDP数据来看我国的经济增长？

案例3使用指南

第一步：目标设定参考。本案例可以配合本章教学，通过对案例的学习，加强学生对国民收入核算原则、核算方法和数据质量的理解。

第二步：背景介绍。自改革开放30多年来，随着中国经济的快速发展，我国的综合国力不断增强，国际地位不断上升，人民生活水平持续提高，特别是自2001年11月加入世界贸易组织后，中国经济与世界经济的联系程度大大加强。一方面，中国经济快速成长，对世界贸易格局和其他国家的经济产生了越来越重要的影响；另一方面，世界经济波动对中国经济的冲击也越来越直接和明显。在这种大背景下，中国公布的官方数据尤其是GDP数据，引起了国内外经济学家和国际组织越来越广泛的关注。

第三步：理论学习。可以参考本章知识精要及高鸿业主编《西方经济学（宏观部分·第六版）》的第十二章小结内容（非常重要），此外还需补充两点学习内容：

首先，我国GDP历史数据调整机制已逐步规范化和制度化，从而保障了GDP历史数据的真实性和可靠性。年度GDP数据和季度GDP数据的确定过程除了依次经历初步核算、初步核实和最终核实过程外，还往往包括一个历史数据的调整过程。当出现如下情况时，就需要对GDP的历史数据进行调整：①发现或产生新的资料来源，与原有的资料来源相比，新的资料来源在数据方面有较大的变化；② GDP核算的有关分类发生了变化，如产业部门或最终使用项目分类发生了变化；③ GDP核算的基本概念、核算原则或计算方法发生了重大变化，等等。这些方面的变化往往会导致GDP总量、结构或增长率数据发生变化，如果不进行调整，这些历史数据就会失去准确性和可比性。

在我国GDP核算历史上，发生过两次历史数据的重大补充和一次历史数据的重大调整。其中，第一次重大补充是对改革开放后1978—1984年数据的补充，这项工作是在1986—1988年间进行的；第二次重大补充是对改革开放前1952—1977年数据的补充，这项工作是在1988—1997年进行的；第一次重大调整是在中国进行首次第三产业普查后的1994年和1995年进行的。GDP历史数据的两次重大补充及时满足了社会各界对相应数据的需要，而那次重大调整使得GDP历史数据更加准确地反映了第三产业的发展状况，为国家制定合理的产业政策提供了更可靠的依据。2004年，国家统计局首次开展了全国经济普查，该普查涉及除农业之外的所有国民经济行业。随着普查数据的陆续公布，可以预计GDP历史数据的第二次重大调整势在必行。

其次，从决策效果来看：1990年国民经济生产计划与使用计划之间不平衡，总需求小于总供给。如果从使用方出发来安排生产，生产将达不到预期的速度；如果从生产方出发来安排使用，则会出现严重的库存积压。为此，国家统计局建议国家计委适当调整使用计划，适度增加固定资产投资（400亿元）。后来，国务院采纳了国家统计局的建议，增加了基本建设投资。事实证明，该建议产生了良好的经济效果，并得到了国务院领导的充分肯定。

20世纪90年代初我国曾出现了经济过热现象，货币供应量增长较快，1992年和1993年货币供应量增长速度均超过了35%，同时还伴随着物价的快速上升，到1994年居民消费价格指数已经达到了24%，出现了严重通货膨胀的局面。为了在不过分“伤害”经济增长的情况下治理通货膨胀，国家采取了紧缩的货币政策，并控制住了固定资产的投资规模。经过几年的努力，到1996年时，经济基本上实现了“软着陆”。

1997年亚洲金融危机爆发后，统计数字显示我国出口受阻，经济增长放缓，物价大幅度下降。为了解决国内需求不足的问题，从1998年开始，政府果断采取了以扩大内需为重点的一系列方针政策，如发行数千亿元特别国债，8次调低利率，4次增加机关事业单位人员工资和提高三条保障线水平，等等。事实证明，这些措施是完全正确的。

由此可见，在我国经济发展过程中经历的每一次风雨、进行的每一次重大调整、制定的每一项宏观经济政策都是以政府统计数字作为基础依据的。如果基础依据靠不住，那么就无法做出正确的宏观经济政策；如果宏观经济政策基本上是错误的，我们就不可能有今天这样强大的整体国力和较高的国际地位，我国经济和各项社会事业也不会如此蓬勃发展。

第四步：讨论思考题目。可以选择根据思考题分组讨论，每组学生轮流发言，组内相互补充发言，各组学生代表相互点评。

第五步：学习总结或教师点评。教师对案例研讨中的主要观点进行梳理、归纳和点评，简述本案例的基础理论，在运用基础理论对案例反映的问题进行深入分析后，辅以适当的框图进行总结。

案例备注说明：全面把握分析该案例比较困难，可以在案例分析结论上进行引导，而对于案例分析的理论基础可以不予深究。

案例 4 GDP 之"功"与"误"

作为国民经济核算的核心指标和综合经济考核的权威指标，被诺贝尔经济学奖获得者萨缪尔森称为"20 世纪最伟大的发明之一"的 GDP 一直为人们津津乐道。但近些年来，GDP 普遍受到质疑，一度众说纷纭，莫衷一是。人们不禁要问：GDP 怎么了？究竟如何看待 GDP？

一、GDP 之"功"

GDP（Gross Domestic Product）就是国内生产总值，是对一国产量的标准测量指标，表示该国居民在一特定时期内生产的所有商品和服务的货币价值之和。在国民经济核算中，通常使用 GDP 总量、GDP 增长率和人均 GDP 三个重要指标。这三个指标分别具有不同的功效。GDP 总量，衡量的是一个国家（或地区）的经济规模。GDP 增长率，衡量的是经济增长速度。人均 GDP，衡量的是一个国家的生活水平和富裕程度，同时也是划分经济发展阶段的重要指标。世界银行按人均 GDP 水平（实际购买力平价），将各国分为低收入、下中等收入、上中等收入和高收入四个等级。2000 年，中国的人均 GDP 为 723 美元，低于下中等收入国家平均数，仅相当于世界平均水平的 53%。

从划分经济发展阶段的重要指标看，国家通常把一国的发展水平按年人均 GDP 分为几个阶段：400 美元及以下是贫困阶段；400~500 美元是摆脱贫困阶段；800~1 000 美元是开始走向富裕的阶段，我们称为小康阶段；3 000~6 000 美元是比较富裕的阶段，我们称为全面小康阶段。如英国社会学家英格尔斯在 20 世纪 80 年代提出了 9 项现代化量化指标，其中第一项就是人均 GDP（或 GNP）在 3 000 美元以上。我国研究机构提出的基本实现现代化主要评价指标体系，共分 3 类 12 项，其中第一项为人均 GDP 达 9 000 美元。可见，人均 GDP 是一个重要的指标。

二、GDP 之"误"

在充分肯定 GDP 的历史功绩和积极效应的同时，也应看到 GDP 不是万能的，特别是不科学使用的话，会带来一些谬误。

GDP 之"误"，首先源于 GDP 具有局限性。有学者认为有四种局限性：GDP 指标本身的局限性，GDP 总量的局限性，以 GDP 衡量的经济增长速度的局限性；人均 GDP 的局限性。国家统计局原局长李德水将 GDP 的局限性或缺陷概括为：一是不能反映社会成本，二是不能反映经济增长方式和为此付出的代价，三是不能反映经济增长的效率、效益和质量，四是不能反映社会财富的总积累，五是不能衡量社会分配和社会公正。

GDP 指标的局限性，说明即便有最完善的核算体系和核算方法，所测量的数据也是不完整的。GDP 不能准确提供一国（或地区）福利状况的全部真实信息，不能全面衡量一国（或地区）的全部财富，更无法完整反映人类发展状况。

GDP 之"误"，其次误在错把手段当目的。增长是手段，发展是目的。发展的真正含义是人类发展，即以人为本的发展。早期的发展概念以"物"为中心，以 GDP 增长为目的，把 GDP 作为发展的唯一衡量指标。这样的增长固然促进了发展，但把手段当作目的也付出了沉重的代价。以 GDP 增长为目的所带来的最大负面效应就是增长的不经济，学术界称之为“有增长无发展”“无发展的增长”。由于现行的 GDP 核算中，不仅没有扣除自然资源损失，而且将其中过度开采的资源和能源，特别是不可再生资源，按照附加值计算在 GDP 总量之中，这就人为地夸大了经济效益。

GDP 之“误”，还误在将 GDP 与政绩考核直接挂钩。这些年来，由于认识的偏差，将经济发展等同于 GDP 增长，以致形成了所谓的“GDP 情结”“GDP 崇拜”。将 GDP 与政绩考核直接挂钩所带来的危害之一，是引发行政力量干预统计，甚至弄虚作假。

GDP 之“误”，还误在我国的 GDP 核算方法和发布制度的不完善，从而使发布的数据不能恰如其分地反映经济运行的实际状况。

三、GDP 之“争”

对于把 GDP 作为评价经济增长和经济发展的权威性指标，早在 20 世纪 50 年代国际经济学界就有争论。

1990 年以来，联合国开发计划署每年发表一份《人类发展报告》，提出一个重要思想：从传统发展观转变到现代发展观，作为衡量的指标体系也由单纯的 GDP 指标变为“社会指标”（经济、社会、环境、生活、文化等），进而转变为“人类发展指数”。联合国开发计划署明确提出发展的根本目的是改善所有人的生活，发展应以人为中心，经济增长只是实现这一目的的手段，而绝不能被当作目的本身。

我国近年来关于 GDP 的争论，促进了以人为本，全面、协调、可持续发展的科学发展观的形成。

在国外关于 GDP 的争论中，引入了一个全新概念：绿色 GDP。这是指在名义 GDP 中扣除了各种自然资本消耗之后，经过环境调整的国内生产净值，也称绿色国内生产净值（EDP）。世界银行 1997 年开始利用绿色 GDP 国民经济核算体系来衡量一国（或地区）的真实财富，并于 1997 年推出真实国内储蓄率的概念和计算方法，用以衡量扣除了自然资源枯竭以及环境污染损失之后的一个国家正式的储蓄率（代表真实国民财富）。

联合国开发计划署在《2002 年中国人类发展报告：绿色发展，必选之路》中，首次提出中国应选择绿色发展之路。采用绿色 GDP 是实行绿色发展的重要衡量指标，意味着从传统的大量消耗资源、排放污染的名义 GDP 核算向扣除自然与环境成本的绿色 GDP 核算转变。

绿色 GDP 的设想虽然是美好的，但在核算上目前尚存在两大技术难题。一是资源环境的损耗与经济发展不同步，二是资源环境如何定价。由于市场价格只有在有交易的时候才能产生，环境污染和资源损耗在没有交易的情况下其价值量很难计算。所以，尽管有许多学术机构在测算绿色 GDP，但目前尚没有一个国家的政府公布过绿色 GDP。

四、GDP 之“进”

由于我国 GDP 的核算和使用存在着严重缺陷，因而对其进行改进、完善、规范就显得十分必要。2003 年以来，这种改进、完善和规范主要从以下两方面展开。

一是参照国际通行规则，力求与 1993 年联合国等国际组织推出的国民账户相衔接，改革 GDP 的核算和发布制度。

2003年我国开始实施新版的核算体系，即以《中国国民经济核算体系（2002）》取代1992年版的《中国国民经济核算体系（试行方案）》，新的数据发布制度也于2004年1月1日施行。改革的主要内容包括：

（1）规范GDP的表述。将全国的GDP称为国内生产总值，地区的GDP则分别称“全省生产总值”“全市生产总值”“全县生产总值”等。原则上不再要求乡镇一级上报GDP。这样就使GDP的含义更为精确。

（2）改进人均GDP计算方法。改过去按户籍人口计算人均GDP为统一按常住人口计算人均GDP，从而解决了一些地方因大量外地打工者不被计入户籍人口，造成人均GDP不能真实反映实际情况的问题，使人均GDP更准确，更具可比性。

（3）修订三次产业的划分办法。根据修订后的三次产业划分范围，第一产业包括农、林、牧、渔业（含服务业），第二产业包括采矿业、制造业、电力、燃气及水的生产和供应业、建筑业，第三产业则被定义为除了第一、二产业外的其他行业，且不再划分层次。这种划分与世界上主要国家和国际组织的划分大体一致，从而使我国的核算体系在统计口径上更加贴近国际惯例，增强国际可比性。

（4）采用价格指数缩减法计算增加值。改过去采用可比价格法计算工业增加值为采用价格指数缩减法计算，以消除价格和产品结构等因素的影响。

（5）调整数据发布程序。按照初步核算、初步核实和最终核实三个程序对年度和季度GDP进行核算和公布。

年末不再公布当年GDP增长预计数；把初步核算的年度GDP和增长率，由原来的每年2月28日新闻发布会公布，提前到1月20日公布；随着数据的不断完善，或计算方法和分类标准发生变化，要对数字进行修正，不仅要修正当年或上几年的，而且要对历史数据进行调整（包括GDP总量和增长率）；除特殊情况外，国家和地区原则上不再对外公布月度GDP数据。

在发布GDP数据时，还将同时发布与之相关的重要数据，必要时还要公布核算的方法。发布程序的改革和定期修正、调整制度的建立，将使我国的统计结果更为准确。

（6）定期进行经济普查。2004年进行全国第一次经济普查，今后每10年进行两次，分别在逢3、逢8的年份实施，这将与国家编制五年计划的衔接更加紧密，资料的可比性、可用性将会得到明显提高，与国际上通行的做法也更趋吻合。

二是针对我国一度将GDP作为干部政绩主体考核指标所带来的严重弊端，逐步实行GDP核算与干部政绩考核相分离，建立和完善政绩考核综合目标体系。在这方面的改进，目前还在探索中，尚无完整方案。

五、GDP之“辩”

在当前落实科学发展观的过程中，要正确认识和全面审视、辩证看待GDP。

（1）强调发展的全面性，并不意味着放弃以经济建设为中心。坚持以人为本，树立全面、协调、可持续发展的科学发展观，与“发展是硬道理”是一脉相承的。

我们需要摒弃的是片面追求GDP增长而忽视经济社会协调发展模式，而不是不要经济增长，更不意味着放弃以经济建设为中心。

党的十六大确定的全面建设小康社会的目标，确保全面小康目标的实现，必须坚持以经济建设为中心，以此促进经济社会全面发展。科学发展观的出发点和落脚点仍然在于发展，离开了发展这一主题，科学发展观就不存在。

（2）承认 GDP 的局限性，并不意味着全盘否定其合理性。针对存在的缺陷和产生的负面影响，我们应从制度和体系上加以完善，在使用和评价上加以改进。

时至今日，GDP 总量、GDP 增长率、人均 GDP，仍然是国民经济核算中的重要指标，在国内外仍然有着广泛的用途和功效。正如人们所指出的，GDP 是一把尺子，并且是国际通行、方便比较的尺子。能不能用好这把尺子，主要取决于使用这把尺子的人，而不在于尺子本身。

（3）分析单纯追求 GDP 的危害性，并不意味着否认保持一定的经济增长速度的重要性。经济增长是“生产要素积累和资源利用的改进或要素生产率增加的结果”，这里面包含着数量扩张和质量提高两组因素，统一于经济增长的过程之中。但由于两组因素在经济发展的一定阶段作用程度不同，因而形成了粗放型和集约型两种不同的经济增长方式。不顾效益和质量，片面追求增长速度，虽然会带来短期繁荣，但会牺牲长远利益，欲速则不达，甚至会造成资源浪费、发展失衡。但多年经济建设的经验教训也告诉我们，没有一定的速度是不行的，速度的快慢从一个较长的时期看，甚至起到至关重要的作用。

20 世纪的前 20 年对我国来说，是一个重要的战略机遇期，要实现再翻两番的目标，要为今后的长期发展打好基础，在很大程度上都要靠 GDP 的持续快速增长。事实上，没有一定的增长速度，质量和效益难以实现，结构也难以优化。

（4）认识政绩考核的误导性，并不意味着可以将 GDP 排除在考核体系之外。片面追求 GDP 增长之风，引发了一些社会问题，这不在 GDP 指标本身，而在于政绩考核指标体系不完善、不健全。

建立一套综合的社会指标体系来考核干部，GDP 指标仍然是基础性指标。应当在这个基础上，加上经济社会协调发展的综合指标，以克服过去考核指标的单一性，而不是取消这一指标。

离开了 GDP 的基础数据，绿色 GDP 也就无法计量和核算。此外，一些重要的业绩考核指标，大都与 GDP 有关。所以 GDP 不能完全排除在干部政绩考核体系之外，必须正确把握好。要在树立正确的政绩观的基础上推进和深化改革，抓紧建立和完善政绩评价标准、考核制度和奖励制度，而不是简单地排除 GDP。

（5）明确调控目标的预期性，并不意味着否定发展的紧迫性。现在，党中央将调控目标改为预期性目标，将增长速度适当调低，并不意味着经济发展速度不重要，也并不意味着预期目标可以不实现。相反，应当进一步增强发展的紧迫感。加快发展，是全面、协调、可持续发展的题中应有之义，符合科学发展观的本质要求。

我国地区之间、部门之间、城市与农村之间，情况千差万别，发展的基础、条件和需要各不相同，因此，必须从各地的实际出发，扬长避短，科学规划，有重点、有步骤地采取措施，注重解决自身发展中存在的突出矛盾和问题，更好地推进发展。特别是在欠发达地区，无论是加快发展自己，还是缩小与发达地区的差距，都必须增强发展的紧迫感，在全面、协调、可持续发展的前提下，注意保护好、引导好、发挥好各方面加快发展的积极性，实现经济的平稳、较快发展。

尽管 GDP 存在种种缺陷，但目前世界上还没有一个更好的、人们普遍认同的综合性统计指标来代替 GDP，所以没有 GDP 是万万不能的。GDP 之误要矫正，但矫枉无须过正。

案例来源：http://hgjjx.snnu.edu.cn/tzzy.asp，根据《经济日报》2004 年 5 月 11 日中共黄冈市委常委、市委秘书长王顺华的文章删改而成.

思考题

1. 如何全面理解 GDP 的内涵?

2. 在中国转变经济发展方式，调整经济结构和可持续发展背景下，GDP 的适用改革方向是什么?

案例 4 使用指南

第一步：目标设定参考。本案例可以配合本章教学，通过对案例的学习，加强学生对宏观经济学最重要的概念 GDP 的全面把握。

第二步：背景介绍。对于学习研究经济学的人来讲，GDP 的概念贯彻全局，仅仅依靠教材中的内容难以形象全面地进行理解，有必要选取代表性的文献进行学习。

第三步：理论学习。可以参考本章知识精要及高鸿业主编《西方经济学（宏观部分·第六版）》的本章小结及中国国家统计局网站信息。

第四步：讨论思考题目。可以选择根据思考题分组讨论，每组学生轮流发言，组内相互补充发言，各组学生代表相互点评。

第五步：学习总结或教师点评。教师对案例研讨中的主要观点进行梳理、归纳和点评，简述本案例的基础理论，在运用基础理论对案例反映的问题进行深入分析后，辅以适当的框图进行总结。

案例备注说明：该案例对于初学者比较适合，可以配合本章 GDP 概念学习时使用。但是该案例文献资料来源于 2004 年，时效性稍微有些问题，因此必须结合本章学习小结注意吸收 2013 年 11 月 18 日以来的有关中国国民经济核算体系修订过程中的变化问题。

第二章 国民收入的决定：收入-支出模型

【案例导入】

案例导入：支出法 GDP 核算

表 2-1、图 2-1 显示了我国 2005—2014 年用支出法核算的国内生产总值及其构成情况。

表 2-1　　我国 2005—2014 年支出法核算国内生产总值及其构成情况数据

单位：亿元

年　份	国内生产总值	居民消费支出	政府消费支出	资本形成总额	货物和服务净出口
2005	187 767.2	101 604.2	75 232.4	26 371.8	75 954
2006	219 424.6	114 894.9	84 119.1	30 775.8	87 875.2
2007	269 486.4	136 438.7	99 793.3	36 645.4	109 624.6
2008	317 172	157 746.3	115 338.3	42 408	135 199
2009	346 431.1	173 093	126 660.9	46 432.1	158 301.1
2010	406 580.9	199 508.4	146 057.6	53 450.9	192 015.3
2011	480 860.7	241 579.1	176 532	65 047.2	227 593.1
2012	534 744.6	271 718.6	198 536.8	73 181.8	248 389.9
2013	589 737.2	301 008.4	219 762.5	81 245.9	274 176.7
2014	640 796.4	241 541	86 770.5	295 022.3	17 462.9

数据来源：国家统计局网站.

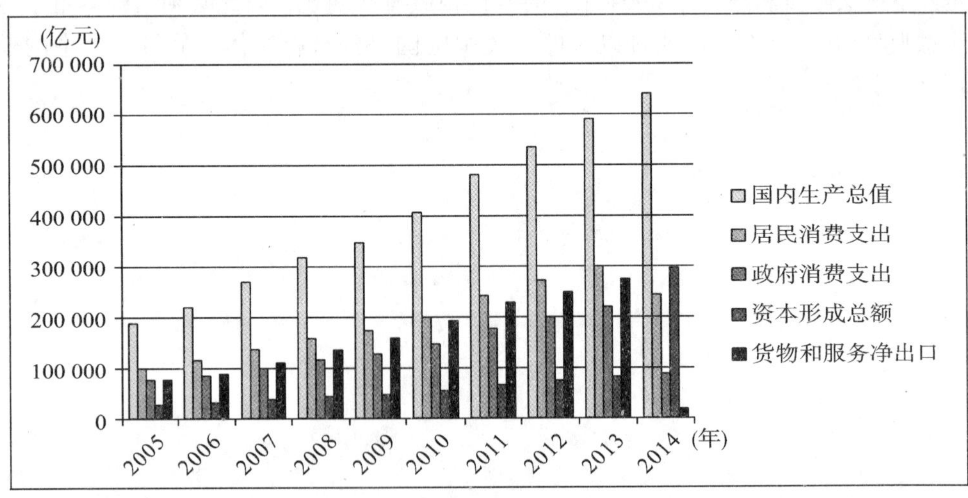

图 2-1　我国 2005—2014 年支出法核算国内生产总值及其构成情况

问题：

1. 考虑 GDP 核算与均衡决定的理论区别是什么？

2. 消费、投资、净出口与国民收入决定之间的关系是什么？变动各种支出，理论上会起到怎样的乘数作用？

【学习目标】

1. 了解国民收入决定理论和国民收入核算理论的区别。
2. 理解消费理论、储蓄理论和投资理论。
3. 理解乘数理论。
4. 运用所学知识解读计算均衡国民收入和乘数。

【关键术语】

储蓄投资恒等　总需求（总支出）等于总供给　乘数

【知识精要】

1. 与总需求相等的产出定义为均衡产出，也可以定义为均衡的国民收入。在均衡产出水平上，计划（意愿）的投资一定等于计划（意愿）的储蓄。即总需求＝总产出＝总支出＝总收入＝总供给。

2. 消费需求与收入的依存关系定义为消费函数（消费倾向），消费倾向有边际消费倾向和平均消费倾向。消费需求取决于收入水平，收入中未消费的为储蓄；相应地，可以推导出储蓄函数（储蓄倾向）、边际储蓄倾向和平均储蓄倾向。投资需求和利率的依存关系定义了投资函数，简单国民收入决定理论中，不考虑货币市场，因此投资视为常数。

3. 在两部门经济中，均衡国民收入决定的公式是 $y = \frac{\alpha + i}{1 - \beta}$，投资乘数 $k = \frac{1}{1 - \beta}$。

4. 乘数是均衡的国民收入的变化量与引起这种变化的总支出变化量之间的比率。

【实训作业】

一、名词解释

1. 消费函数
2. 边际消费倾向（MPC）
3. 储蓄函数
4. 边际储蓄倾向（MPS）

5. 投资乘数

6. 平衡预算乘数

7. 平均消费倾向（*APC*）

二、简要回答

1. 乘数作用的发挥在现实生活中会受到哪些限制？

2. 政府购买和政府转移支付都属于政府支出，为什么计算总需求时只计算政府购买而不包括政府转移支付？

3. 什么是凯恩斯定律，其提出的社会经济背景是什么？

4. 为什么一些西方经济学家认为，将一部分国民收入从富者转给贫者将提高总收入水平？

5. 为什么政府（购买）支出乘数的绝对值大于政府税收乘数和政府转移支付乘数的绝对值？

6. 平衡预算乘数作用的机理是什么？

7. 税收、政府购买和转移支付这三者对总需求的影响方式有何区别？

三、论述

1. 按照凯恩斯的观点，增加储蓄对均衡收入会有什么影响？什么是“节约的悖论”？试解释。

2. 试述两部门国民收入决定的主要内容。

四、问题计算

1. 假设某经济的消费函数为 $c=100+0.8y_d$，投资 $i=50$，政府购买性支出 $g=200$，政府转移支付 $t_r=62.5$，税收 $t=250$（单位均为 10 亿美元）。假定该社会达到充分就业所需要的国民收入为 1 200。

（1）求均衡收入。

（2）试求投资乘数、政府支出乘数、税收乘数、转移支付乘数、平衡预算乘数。

2. 假定某经济社会的消费函数 $c=30+0.8y_d$，净税收即总税收减去政府转移支付后的金额 $t_n=50$，投资 $i=60$，政府购买性支出 $g=50$，净出口即出口减进口以后的余额为 $nx=50-0.05y$，求：

（1）均衡收入；

（2）在均衡收入水平上的净出口余额；

（3）投资乘数；

（4）投资从 60 增至 70 时的均衡收入和净出口余额；

（5）当净出口从 $nx=50-0.05y$ 变为 $nx=40-0.05y$ 时的均衡收入和净出口余额。

【实训作业答案】

一、名词解释

1. 消费函数：是指反映消费支出与影响消费支出的因素之间的函数关系式。收入和消费两个经济变量之间的这种关系叫作消费函数或消费倾向。如果以 c 代表消费，y 代表收入，则 $c=c(y)$，表示消费是收入的函数。

2. 边际消费倾向（Marginal Propensity to Consume，*MPC*）：指增加的一单位收入中用于增加消费部分的比率，即消费增量与收入增量的比率。$MPC=\Delta c/\Delta y=\mathrm{d}c/\mathrm{d}y$。

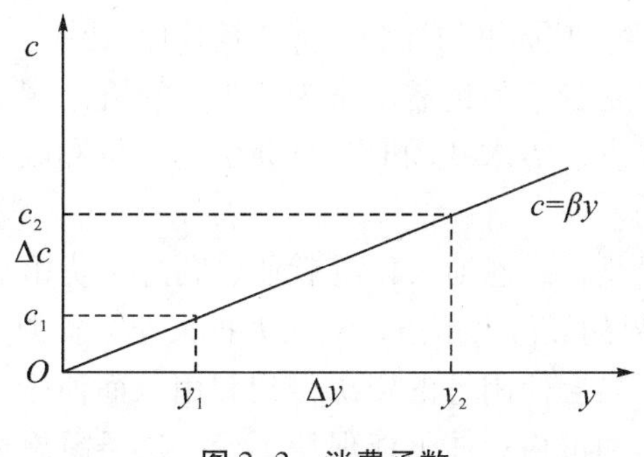

图 2-2　消费函数

3. 储蓄函数：西方经济学家认为，储蓄函数不是单独存在的，而是依赖于消费函数。储蓄可定义为收入减消费，即收入中未被消费的部分。所以，储蓄函数又可以由消费函数推导出来。设 s 代表储蓄，y 代表收入，则储蓄函数的公式为 $s=s(y)$。

4. 边际储蓄倾向（Marginal Propensity Save，*MPS*）：指收入增加引起的储蓄增量，即储蓄曲线上某点储蓄增量对收入增量的比率，其公式为 $MPS=\Delta s/\Delta y=ds/dy$。

5. 投资乘数：乘数即倍数，是指收入的变化与带来这种变化的变量变化的比率；投资乘数就是指收入的变化与带来这种变化的投资支出的变化的比率，通常用 k 表示。如果用 Δy 代表增加的收入，Δi 代表增加的投资，则二者比率 $k=\Delta y/\Delta i$，投资乘数=1÷（1-边际消费倾向）。

6. 平衡预算乘数：指政府收入和支出同时以相等数量增加或减少时国民收入变动与政府收支变动的比率。增加政府购买 Δg 引致国民收入增加量，增加税收 Δt 引致国民收入减少量，平衡预算乘数 $k_b=k_g+k_t=1$。（其中 k_g 叫政府购买乘数，k_t 叫税收乘数）。注意：平衡预算乘数中并不涉及政府转移支付。平衡预算乘数的数值永远是1。

7. 平均消费倾向（Average Propensity to Consume，*APC*）：平均消费倾向指任意收入水平上消费支出在收入中的比率。其公式为 $APC=c/y$。

二、简要回答

1. 乘数作用的发挥在现实生活中会受到哪些限制？

答：在现实生活中，乘数作用的大小要受到一系列条件的限制：①社会中过剩生产能力的大小；②投资和储蓄决定的相互独立性；③货币供给量增加能否适应支出增加的需要；④增加的收入不能购买进口货物，否则 GDP 增加会受到限制。

2. 政府购买和政府转移支付都属于政府支出，为什么计算总需求时只计算政府购买而不包括政府转移支付?

答：政府增加转移支付，虽然对总需求也有影响，但这种影响是通过增加人们的可支配收入进而增加消费支出实现的。如果把转移支付也计入总需求，就会形成总需求计算中的重复计算。例如，政府增加 10 亿元的转移支付，假定边际消费倾向为 0.8，则会使消费增加 8 亿元。在此，首轮总需求增加是 8 亿元，而不是 18 亿元。但是如果把 10 亿元转移支付也看作是增加的总需求，那么就是重复计算，即一次是 10 亿元，一次是 8 亿元。因此国民收入公式为 $y=c+i+g+(x-m)$ 而不是 $y=c+i+g+t_r+(x-m)$。

3. 什么是凯恩斯定律，其提出的社会经济背景是什么?

答：所谓凯恩斯定律是指，不论需求量为多少，经济制度都能以不变的价格提供相应的供给量，就是说社会总需求变动时，只会引起产量和收入的变动，直到供求相等，而不会引起价格变动。

这条定律提出的背景是，凯恩斯写作《就业、利息和货币通论》一书时，面对的是 1929—1933 年西方世界的经济大萧条，工人大批失业，资源大量闲置。在这种情况下，社会总需求增加时，只会使闲置的资源得到利用从而使生产增加，而不会使资源价格上升，从而产品成本和价格大体上能保持不变。这条凯恩斯定律被认为适用于短期分析。在短期中，价格不易变动，社会需求变动时，企业首先是考虑调整产量而不是变动价格。

4. 为什么一些西方经济学家认为，将一部分国民收入从富者转给贫者将提高总收入水平?

答：富者的消费倾向较低，储蓄倾向较高，而贫者的消费倾向较高（因为贫者收入低，为维持基本生活水平，他们的消费支出在收入中的比重必然大于富者），因而将一部分国民收入从富者转给贫者，可提高整个社会的消费倾向，从而提高整个社会的总消费支出水平，于是总产出或者说总收入水平就会随之提高。

5. 为什么政府（购买）支出乘数的绝对值大于政府税收乘数和政府转移支付乘数的绝对值?

答：政府（购买）支出直接影响总支出，两者的变化是同方向的。总支出的变化量数倍于政府购买的变化量，这个倍数就是政府购买乘数。但是税收并不直接影响总支出，它通过改变人们的可支配收入来影响消费支出，再影响总支出。税收的变化与总支出的变化是反方向的。当税收增加（税率上升或税收基数增加）时，人们可支配收入减少，从而消费减少，总支出也减少。总支出的减少量数倍于税收的增加量，反之亦然。这个倍数就是税收乘数。由于税收并不直接影响总支出，而是要通过改变人们的可支配收入来影响消费支出，再影响总支出，因此税收乘数绝对值小于政府购买支出的绝对值。例如增加 10 亿元政府购买，一开始就能增加 10 亿元总需求，但是减税 10 亿元，会使人们可支配收入增加 10 亿元，如果边际消费倾向是 0.8，则一开始增加的消费需求只有 8 亿元，这样政府购买乘数的绝对值就必然大于税收乘数的绝对值。

政府转移支付对总支出的影响方式类似于税收，也是间接影响总支出，也是通过改变人们的可支配收入来影响消费支出及总支出；并且政府转移支付乘数和税收乘数的绝对值是一样大的。但与税收不同的是，政府转移支付是与政府购买总支出同方向变化的，但政府转移支付乘数小于政府购买（支出）乘数。

6. 平衡预算乘数作用的机理是什么？

答：平衡预算乘数是指政府收入和支出以相同数量增加或减少时国民收入变动对政府收支变动的比率。在理论上，平衡预算乘数等于1。也就是说政府增加一元钱开支同时增加一元钱税收，会使国民收入增加一元钱，原因在于政府的购买支出乘数大于税收乘数。如果用公式说明，就是 $\Delta t=\Delta g$（假定转移支付 t_r 不变），而收入的变化是由总支出变化决定的，即 $\Delta y=\Delta c+\Delta i+\Delta g$，假定投资不变，即 $\Delta i=0$，则 $\Delta y=\Delta c+\Delta g$，而 $\Delta c=\beta\Delta y_d=\beta(\Delta y-\Delta t)$，因此，有 $\Delta y=\beta(\Delta y-\Delta t)+\Delta g=\beta(\Delta y-\Delta g)+\Delta g$（因为 $\Delta t=\Delta g$），移项得到 $\Delta y(1-\beta)=\Delta g(1-\beta)$，即平衡预算乘数（用 k_b 表示）$k_b=1$。这一结论也可以通过将政府购买支出乘数和税收乘数直接相加而得。

7. 税收、政府购买和转移支付这三者对总需求的影响方式有何区别？

答：总需求由消费支出、投资支出、政府购买支出和净出口四部分组成。

税收并不直接影响总需求，它通过改变人们的可支配收入，影响消费支出，再影响总需求。税收的变化与总需求的变化是反方向的。当税收增加（税率上升或税收基数增加）时，导致人们可支配收入减少，从而消费减少，总需求也减少。总需求的减少量数倍于税收的增加量，反之亦然。这个倍数就是税收乘数。

政府购买支出直接影响总需求，两者的变化是同方向的。总需求的变化量也数倍于政府购买的变化量，这个倍数就是政府购买乘数。

政府转移支付对总需求的影响方式类似于税收，是间接影响总需求，也是通过改变人们的可支配收入，从而影响消费支出及总需求。并且政府转移支付乘数和税收乘数的绝对值是一样大的。但与税收不同的是，政府转移支付与政府购买总支出是同方向变化的，但政府转移支付乘数小于政府购买乘数。

三、论述

1. 按照凯恩斯的观点，增加储蓄对均衡收入会有什么影响？什么是“节约的悖论”？试解释。

答：增加储蓄会导致均衡收入下降。增加消费或减少储蓄会通过增加总需求而引起国民收入增加，经济繁荣；反之，减少消费或增加储蓄会通过减少总需求而引起国民收入减少，经济萧条。由此得出一个看来是自相矛盾的推论：节制消费、增加储蓄会增加个人财富，对个人是件好事，但由于会减少国民收入从而引起萧条，对整个经济来说却是坏事；增加消费、减少储蓄会减少个人财富，对个人是件坏事，但由于会增加国民收入使经济繁荣，对整个经济来说却是好事，这就是“节约的悖论”。

2. 试述两部门国民收入决定的主要内容。

答：(1) 两部门经济条件下国民收入的含义：两部门指家户和企业。投资为自主投资。国民收入是指与总需求相等的均衡收入总需求，包括消费需求和投资需求。均衡收入的公式：$y=c+i$。

（2）使用消费函数决定收入：消费是收入的函数，其表达式为：$c=\alpha+\beta y$。依据均衡收入的公式和消费函数得到决定均衡收入模型：$y=(\alpha+i)/(1-\beta)$。如图2-3。

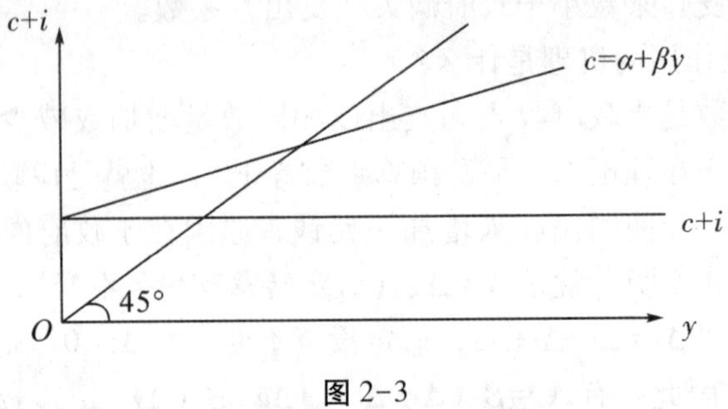

图2-3

（3）使用储蓄函数决定收入：储蓄也是收入的函数，表达式为：$s=-\alpha+(1-\beta)y$。依据经济的均衡条件 $i=s$ 和储蓄函数得出决定均衡收入模型，得 $y=(\alpha+i)/(1-\beta)$。如图2-4。

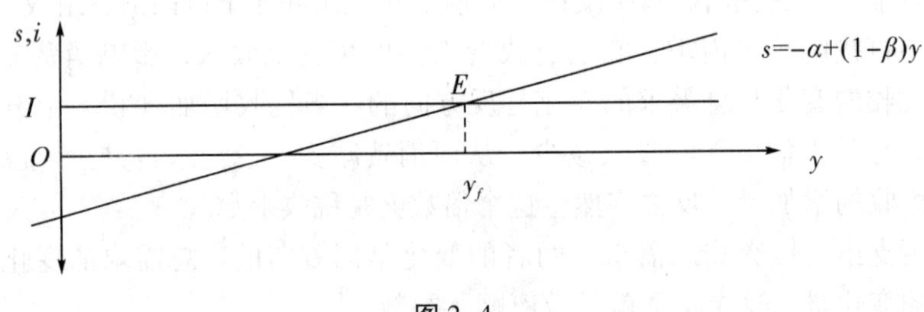

图2-4

（4）结论。无论是用消费函数还是储蓄函数决定收入，其结果都一样。

四、问题计算

1. 假设某经济的消费函数为 $c=100+0.8y_d$，投资 $i=50$，政府购买性支出 $g=200$，政府转移支付 $t_r=62.5$，税收 $t=250$（单位均为10亿美元）。假定该社会达到充分就业所需要的国民收入为1 200。

（1）求均衡收入。

（2）试求投资乘数、政府支出乘数、税收乘数、转移支付乘数、平衡预算乘数。

答：（1）由方程组可解得 $y=1\ 000$（亿美元），故均衡收入水平为1 000亿美元。

（2）我们可直接根据三部门经济中有关乘数的公式，得到乘数值。

投资乘数：$k_i=1/(1-\beta)=1/(1-0.8)=5$

政府支出乘数：$k_g=5$（与投资乘数相等）

税收乘数：$k_t=-\beta/(1-\beta)=-0.8/(1-0.8)=-4$

转移支付乘数：$k_{t_r}=\beta/(1-\beta)=0.8/(1-0.8)=4$

平衡预算乘数等于政府支出（购买）乘数和税收乘数之和，即

$k_b=k_g+k_t=5+(-4)=1$

2. 假定某经济社会的消费函数 $c=30+0.8y_d$，净税收即总税收减去政府转移支付后的金额 $t_n=50$，投资 $i=60$，政府购买性支出 $g=50$，净出口即出口减进口以后的余额为 $nx=50-0.05y$，求：

（1）均衡收入；

（2）在均衡收入水平上的净出口余额；

（3）投资乘数；

（4）投资从 60 增至 70 时的均衡收入和净出口余额；

（5）当净出口从 $nx=50-0.05y$ 变为 $nx=40-0.05y$ 时的均衡收入和净出口余额。

答：（1）可支配收入：$y_d=y-t_n=y-50$

消费：$c=30+0.8(y-50)$

$=30+0.8y-40$

$=0.8y-10$

均衡收入：$y=c+i+g+nx$

$=0.8y-10+60+50+50-0.05y$

$=0.75y+150$

解得 $y=150/0.25=600$，即均衡收入为 600。

（2）净出口余额：

$nx=50-0.05y=50-0.05\times600=20$

（3）投资乘数 $k_i=1/(1-\beta+\gamma)=1/(1-0.8+0.05)=4$

（4）投资从 60 增加到 70 时，有

$y=c+i+g+nx$

$=0.8y-10+70+50+50-0.05y$

$=0.75y+160$

解得 $y=160/0.25=640$，即均衡收入为 640。

净出口余额：

$nx=50-0.05y=50-0.05\times640=50-32=18$

（5）净出口函数从 $nx=50-0.05y$ 变为 $nx=40-0.05y$ 时的均衡收入：

$y=c+i+g+nx$

$=0.8y-10+60+50+40-0.05y$

$=0.75y+140$

解得 $y=140/0.25=560$，即均衡收入为 560。

净出口余额：

$nx=40-0.05y=40-0.05\times560=40-28=12$

【实训活动】

实训活动　验证均衡国民收入决定理论及乘数论

目的：

1. 理解均衡国民收入决定理论及乘数论。

2. 将经济数学模型转化为经济实验模型，通过对模型结果的分析深化学生对模型的认识。

内容：

1. 时间：140~150 分钟。

2. 地点：电脑安装 Windows98 及以上版本的操作系统，安装有 LSD5.9 版本即可。

3. 人数：5~7 人构成独立小组，独立小组个数 4~5 组。

步骤：

第一步：利用 LSD5.9 创建一个新模型。根据基本方程，编写模型程序。

第二步：在 LSD Browser 界面中，定义变量和参数的初始值，并设置模型运行的期数。此时，教师可以设定 i（投资）= 1，alpha（自发性消费）= 1，beta（边际消费）= 0.5，运行期数为 25。

第三步：运行该实验模块，数据记录和总产出时间序列图像截图。

第四步：组织学生进行协作和讨论。

问题研讨：

1. 随着国民收入的不断的动态调整，国民收入最终在何处达到均衡？

2. 在边际消费倾向 β 取不同值（beta = 0.2，0.4，0.6，0.8）的时候，国民收入的大小和演变趋势会产生怎样的变化？

实训点评：

1. 总需求变动会引发国民收入进行不断的动态调整，最终将达到国民收入的均衡值，这一均衡值满足：$y=(\alpha+i)/(1-\beta)$，而且，边际消费倾向 beta 越小，国民收入趋向均衡所需要的时间越短，而边际消费倾向 beta 越大，国民收入趋向均衡所需要的时间越长。

2. 边际消费倾向 beta 的不同取值将对均衡国民收入产生重要影响，beta 值越大，乘数就越大，均衡国民收入就越大；beta 值越小，乘数就越小，均衡国民收入就越小。

【案例研究及案例使用指南】

案例 1　中国消费函数模型的实证研究及讨论

消费函数模型是研究消费者行为理论的基础，也是研究消费水平与国民收入之间相互关系的重要手段，既是微观经济分析的一个重要内容，又是宏观经济分析的一个重要范畴。在当前中国有效需求不足的状况下，深入研究和分析中国的消费函数及其特点，有助于我们把握消费者的行为特征及其规律，建立符合中国实际的消费理论；有助于掌控国民经济宏观运行状态，寻求克服需求不足的对策。西方经济学对消费理论的研究已有近百年历史，消费理论体系已相当成熟，对中国的消费理论研究有着积极的指导和启发意义。

一、西方消费理论及消费函数模型

（一）凯恩斯绝对收入假说

凯恩斯的绝对收入理论可以概括为短期内消费支出依赖于当前可支配收入。随着收入的增加，人们的消费也在增加，但消费的增加低于收入的增加，这就是著名的边际消费递减规律，并且消费具有“完全可逆性”。在这一理论的假设下，可以得到如下消费函数模型：

$$C_t=\alpha+\beta Y_t+\mu_t$$

式中，C_t 表示当前的消费额，Y_t 表示当前可支配收入，α、β 为待估参数，从经济意义上讲，α 为自发消费，β 为边际消费倾向，并且 $0<\beta<1$，$\alpha>0$。

（二）杜森贝利相对收入假说

杜森贝利认为，消费者的消费支出不仅受其自身收入的影响，同时一方面受周围人群的消费行为、收入水平、消费水平的影响；另一方面，消费者的消费支出也受过去曾达到的收入水平和消费水平的影响，消费者一旦维持过一个较高的消费水平，该消费水平就难以随收入的减少而降低，这种现象被称为消费的“不可逆性”，也称“棘轮效应”。基于杜森贝利相对收入假设的消费函数模型可以表示如下：

$$C_t=\alpha_0 Y_t+\alpha_1 Y_{t-1}+\mu_t$$

式中，Y_t表示当前收入，Y_{t-1}表示前一期收入。

（三）莫迪利安尼生命周期假说

莫迪利安尼认为，消费者是理性的，使用一生的收入，安排一生的消费，受一生中总消费等于总收入的预算约束，追求消费效用的最大化。因此，消费者现期消费不仅与现期收入有关，而且与消费者以后各期收入的期望值、开始时的资产和个人年龄大小有关。依据这一假设，可以得到如下消费函数模型：

$$C_t=\alpha_1 Y_t+\alpha_2 A_t+\mu_t$$

式中，A_t为 t 时刻的资产存量，待估参数 $0<\alpha_1<l$，反映当期的边际消费倾向；$0<\alpha_2<1$，反映消费者已经积累的财富对当前消费的影响。

（四）弗里德曼持久收入假说

弗里德曼认为，消费者的消费支出不是由他现期的收入决定，而是由他的持久收入决定。所谓持久收入是可以预料到的，长久的、带有常规性的持久收入。弗里德曼假定，持久消费与持久收入之间存在一个固定比例，而暂时消费与暂时收入是不相关的。于是，依据持久收入假定的消费函数模型为：

$$C_t=\alpha_0+\alpha_1 Y_t^p+\alpha_2 Y_t^t+\mu_t$$

式中，Y_t^p、Y_t^t分别表示持久收入、瞬时收入。

二、中国消费函数实证分析

根据中国统计局每年的政府工作报告列出表 2-2、表 2-3。

表 2-2　　全国居民人均消费水平及人均收入动态数据

年份	人均消费水平/元			人均收入/元		
	全国居民	农村居民	城镇居民	全国居民	农村居民	城镇居民
1995	2 236	1 434	4 874	2 363.3	1 557.7	4 283.0
1996	2 641	1 768	5 430	2 813.9	1 926.1	4 838.9
1997	2 834	1 876	5 796	3 069.8	2 092.1	4 838.9
1998	2 972	1 895	6 217	3 250.2	2 162.0	5 425.1
1999	3 138	1 927	6 796	3 477.6	2 210.3	5 854.0
2000	3 397	2 037	7 402	3 711.8	2 253.4	6 280.0
2001	3 609	2 156	7 761	4 058.5	2 366.4	6 859.6
2002	3 818	2 269	8 047	4 518.9	2 475.6	7 702.8
2003	4 089	2 361	8 473	1 993.2	2 622.2	8 472.8
2004	4 552	2 625	9 105	5 644.6	2 936.4	9 421.6
2005	5 434	2 535	9 126	6 295.0	3 255.0	10 493.0

表 2-3　　城乡居民家庭人民币储蓄余额及人均人民币储蓄余额动态数据

年份	总储蓄余额/亿元	人均储蓄余额/亿元
1995	29 662.3	2 472.36
1996	38 520.8	3 175.74
1997	46 279.8	3 774.29
1998	53 407.4	4 309.13
1999	59 621.8	4 759.79
2000	64 332.4	5 082.23
2001	73 762.4	5 766.99
2002	86 910.6	6 725.47
2003	103 617.0	7 937.11
2004	119 555.0	9 066.19
2005	141 051.0	10 590.17

（一）当期消费与当期收入的关系

根据凯恩斯绝对收入假说建立消费函数模型：$C_t=\alpha+\beta Y_t+\mu_t$，利用表 2-2 数据，估计出 3 个消费函数模型（1995—2005）。

全国居民消费函数模型：$C_t = 0.74Y_t + 527.67$（24.16，4.09），$F = 583.9$，$R^2 = 0.98$。

城镇居民消费函数模型：$C_t = 0.71Y_t + 2\ 381.81$（10.3，4.9），$F = 583.9$，$R^2 = 0.91$。

农村居民消费函数模型：$C_t=1.27Y_t-292.45$（10.79，-1.17），$F=116.5$，$R^2=0.92$。

从以上回归结果来看，居民当期消费主要取决于当期收入，在1995—2005年全国居民消费函数中，自发性消费为527.7元，边际消费倾向为0.74，即人们收入增加1元，消费增加0.74元；在城镇居民消费函数中，边际消费倾向为0.71，自发性消费为2 381.8元；3个模型中，各个系数都通过了t检验，3个模型通过了F检验，R^2也较高。城镇居民的自发性消费高于全国居民的自发性消费，而其边际消费倾向却低于全国居民的边际消费倾向，这是由于城镇居民的收入水平高于全国居民的收入水平，城镇居民的社会保障水平高于全国居民的保障水平，所以其自发性消费高，但边际消费较低。农村居民的消费主要还是生存消费，所以农村居民的边际消费倾向高于城镇居民，这些与经济现实都是相吻合的。在农村居民消费函数模型中，边际消费倾向为1.27，自发性消费为-292.45元。也就是说，当农民没有收入时，不但不动用积蓄或借款来维持生存，反而还会存292.45元；当农民收入只有1元钱时，反而会消费1.27元，这既不符合经济现实，也违反了绝对收入假说的理论。这说明按照绝对收入假说来模拟我国1995年以来的消费存在一定程度的偏差。

（二）当期消费与持久收入的关系

根据弗里德曼持久收入假说建立消费函数模型：$C_t=\alpha_0+\alpha_1Y_t^p+\alpha_2Y_t^t+\mu_t$。利用弗里德曼提出的持久收入估算方法，采用城镇居民人均可支配收入和农村居民人均纯收入3年加权平均估算了城乡居民的持久收入（$Y_t^p=0.6Y_t+0.24Y_{t-1}+0.16Y_{t-2}$，其中，$Y_t$为当期收入，$Y_{t-1}$和$Y_{t-2}$分别为前一期和前两期收入），当期收入与持久收入之间的差额为暂时收入。利用表2-2数据估计3个消费函数模型（1995—2005）。

全国居民消费函数模型：

$C_t=382.7+0.85Y_t^p-0.53Y_t^t$（1.29，5.97，-0.34），$R^2=0.97$，$F=144.66$。

农村居民消费函数模型：

$C_t=-431.4+0.80Y_t^p-0.86Y_t^t$（-1.71，4.39，-1.38），$R^2=0.95$，$F=71.88$。

城镇居民消费函数模型：

$C_t=2\,824.7+0.72Y_t^p-0.66Y_t^t$（2.36，1.98，-0.16），$R^2=0.89$，$F-33.6$。

回归结果表明：居民消费对持久性收入的敏感性较强，持久收入与暂时收入相比，居民的当期消费主要取决于持久性收入的变化。在没有收入时，全国居民的自发性消费为382.7元，城镇居民的自发性消费为2 824.7元，这3个方程的持久性收入的系数都通过了t检验，但其他系数没有通过t检验。3个模型本身通过了检验。在农村居民消费模型中，自发性消费为负数，这与经济现实是不相符的。

（三）当期消费与资产存量之间的关系

由莫迪利安尼的生命周期假设建立消费函数模型：$C_t=\alpha_1Y_t+\alpha_2A_t+\mu_t$，依据表2-2、表2-3的资料估计出消费函数模型（1995—2005）。

全国居民消费函数模型：

$C_t=626.81+0.66Y_t+0.003\,9A_t$（0.633，0.829，0.101），$R^2=0.98$，$F=259.85$。

农村居民消费函数模型：

$C_t=850.29+0.35Y_t+0.13A_t$（2.46，1.37，3.72），$R^2=0.96$，$F=148.28$。

城镇居民消费函数模型：

$C_t=1\,565.07+1.07Y_t-0.29A_t$（0.54，−0.28，0.83），$R^2=0.90$，$F=47.80$。

从回归结果看，3个方程虽然通过了 F 检验，但是各个系数的 t 检验都没有通过，而且城镇居民的边际消费倾向大于1，对资产的敏感性为负，这与客观经济是不相符的。农村居民的当期消费对个人资产有较强的敏感性。

（四）当期消费与消费习惯的关系

根据杜森贝利的相对收入假说建立消费函数模型：$C_t=\alpha_0Y_t+\alpha_1Y_{t-1}+\mu_t$，利用表2-2的数据估计费函数模型（1995—2005）。

全国居民消费函数模型：

$C_t=0.47Y_t+0.31\,Y_{t-1}+529$（1.96，0.69，3.12），$R^2=0.97$，$F=195.96$。

农村居民消费函数模型：

$C_t=0.51\,Y_t+0.75\,Y_{t-1}-200$（1.49，2.46，−0.73），$R^2=0.93$，$F=61.35$。

城镇居民消费函数模型：

$C_t=-0.30Y_t+1.11Y_{t-1}+2\,407.94$（−0.27，0.87，3.09），$R^2=0.9$，$F=43.2$。

从回归结果得知，3个方程虽然都通过了 F 检验，但各个系数的 t 检验都没有通过，当期消费对消费习惯不敏感。而且城镇居民消费函数的边际消费倾向为负数，这显然是与现实不相符的。

三、中国消费函数的思考

从中国消费函数的实证分析（见表2-4）可以看到，依据凯恩斯绝对收入假说的拟合效果较好，建立全国居民消费函数和城镇居民消费函数对实际数据的拟合效果较好，参数检验、回归方程的检验通过性较好，可决系数揭示的相关程度也很高。最重要的是消费函数所确定的参数（自发性消费、边际消费倾向）都在合理的范围内，反映了中国消费的一般状况。按照莫迪利安尼生命周期假说模型建立的农村居民消费模型的拟合效果比较好，参数、方程的检验通过性较好。这说明在中国，城市居民的当期消费主要由其当期收入决定，而农村居民的当期消费由他的当期收入和个人资产决定。

表2-4　　4种消费函数模型在中国实证分析的比较

消费模型	检验结果
凯恩斯绝对收入假说模型	全国居民、城镇居民的消费函数的各系数通过了 t 检验，但农村居民的消费函数没有经济意义
弗里德曼持久收入假说模型	各方程系数的 t 检验不显著
莫迪利安尼生命周期假说模型	农村居民的消费方程模拟较好
杜森贝利的相对收入假说模型	各方程系数的 t 检验不显著

按照弗里德曼持久收入假说和杜森贝利相对收入假说建立的模型拟合效果较差，t 检验、F 检验通过性很低，参数所揭示的经济意义与经济的实际状况相去甚远。

从理论上讲，资产存量对消费的影响是不可忽视的，所以考虑了资产存量影响的生命周期理论应该更完善，依据其建立的消费函数也应该有更佳的拟合效果。然而由于资产存量的数据难以取得，建模过程中得用储蓄余额对资产存量进行粗略式替代，所以基于1995—2005年度数据的回归分析的结果并不理想，如果能够确立科学的资产存量的计算方法，规范资产存量的统计口径，并且用于建模的数据足够准确，那么依据生命周期理论建立的消费函数模型应该是最适宜反映中国消费实际状况的计量模型。

模型与现实情况之间存在着矛盾，反映出我国消费函数研究仍然存在不足，因此我们需要注意和重视以下两个方面的问题。

（一）立足我国消费现状

中国居民的消费行为及其制度环境完全不同于西方较为成熟、发达的市场经济环境。20世纪90年代后期，随着我国市场经济体制进一步完善，人民生活水平显著提高，但同时城乡居民收入分配格局出现了明显的变化，收入差距在拉大，收入的不确定性因素在增加。并且，随着经济增长，居民所持有的金融资产普遍增加，这使得居民资产这一因素对消费的影响也在不断加强。另外，外生的制度变化特别是社会保障体系改革所带来的一系列不确定的因素，也使城乡居民的消费行为存在着较大的不确定性。这些都是分析和建立中国的消费函数模型时所必须考虑的重要方面。

（二）注意数据的可靠程度

成功的经济模型不仅需要科学的理论支持，也需准确的数据支持。目前，数据的可靠性存在很多问题：①消费数据失真。一方面表现在有些福利性的、在职性的消费项目并没有包括在消费之中；另一方面，在使用居民消费价格指数消除物价波动的影响时，物价指数本身的计算就存在一定程度的失真现象。②收入数据的失真，在体制转轨过程中，居民的各种隐性收入，如职务外收入、非法收入等，名目越来越多，同时隐瞒收入涉及人群有扩大趋势，因此，收入数据的失真程度十分明显。③居民的资产数据较难获得，而且对其所应涵盖的统计范围也缺少统一认识。本文只是简单地以居民储蓄余额作为资产数据，忽略资产这一因素对现期消费支出的巨大影响，会严重降低消费函数模型的现实意义。

基于以上分析，确立消费函数模型，建立中国消费函数理论，必须着眼于对消费者的消费行为的理解和把握，必须着眼于对影响消费者行为的社会、经济、政策环境的理解和把握，立足中国的实际消费状况，借鉴西方成熟的消费理论，在不断的实践中反复修正与完善，这样，建立的消费函数模型才可以有效发挥其表现消费者行为规律、提示数量关联、为政府决策提供可靠依据的重要作用。

案例来源：田检. 中国消费函数模型的实证研究［J］. 广州大学学报（自然科学版），2008（5）：23-26.

思考题

1. 哪种消费函数模型最适宜反映中国消费实际状况?

2. 研究消费理论有什么指导意义?

案例 1 使用指南

第一步：目标设定参考。本案例可以配合本章教学，通过对案例的学习，加强学生对宏观经济学消费理论的理解和现实运用能力。

第二步：背景介绍。消费函数模型是研究消费者行为理论的基础，也是研究消费水平与国民收入之间相互关系的重要手段，既是微观经济分析的一个重要内容，又是宏观经济分析的一个重要范畴。在当前中国有效需求不足的状况下，深入研究和分析中国的消费函数及其特点，有助于我们把握消费者的行为特征及其规律，建立符合中国实际的消费理论，有助于掌控国民经济宏观运行状态，寻求克服需求不足的对策。西方经济学对消费理论的研究已有近百年历史，消费理论体系已相当成熟，对中国的消费理论研究有着积极的指导和启发意义。

第三步：理论学习。可以参考本章知识精要及高鸿业主编《西方经济学（宏观部分·第六版）》的第十三章第二节消费函数理论以及第二十章第一节消费理论学习。

第四步：讨论思考题目。可以选择根据思考题分组讨论，每组学生轮流发言，组内相互补充发言，各组学生代表相互点评。

第五步：学习总结或教师点评。教师对案例研讨中的主要观点进行梳理、归纳和点评，简述本案例的基础理论，在运用基础理论对案例反映的问题进行深入分析后，辅以适当的框图进行总结。

案例备注说明：该案例对于初学者存在一定难度，不仅需要学生对宏观经济学消费理论进行理论学习，同时需要学生具备一定的计量经济学分析能力。

案例 2　中国居民的消费特点和消费函数的形成

一、中国居民的消费特点

（一）消费市场潜力巨大

中国是一个人口大国，又处于经济快速增长阶段，居民收入持续较快增长，决定了中国消费市场的巨大潜力。自改革开放以来，中国的消费市场持续快速发展，消费结构在不断升级，这已经成为当前拉动中国经济快速增长的因素之一。

首先，消费市场的规模在不断扩大，总体空间巨大，前景广阔。经过 30 多年的改革开放，中国经济发展步入新的历史时期，2010 年中国的人均 GDP 已经达到 2 456 美元。经济发展带动了居民收入水平的提高。据统计，从 1978 年改革开放至 2007 年，城镇居民和农村居民的收入增长分别为 13.6%和 12.6%，居民的消费能力也随着收入的大幅度增加而不断加强，致使我国消费市场的规模不断扩大。中国的社会消费品零售总额从 1978 年的 1 559 亿元增加到了 2007 年的 89 210 亿元，增加了约 56 倍。尽管如此，中国的消费率相对于世界平均水平还是偏低的，提升的空间很大。

其次，消费市场发展的速度快。改革开放以来，中国消费市场快速增长，年均增速达 14.4%，约为世界水平的 3 倍，成为世界上消费市场增长最快的国家之一。近年来，随着中国家庭收入的增长，家庭的消费支出激增。据统计，1990—2000 年，中国家庭消费支出年均增长约 8.9%，比世界平均水平高 5.9 个百分点。而 2000—2005 年，中国家庭消费支出年均增长 6.9%，比世界平均水平高出 4.3 个百分点，比发展中国家平均水平高出 2.4 个百分点，比发达国家平均水平高出 4.6 个百分点。从图 2-5 中可以看到，自改革开放以来，人均生活消费支出也发生了很大的变化。其中，城镇居民和农村居民的家庭人均生活消费支出均呈上升趋势，但是城镇居民增长速度快于农村居民，使得城镇和农村居民的家庭人均生活消费支出差距越来越大。2011 年，城乡居民的人均消费支出分别为 15 161 元和 5 221 元，分别为 1990 年的 11.9 倍和 8.9 倍。

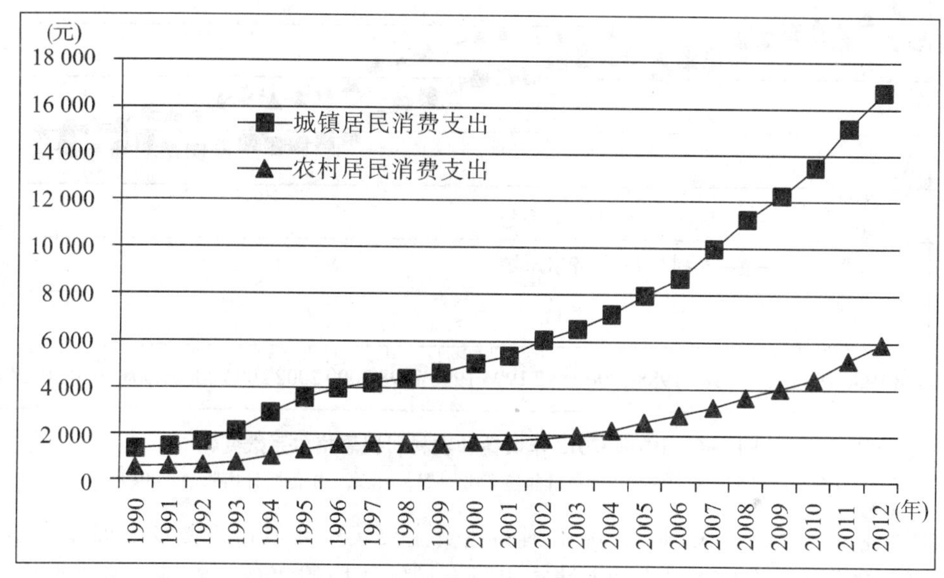

图 2-5　1990 — 2012 年农村和城镇家庭人均消费支出

资料来源：历年《中国统计年鉴》.

再次，消费结构升级加速。中国居民生活消费结构发生了巨大变化，经历了数次消费结构升级：第一次始于 20 世纪 80 年代初，在这一阶段，随着居民收入水平的提高，居民消费的重点主要以满足基本的生活需求（即解决温饱问题）为目标。食品和衣着等支出约占居民消费支出的 70%~80%，以自行车、手表、缝纫机为代表的“老三件”成为该时期的标志性商品。第二次是 20 世纪 80 年代中期至 90 年代初，此时期一般耐用消费品开始普及，以电视机、冰箱、洗衣机“新三大件”为代表，形成了以家用电器普及为代表的耐用消费品热潮。20 世纪 90 年代初至 2000 年，是主要以居住、家庭设备等为重点的优化生活品质阶段。在这一阶段，我国正式确立了社会主义市场经济体制，商品市场化程度迅速提高，劳动力等要素的市场化也逐步展开。随着居民的收入水平迈上新的台阶，家庭消费结构也在不断升级，呈现出新的变化：居民的住房消费支出增加，居住条件得到明显改善；消费产品如手机、电脑等更新换代加快，空调、彩电、健身器材等热点产品大量进入寻常百姓家庭。除此之外，居民用于通信、旅游和保健的支出增加。

自进入21世纪起为新一轮的消费结构升级阶段，此阶段是以住房、汽车、文化教育、旅游等为重点的发展型阶段。家用汽车、住房等大型耐用消费品成为居民关注和消费的热点，而教育、文化娱乐、旅游等服务类消费也大幅攀升。消费结构升级的加速，使得我国居民的生活质量不断得到改善和提高，恩格尔系数持续下降。从图2-6中可以看到，1978年，中国城镇居民的恩格尔系数为57.5，农村居民更是高达67.7，到2012年，城镇居民恩格尔系数下降至36.2，农村下降至39.3。

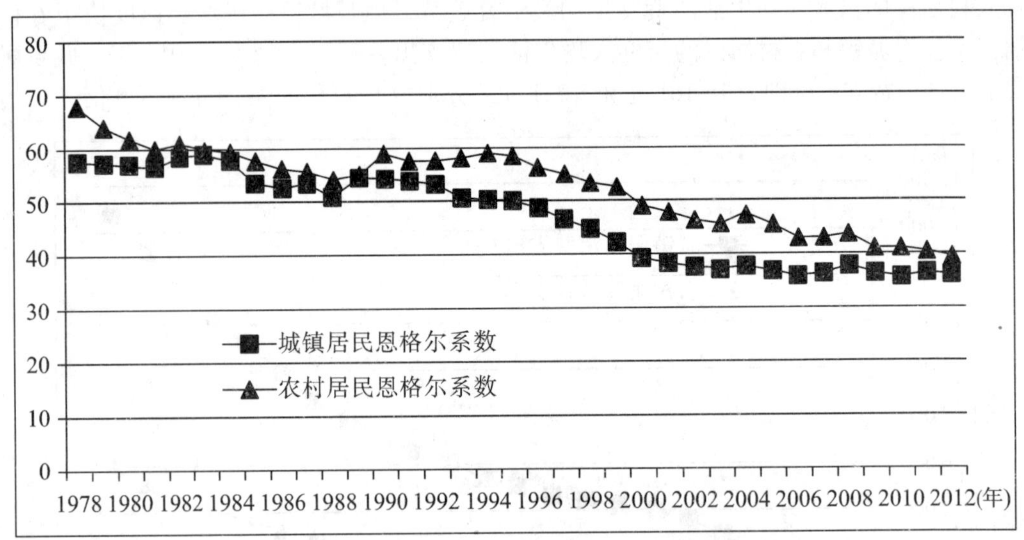

图2-6　1978—2012年城镇和农村居民恩格尔系数变化

资料来源：中华人民共和国统计局. 中国统计年鉴2013［M］. 北京：中国统计出版社，2013.

中国作为一个农业大国，目前中国的消费主要集中在城市，城乡发展差距很大。据了解，2006年，农村居民人均消费支出只有城镇居民的28%，农村的消费水平相对较低，这也说明农村的消费潜力巨大。2006年中央提出了建设社会主义新农村的战略，为农村地区的发展开拓了广阔的前景。随着社会主义新农村建设步伐的加快，城乡之间的差距会逐步缩小，农村消费市场的前景也将更加广阔。

（二）居民消费倾向呈下降趋势

随着国民经济的发展，近年来我国居民的收入水平大幅增长。然而，在居民收入保持稳定增长的同时，居民的消费倾向出现下降。在改革开放初期，居民以解决温饱为目标，增加的收入首先是进行消费，平均消费倾向在90%以上。20世纪80年代末90年代初时，中国居民的消费结构又一次发生了变化，进入大规模普及耐用消费品时期。此后，居民的平均消费倾向和边际消费倾向开始明显下降，1995年城镇居民和农村居民的平均消费倾向分别为64%和74%。

居民消费的形成和变动主要是消费者根据自身的经济收入和消费偏好以及商品价格自主选择的结果，影响居民消费倾向大小的因素很多，有居民收入、消费者偏好以及消费预期等。

近年来，导致消费倾向下降的因素有很多。首先，是由于预期的不确定性。我国经济社会制度处于重大改革时期，国有企业的改革、经济结构的调整伴随其中，居民收入中工资性收入的比重减少，非工资性收入比重越来越大。收入结构的变化使得居民的收入变得更加不可预期，而居民在医疗卫生、教育等方面承受着巨大的压力，除此之外，房价不断攀升，使得部分有需求的家庭不得不抑制其他消费，对未来预期不稳定，储蓄意愿变得更加强烈。其次，我国正处于全面建设小康社会的阶段，城市化进程明显加快，存在大规模的基础设施建设。大力发展外向型经济，增加投资项目以带动经济增长都导致了较高的投资率。由于居民的可支配收入中相当一部分以储蓄的形式在银行沉淀下来，导致消费倾向下降。再次，收入分配差距越来越大，整个社会消费不均衡越来越大，造成消费断层以及总体消费不足。消费环境欠佳，例如近年来食品安全方面屡屡出现问题，对居民消费也造成了一定影响。

宏观经济学对居民消费行为的研究大体上经历了三个阶段。第一阶段是凯恩斯的绝对收入理论，凯恩斯强调消费支出是实际收入的函数，其收入指的是现期绝对收入。第二阶段是杜森贝利的相对收入消费理论、莫迪利安尼的生命周期消费理论和弗里德曼的永久收入消费理论。相对收入理论认为消费者会受自己过去的消费习惯以及周围消费水准的影响，其核心是消费者易于随收入的提高增加消费，但不易随收入的降低而减少消费。生命周期理论强调理性消费者会在更长时间范围内计划他们的生活开支，以达到他们在整个生命周期内消费的最佳配置。

（三）消费者收入的决定方式多样化

首先，国有单位职工的收入中，虽然还存在着由国家规定的基本收入（由国家财政支出），但其所占的比重日益降低，而由奖励工资等所组成的非基本工资所占的比重不断上升，对大多数单位来说其已超过基本工资的比重。其次，在非国有经济中，无论是以利润形式存在的收入，还是以工资形式存在的收入都有了大幅度的增长，其中非国有经济的利润收入中有一部分被用来继续投资，另外一部分则形成非国有企业所有者或经营者的消费收入。最后，从农民的收入形成来看，随着农产品价格的放开，农产品的价格主要取决于其他部门对农产品的需求和农产品本身的供给弹性。近年来，农民的收入有了较大的提高，这不仅大大拓宽了农村的消费品市场，同时农民的储蓄也有较大增加。

由于多种经济成分并存，居民收入来源千差万别，收入分配机制较发达国家要复杂得多，政府与市场、国内市场与国际市场、城市与乡村、东部地区与中西部地区等因素都影响收入分配。如同样的一份工作，在东南沿海省区和外资企业，可能获得一笔相当丰厚的报酬，而在中西部省区和中资企业，获得的报酬可能就要微薄一些了。

（四）收入分配差距正在逐渐拉大

中国是一个处于经济快速增长中的发展中国家，由于多种经济成分并存，存在多种收入分配机制，目前国内居民收入差距总的趋势是在逐渐拉大。具体表现在，城乡居民之间、城市内部居民之间、农村内部居民之间、区域间以及行业间等的差距，并且这些差距越来越大。可以预见，这种状况还将持续较长时间。

二、消费函数形成的特征

消费函数是研究消费者行为理论的基础，也是研究消费水平与国民收入之间相互关系的重要手段。它既是微观经济分析的一个重要内容，也是宏观经济分析的重要范畴。

我国无论是最终消费率还是居民消费率，都明显低于国际上相同发展阶段国家的消费率水平。消费率过低而储蓄率过高将可能导致我国经济增长在今后的一段时间内受到国内场需求的严重约束。因此，在当前我国有效需求不足的状况下，深入研究和分析中国的消费函数及其特点，有助于我们把握消费者的行为特征及其规律，建立符合中国实际的消费理论，有助于掌握国民经济宏观运行状态，寻求克服需求不足的对策。

（一）居民消费模式复杂多样

目前，作为一个经济成长中的发展中国家，中国宏观经济整体发展不平衡具体体现在居民个人各方面发展极不平衡，包括个人收入水平、生活地区、民族文化、知识水平等都存在显著差异，由此导致居民消费模式也千差万别。如有的人由于收入水平过低，为了养家糊口，不得不举债消费；有的人处于温饱边缘，几乎全部收入都用于消费，很少储蓄；有的人收入略为宽裕，但心头仍拂不去以往家计艰难的阴影，因而有钱尽量省着花；有的人收入虽高，但考虑到未来的前景，其中相当一部分收入用于投资，生活消费仍然相当节俭；也有的人，收入提高以后，以往长期压抑的消费欲望一下子爆发出来，将增加的收入几乎统统用于改善生活消费；等等。

（二）多种消费函数并存

在我国，消费者对于消费的决策受到很多因素的影响，对于一些非必需品和非高档奢侈品的消费，基本还是依赖于其当前的可支配收入（凯恩斯的绝对收入理论）。随着收入的增加，消费也会增加，但是消费的增加不及收入增加得多，即边际消费倾向是递减的。

有些消费者在做消费决策时，还受其过去的消费习惯以及周围的消费水准的影响，从而消费是相对决定的。消费者对于高档耐用消费品的决策，通常会表现出这一特点。对于这一消费行为，增加消费容易，减少消费难。一向过着相对高的生活水准的人，即使收入降低，多半不会马上因此而降低消费水准，而会继续维持相对较高的消费（杜森贝利相对收入理论）。

对于消费者，我们认为他们都是理性的，会在较长时间范围内计划其消费，以达到他们在整个生命周期内消费的最佳配置。因此，消费者现期消费不仅与现期收入有关，而且与消费者以后各期收入的期望值、其初始资产和个人年龄以及下一代子女等有关。中国广大消费者大都有自己舍不得吃舍不得穿，而对子女则非常阔绰的消费表现，这体现了一种代际替代，符合莫迪利安尼的生命周期理论。

随着我国市场化改革和对外开放的不断深入，我国经济面临的国内外的不确定性越来越大，消费者越来越从更长的时间来考虑其消费，因此消费决策不再是由现期收入所决定，而是由其持久收入决定的。持久收入是其可以预料到的、长久的收入。弗里德曼认为，持久消费与持久收入之间存在一个固定比例，而暂时消费与暂时收入是不相关的。我国消费者的上述特点符合弗里德曼的持久收入假说。

总之，多种居民消费模式的存在，也就决定了目前国内多种消费函数并存的格局，绝对收入假说、相对收入假说、永久收入假说、生命周期假说等都能在现实生活中找到其适用的平台。对于贫困地区和低收入阶层，以解决温饱为目标，消费容易随着收入的增加而增加，绝对收入假说可能比较适用，而小康阶层则可能比较适用相对收入假说，大多数工薪人员可能都比较适用永久收入假说和生命周期假说。

（三）多种消费函数模式需要多种消费调节手段

目前，消费日益成为拉动国民经济增长的一个极其重要的因素，如何有效地调控消费，值得重视。一般来说，与多种消费函数模式相适应，调节消费的政策手段也要多样化。如经济增长政策、收入分配政策、社会保障政策、教育科技和文化政策，以及公共安全政策等，都可能影响居民的消费观念和消费预期，并进而影响居民的消费倾向。具体来说，扩大内需的鼓励性措施主要有：

调整收入分配格局，努力提高城乡居民的收入水平。对于城镇居民，应根据不同消费群体的特点，采取不同的措施和手段。对于低收入群体，进一步加强城镇社会保障体系建设；对于中等收入群体，在提高其收入的同时，扩大中等收入者的比重；对于高收入群体，保护其合法收入。而对于农村居民，要采取各种有效措施，努力提高农村居民的收入水平，包括调整农村经济结构，加大农村税费改革力度，加快农村医疗保障体系的建设，减轻农民的负担，促进农村剩余劳动力的转移，合理引导农民进城务工和就业，等等。

加快建立社会保障新制度，增强消费者信心。首先，努力扩大就业，改善就业机制，不断提高城乡居民的收入，稳定居民收入预期。其次，对于涉及城乡居民切身利益的改革，要建立公众参与机制，提高改革的透明度，加大宣传力度，获得民众的理解和支持，从而降低人们对未来支出预期的不确定性。

切实改善消费环境，保障居民消费的有效增长。首先，取消抑制消费的政策，拓展新的消费领域；其次，加强社会信用体系建设，优化社会信用环境，积极发展消费信贷；最后，进一步加强公共基础设施建设，尤其要积极改善和营造好农村的消费环境，鼓励农村流通网络，增加适销对路的产品，方便农民消费，以促进农民消费结构升级。

本案例适用于凯恩斯消费函数以及其他相关消费函数理论的学习。

案例来源：武拉平，等. 宏观经济学案例集［M］. 北京：中国人民大学出版社，2013：68-73.

思考题

1. 根据我国城乡居民的消费特点，说明市场细分在我国消费领域的重要性。
2. 为什么我国市场上销售的汽车即使是同一品牌也会有五花八门的规格？
3. 城乡收入差距的拉大有利于刺激消费吗？

案例 2 使用指南

第一步：目标设定参考。本案例可以配合本章教学，通过对案例的学习，加强学生对宏观经济学消费理论的理解和现实运用。

第二步：背景介绍。消费函数模型是研究消费者行为理论的基础，也是研究消费水平与国民收入之间相互关系的重要手段，既是微观经济分析的一个重要内容，又是宏观经济分析的一个重要范畴。在当前中国有效需求不足的状况下，深入研究和分析中国的消费函数及其特点，有助于我们把握消费者的行为特征及其规律，建立符合中国实际的消费理论，有助于掌控国民经济宏观运行状态，寻求克服需求不足的对策。

中国是一个有几千年传统文化的发展中国家，拥有世界上人数最多的消费者群体，且处于经济转型时期。这就使得中国居民的消费特点以及消费函数的形成与西方资本主义发达国家相比，具有一些自己独有的特征。本案例主要分析中国居民的消费特点，探讨消费占 GDP 比重较低的主要原因。

第三步：理论学习。可以参考本章知识精要及高鸿业主编《西方经济学（宏观部分·第六版）》的本章第二节消费函数理论以及第二十章第一节消费理论学习。

第四步：讨论思考题目。可以选择根据思考题分组讨论，每组学生轮流发言，组内相互补充发言，各组学生代表相互点评。

第五步：学习总结或教师点评。教师对案例研讨中的主要观点进行梳理、归纳和点评，简述本案例的基础理论，在运用基础理论对案例反映的问题进行深入分析后，辅以适当的框图进行总结。

案例备注说明：该案例可以配合案例 1——《中国消费函数模型的实证研究及讨论》一同使用，可以从实证与规范分析两个角度去理解消费理论。该案例相对简单，可以供初学者理解消费理论与中国实际消费状态。

第三章　国民收入的决定：*IS-LM* 模型

【案例导入】

案例导入一：如何评价凯恩斯理论？

凯恩斯主义经济学或凯恩斯主义是在凯恩斯的著作《就业、利息和货币通论》（凯恩斯，1936）的思想基础上的经济理论，主张国家采用扩张性的经济政策，通过增加需求促进经济增长。

凯恩斯的经济理论认为，宏观的经济趋向会制约个人的特定行为。18 世纪晚期以来的“政治经济学”或者“经济学”建立在不断发展生产从而增加经济产出，而凯恩斯则认为对商品总需求的减少是经济衰退的主要原因。由此出发，他认为维持整体经济活动数据平衡的措施可以在宏观上平衡供给和需求。因此，凯恩斯的和其他建立在凯恩斯理论基础上的经济学理论被称为宏观经济学，以与注重研究个人行为的微观经济学相区别。

凯恩斯经济理论的主要结论是经济中不存在生产和就业向完全就业方向发展的强大的自动机制。这与新古典主义经济学所谓的萨伊法则相对，后者认为价格和利息率的自动调整会趋向于创造完全就业。试图将宏观经济学和微观经济学联系起来的努力成了凯恩斯《就业、利息和货币通论》以后经济学研究中最富有成果的领域。一方面微观经济学家试图找出他们思想的宏观表达；另一方面，例如货币主义和凯恩斯主义经济学家试图为凯恩斯经济理论找到扎实的微观基础。二战以后，这一趋势发展成为新古典主义综合。

“1883 年是一个十分重要的年份。这一年，马克思去世，凯恩斯出生，熊彼特也是这一年出生的。他们都是影响深远的大经济学家。最近，美国好几次进行民意调查并发布消息，认为世界上最伟大的学者，即贡献最大、影响最大的学者，如果谈两个伟大人物就是马克思、爱因斯坦，有时是马克思摆在前面，有时是爱因斯坦摆在前面，反正是他们两人。如果说四个最负盛名的经济学家，那就如同西方畅销的经济学教科书上所列示的，除了亚当·斯密、马克思、马歇尔之外，还包括凯恩斯。”如何对马克思和凯恩斯进行比较，张培刚先生在 1948 年发表过一篇文章《从“新经济学”谈到凯恩斯和马克思》，对两人的经济思想、分析方法和产生的影响及作用进行过比较。文中写道：“就反抗死硬的正统学派而言，马克思和凯恩斯是站在同一条线上；但是对于资本主义的前途和归宿，则两人的看法，根本异趣。”马克思和凯恩斯都批判资本主义，但批判的目的不同。马克思预言资本主义必然灭亡，马克思的《资本论》是一部资本主义成长、发展、衰退及转型的理论。在其分析里，资本主义制度只是经济发展史上的一个必然的过程，终究是必然崩溃。凯恩斯则不同，他是要挽救资本主义。凯恩斯的代表作《就业、利息和货币通论》，揭示了资本主义的经济危机，分析资本主义自由放任的弊端和病象，但却力图去把它治好。这就是他们的根本不同点。张培刚先生认为，马克思首先是一个伟大的人道主义者。他所处的时代是资本主义发展的初、中期，他所看到的是资本原始积累带来的血与火的惨景，农民从土地上被赶走，失业的人流落街头；看到的是资本私人占有和对劳工的血淋淋的剥削。因而他要揭露资本主义，并预言资本主义内在矛盾的加剧必将加速资本主义的崩溃和灭亡。在今天看来，马克思的预言不能说没有完全实现，也不能说已完全实现。总而言之是在往这个方向走。资本主义也是在不断变化。学习马克思主义，张培刚先生认为最根本的是要以马克思主义为指导，至于他的具体结论，要根据时代、地点、条件不同而有所改进和发展。这本身是符合马克思自己的认识论和方法论的，世界上哪有一成不变的东西呢？一切事物都是在不断发展、不断变化的，理论也必然会随着客观实际的变化而向前发展。比如劳动价值论，未必就是只有活劳动创造价值，而物化劳动只转移价值。如果你承认非活劳动，包括资本等对创造价值有帮助，让这些要素参与生产与分红，事实上也就承认这些非活劳动因素能创造价值。对这个问题争论很多，但现在我们国家实行多种分配形式，让生产要素参与分配，事实上已经承认了。所以，一定要用发展的眼光看问题。张培刚先生称凯恩斯的经济学为“萧条经济学”或“衰落经济学”，他认为凯恩斯在政策上主张提高消费，扩大投资，减少失业，增加收入。比如政府投资基础设施建设，建桥修路，甚至是建了又拆，拆了再建，修了又挖，挖了再修，用这种办法来扩大就业。凯恩斯的主张当然是要在资本主义处在危机时挽救资本主义。但如撇开这一目的，凯恩斯的学说和主张对其他国家解决经济紧缩问题是有借鉴意义的。张培刚先生说：“我国在亚洲金融危机之后，为扩大内需而采取的政府扩大投资，促进消费的政策，特别是发行国债，投资基础设施建设，就是借用的这种办法。从1936年凯恩斯的代表作《就业、利息和货币通论》问世，到今天他的学说在发展中国家还发挥一定的作用，就足以说明凯恩斯是一个有深远影响的经济学家。”

案例来源：http://wenda.so.com/q/1386000246067589.

问题：如何客观评价凯恩斯理论分析框架？

案例导入二：关注宏观经济现象

关注以下与产品市场和货币市场的一般均衡有关的现象：

（1）利率提高，投资减少。

（2）投资增加，国民收入增加。

（3）国民收入增加，货币需求增加。

（4）货币供给增加，利率下降。

这些情况反映了产品市场与货币市场之间的关系。

本章引入 *IS* 曲线和 *LM* 曲线这两个分析工具，构建 *IS-LM* 模型。*IS-LM* 模型是说明产品市场和货币市场同时达到均衡时国民收入与利率被如何决定的模型。在这里，*I* 是指投资，*L* 是指货币需求，*M* 是指货币供给。这一模型在理论上是对总需求分析的全面高度概括，在政策上可以用来解释财政政策和货币政策。

案例来源：蹇令香，李东兵. 宏观经济学［M］. 2 版. 北京：北京大学出版社，2013：75.

问题：*IS-LM* 模型构造条件过程分别是怎样的？其模型的优缺点何在？

【学习目标】

1. 了解市场均衡时国民收入与利率之间的关系。
2. 理解 *IS-LM* 模型。
3. 理解投资需求曲线。
4. 运用所学知识解读宏观经济政策。

【关键术语】

资本边际效率（*MEC*）　*IS-LM* 模型

【知识精要】

1. 投资量与影响因素之间的对应关系的表达式被称为投资函数。假定其他因素不变，投资与利率的反方向依存关系即称为投资需求函数。描述投资需求的曲线称为投资边际效率曲线，它从资本边际效率曲线引申出来。

2. *IS* 曲线是表示产品市场均衡时国民收入与利率之间成反方向变化的曲线。*IS* 曲线斜率既取决于边际消费倾向（*MPC*），也取决于投资需求对于利率的敏感程度（d）。

3. 利率决定于货币需求和供给。货币供给是一个存量概念，指一个国家在某一时点上所保持的不属于政府和银行的所有的硬币、纸币和银行存款的总和。货币需求按凯恩斯理论取决于交易、谨慎和投机三大动机；相应地，货币的交易需求、预防需求和投机需求的总和构成货币需求，货币的交易需求和预防需求取决于收入，而投机需求取决于利率。当货币供给和货币需求相等时，货币市场达到均衡，从而也决定了利率的均衡水平。

4. *LM* 曲线是表示货币市场均衡时国民收入与利率之间成同方向变化的曲线。*LM* 曲线斜率既取决于货币投机需求的利率系数（h），也取决于货币交易和预防需求对实际收入的反应系数（k）。

5. *IS* 曲线和 *LM* 曲线交点的利率和收入就是产品市场和货币市场同时达到均衡的利率和收入。任何不在均衡水平上的利率和收入在两个市场充分自由条件下总会有走向均衡的趋势。

【实训作业】

一、名词解释

1. 资本边际效率（*MEC*）
2. 凯恩斯陷阱
3. *IS* 曲线
4. *LM* 曲线
5. 货币需求
6. “货币失踪”之谜
7. 流动性偏好

二、简要回答

1. 什么是货币需求？人们需要货币的动机有哪些？
2. 简述 *IS-LM* 模型。
3. 运用 *IS-LM* 模型分析产品市场和货币市场失衡的调整过程。
4. *IS* 曲线向右下倾斜的假定条件是什么？
5. *LM* 曲线向右上倾斜的假定条件是什么？
6. 分析研究 *IS* 曲线和 *LM* 曲线的斜率及其决定因素有什么意义？
7. 为什么要讨论 *IS* 曲线和 *LM* 曲线的移动？
8. 什么是投资需求的利率弹性？假定投资需求函数为 $i=e-dr$，则 d 是不是投资的利率弹性？

三、论述

1. 怎样理解 *IS-LM* 模型是凯恩斯主义宏观经济学的核心？
2. 运用 *IS-LM* 模型分析均衡国民收入与利率的决定与变动。

四、问题计算

1. 假设一个只有家庭和企业的二部门经济中，消费 $c=100+0.8y$，投资 $i=150-6r$，货币供给 $M=150$，货币需求 $L=0.2y-4r$（单位：亿美元）。

（1）求 *IS* 和 *LM* 曲线；

（2）求商品市场和货币市场同时均衡时的利率和收入；

（3）若上述二部门经济为三部门经济，其中税收 $T=0.25y$，政府支出 $G=100$ 亿美元，货币需求为 $L=0.2y-2r$，实际货币供给为 150 亿美元，求 *IS*、*LM* 曲线以及均衡利率和收入。

2. 已知 *IS* 方程为 $y=550-1\,000r$，边际储蓄倾向 $MPS=0.2$，利率 $r=0.05$。

（1）如果政府购买性支出增加 5 单位，新旧均衡收入分别为多少？

（2）*IS* 曲线如何移动？

3. 假定国民经济是由四部门构成，且 $y=c+i+g+nx$，消费函数为 $c=300+0.8y_d$，投资函数为 $i=200-1\ 500r$，净出口函数为 $nx=100+0.04y-500r$，货币需求 $L=0.5y-2\ 000r$，其政府支 $G=200$，税率 $t=0.2$，名义货币供给 $M=550$，价格水平 $P=1$。试求：

（1）*IS* 曲线；

（2）*LM* 曲线；

（3）产品市场和货币市场同时均衡时的利率和收入。

4. 一个预期长期实际利率是3%的厂商正在考虑一个投资项目清单，每个项目都需要花费100万美元，这些项目在回收期长短和回收数量上不同，第一个项目将在两年内回收120万美元，第二个项目将在三年内回收125万美元，第三个项目将在四年内回收130万美元。哪个项目值得投资？如果利率是5%，答案有变化吗？（假定价格稳定）

【实训作业答案】

一、名词解释

1. 资本边际效率（*MEC*）：是一种贴现率，这种贴现率正好是一项资本品在使用期限内与其收益的现值等于这项资本品的重置成本或供给价格。在实践中，资本的边际效率也被称为预期利润率。资本边际效率之值随资本存量的增加而下降。

2. 凯恩斯陷阱：是凯恩斯在分析人们对货币的流动偏好时提出的。它指这样一种现象：当利息率极低时，人们预计利息率不大可能再下降，或者说人们预计有价证券的市场价格已经接近最高点，因而将所持有的有价证券全部换成货币，以至于人们对货币的投机需求趋向于无穷大。

3. *IS* 曲线：表示产品市场均衡时，国民收入和利率的方向变化关系。*IS* 曲线向右下方倾斜。

4. *LM* 曲线：是指使得货币市场处于均衡的收入与均衡利息率的不同组合描述出来的一条曲线。*LM* 曲线向右上方倾斜。

5. 货币需求：是指人们在手边保存一定数量货币的愿望。它是人们对货币的流动性偏好引起的，因此，货币需求又被称为流动偏好。与其他资产相比，货币具有很强的流动性，人们用货币很容易与其他资产进行交换。正是这种流动性，使人们对货币产生偏好。产生流动偏好的动机主要有三种：一是交易动机，二是预防动机，三是投机动机。

6. “货币失踪”之谜：指实际的货币需求量小于根据传统的货币需求函数计算出的货币需求量，这意味着实际货币需求的下降，被认为是金融制度创新引起的，传统的货币需求是利率水平和国民收入的函数，并不包括这种因素。

7. 流动性偏好：又称灵活偏好，指人们愿意以货币形式或存款形式保持某一部分财富，而不愿以股票、债券等资本形式保持财富的一种心理动机。引起流动性偏好的心理动机有三个，即交易动机、预防动机和投机动机。流动偏好的强弱程度，取决于保持货币所得的效用和放弃货币得到的利益的比较。流动偏好规律使人们必须得到利息才肯放弃货币，因而使利率总维持在较高的水平，这会妨碍投资的增加。

二、简要回答

1. 什么是货币需求？人们需要货币的动机有哪些？

答：货币需求是指人们在不同条件下出于各种考虑对货币的需要，或者说是个人、企业和政府对执行流通手段（或支付手段）和价值贮藏手段的货币的需求。

按凯恩斯的说法，对货币的需求是出于以下三种动机：

一是对货币的交易需求动机，指家庭或厂商为交易的目的而形成的对货币的需求。它产生于人们收入和支出的非同步性。出于交易动机的货币需求量主要决定于收入，收入越高，交易数量就越大。

二是对货币的预防性需求动机，指人们为应付意外事故而形成的对货币的需求。它产生于未来收入和支出的不确定性。从全社会来看，这一货币需求量也和收入成正比。

三是对货币的投机需求动机，它产生于未来利率的不确定，人们为避免资产损失或增加资本收入而及时调整资产结构而形成的对货币的需求。例如，人们预期债券价格会上升时，需要及时买进债券，以便以后卖出时得到收益，这样就产生了对货币的投机需求。这一需求与利率成反方向变化。

2. 简述 *IS-LM* 模型。

答：*IS* 曲线表示产品市场均衡时，国民收入和利率的方向变化关系。*IS* 曲线向右下方倾斜。*LM* 曲线是指使货币市场处于均衡的收入与均衡利息率的不同组合描述出来的一条曲线。*LM* 曲线向右上方倾斜。

如果把 *IS* 曲线和 *LM* 曲线结合在一起，就可得到产品市场和货币市场同时均衡时利息率与均衡国民收入之间的关系，这就是 *IS-LM* 模型。产品市场和货币市场在同一收入水平和利率水平上同时达到均衡时均衡利息率与均衡国民收入的值，可以通过求解 *IS*、*LM* 曲线的联立方程而得。

3. 运用 *IS-LM* 模型分析产品市场和货币市场失衡的调整过程。

答：按照 *IS-LM* 模型的解释，当产品市场和货币市场同时达到均衡时，其均衡点正好处于 *IS* 曲线和 *LM* 曲线的交点上。任何偏离 *IS* 曲线和 *LM* 曲线交点的利息率和国民收入的组合，都不能达到产品市场和货币市场的同时均衡。

在实际中，若出现国民收入与利息率的组合在 *IS* 曲线的左下方，有 $I>S$，即存在对产品的超额需求；在 *IS* 曲线的右上方，有 $S>I$，即存在对产品的超额供给。若出现国民收入与利息率的组合点在 *LM* 曲线的左上方，有 $M>L$，即存在货币的超额供给；在 *LM* 曲线的右下方，有 $L>M$，即存在货币的超额需求。

当实际经济中出现以上失衡状态时，市场经济本身的力量将使失衡向均衡状况调整，直至恢复到均衡。$I>S$ 时，国民收入会增加；$I<S$ 时，国民收入会减少；$L>M$ 时，利息率会上升；$L<M$ 时，利息率会下降。调整结果会使两个市场同时达到均衡。

4. IS 曲线向右下倾斜的假定条件是什么？

答：IS 曲线向右下倾斜的假定条件是投资需求是利率的减函数，以及储蓄是收入的增函数。即利率上升时，投资要减少，利率下降时，投资要增加，以及收入增加时，储蓄要随之增加，收入减少时，储蓄要随之减少。如果这些条件成立，那么，当利率下降时，投资必然增加，为了达到产品市场的均衡，或者说储蓄和投资相等，则储蓄必须增加，而储蓄又只有在收入增加时才能增加。这样，较低的利率必须和较高的收入配合，才能保证产品市场上总供给和总需求相等。于是当坐标图形上纵轴表示利率，横轴表示收入时，IS 曲线就必然向右下倾斜。如果上述前提条件不存在，则 IS 曲线就不会向右下倾斜。例如，当投资需求的利率弹性无限大时，即投资需求曲线为水平状时，则 IS 曲线将成为一条水平线。再如，如果储蓄不随收入而增加，即边际消费倾向如果等于 1，则 IS 曲线也成为水平状。由于西方学者一般认为投资随利率下降而增加，储蓄随收入下降而减少，因此一般可假定 IS 曲线为向右下倾斜的。

5. LM 曲线向右上倾斜的假定条件是什么？

答：LM 曲线向右上倾斜的假定条件是货币需求随利率上升而减少，随收入上升而增加。如果这些条件成立，则当货币供给既定时，若利率上升，货币投机需求量减少（即人们认为债券价格下降时，购买债券从投机角度看风险变小，因而愿意买进债券而减少持币需要），为保持货币市场上供求平衡，货币交易需求量必须相应增加，而货币交易需求又只有在收入增加时才会增加。于是，较高的利率必须和较高的收入相结合，才能使货币市场均衡。如果这些条件不成立，则 LM 曲线不可能向右上倾斜。例如，古典学派认为，人们需要货币，只是为了交易，并不存在投机需求，即货币投机需求为零，在这样的情况下，LM 曲线就是一条垂直线。反之，凯恩斯认为，当利率下降到足够低的水平时，人们的货币投机需求将是无限大（即认为这时债券价格太高，只会下降，不会再升，从而买债券风险太大，因而人们手头不管有多少货币，都不愿再去买债券），从而进入流动性陷阱，使 LM 曲线呈水平状。由于西方学者认为，人们对货币的投机需求一般既不可能是零，也不可能是无限大，是介于零和无限大之间，因此，LM 曲线一般是向右上倾斜的。

6. 分析研究 IS 曲线和 LM 曲线的斜率及其决定因素有什么意义？

答：分析研究 IS 曲线和 LM 曲线的斜率及其决定因素，主要是为了分析有哪些因素会影响财政政策和货币政策效果。在分析财政政策效果时，比方说分析一项增加政府支出的扩张性财政政策效果时，如果增加一笔政府支出会使利率上升很多（这在 LM 曲线比较陡峭时就会这样），或利率上升一定幅度会使私人部门投资下降很多（这在 IS 曲线比较平坦时就会是这样），则政府支出的“挤出效应”就大，从而扩张性财政政策效果较小，反之则反是。可见，通过分析 IS 和 LM 曲线的斜率以及它们的决定因素就可以比较直观地了解财政政策效果的决定因素：使 IS 曲线斜率较小的因素（如投资对利率较敏感，边际消费倾向较大从而支出乘数较大，边际税率较小从而也使支出乘数较大），以及使 LM 曲线斜率较大的因素（如货币需求对利率较不敏感以及货币需求对收入较为敏感），都是使财政政策效果较小的因素。在分析货币政策效果时，比方说分析一项增加货币供给的扩张性货币政策效果时，如果增加一笔货币供给会使利率下降很多（这在 *LM* 曲线陡峭时就会是这样），或利率上升一定幅度会使私人部门投资增加很多（这在 *IS* 曲线比较平坦时就会是这样），则货币政策效果就会很明显，反之则反是。可见，通过分析 *IS* 和 *LM* 曲线的斜率以及它们的决定因素就可以比较直观地了解货币政策效果的决定因素：使 *IS* 曲线斜率较小的因素以及使 *LM* 曲线斜率较大的因素，都是使货币政策效果较大的因素。

7. 为什么要讨论 *IS* 曲线和 *LM* 曲线的移动？

答：在 *IS-LM* 框架中，引起 *IS* 和 *LM* 曲线移动的因素很多，如政府购买、转移支付、税收、进出口等的变动都会使 *IS* 移动，而实际货币供给和货币需求变动都会使 *LM* 移动，这些移动都会引起均衡收入和利率的变动。例如，政府减税使人们可支配收入增加，在其他情况不变时，消费支出水平就会上升。再如，汇率变动，比方说本国货币贬值在其他情况不变时会使出口增加，进口减小，从而使净出口增加，*IS* 曲线也会向右上方移动。同样，在价格水平不变时增加名义货币供给或减少名义货币需求，或者在货币名义供求不变时价格水平下降，都会使 *LM* 曲线向右下方移动。在诸多使 *IS* 曲线和 *LM* 曲线移动的因素中，西方学者特别重视财政政策和货币政策的变动。政府实行扩张性财政政策，*IS* 曲线向右上方移动，收入和利率同时上升，并且通过与不同斜率的 *IS* 和 *LM* 曲线相交可清楚表现出财政政策的效果。同样，政府实行扩张性货币政策，*LM* 曲线向右下方移动，利率下降，收入增加，并且通过与不同斜率的 *IS* 和 *LM* 曲线相交可清楚表现出货币政策的效果。因此，西方学者常常用 *IS-LM* 模型作为分析财政政策和货币政策及其效果的简明而直观的工具。这也可以说是西方学者讨论 *IS* 曲线和 *LM* 曲线移动的主要目的之一。

8. 什么是投资需求的利率弹性？假定投资需求函数为 $i=e-dr$，则 d 是不是投资的利率弹性？

答：投资需求的利率弹性是指投资需求量对利率变动的反应程度，用投资需求量变动的百分比和利率变动的百分比来表示。可用公式表示为：$\sum d$=投资变动的百分比/利率变动的百分比$=(\Delta i/i)/(\Delta r/r)=(\Delta i/\Delta r)(r/i)$。假定投资需求函数为 $i=e-dr$，则投资需求的利率弹性可表示为：$\sum d=-dr/i$。例如，若投资需求函数为 $i=6\ 000-900r$，当 $r=5$（通常，$r=5$，表示利率为 5%）时的投资需求的利率弹性 $\sum d=-900\times5/1\ 500=-3$（当 $r=5$ 时，$i=6\ 000-900\times5=1\ 500$）。它表示，在这一利率水平上（$r=5\%$），投资增加或减少的百分比为利率下降或提高的百分比的 3 倍，可见，在这里，d 并不是投资的利率弹性，而是指投资对利率变动的敏感程度。在这一投资函数中，当利率为不同水平时，其弹性是不同的。当 $r=6$ 时，其弹性为：$\sum d=-900\times6/600=-9$（$i=6\ 000-900\times6=600$）。它表示，在利率 $r=6\%$时，投资增加或减少的百分比为利率下降或提高的百分比的 9 倍。可是，d 的含义则不同。它表示不管利率处于何种水平，利率每上升或下降一个百分点，则投资需求量总减少或增加 900。若 d 不是 900，而是 1 000，则表示利率每变动一个百分点时，投资总反方向地变动 1 000 的量值。

三、论述

1. 怎样理解 IS-LM 模型是凯恩斯主义宏观经济学的核心？

答：凯恩斯理论的核心是有效需求原理，认为国民收入决定于有效需求，而有效需求原理的支柱又是边际消费倾向递减、资本边际效率递减以及心理上的流动偏好这三个心理规律的作用。这三个心理规律涉及四个变量；边际消费倾向、资本边际效率、货币需求和货币供给。在这里，凯恩斯通过利率把货币经济和实物经济联系起来，打破了新古典学派把实物经济和货币经济分开的两分法，认为货币不是中性的，货币市场上的均衡利率要影响投资和收入，而产品市场上的均衡收入又会影响货币需求和利率，这就是产品市场和货币市场的相互联系和作用。但凯恩斯本人并没有用一种模型把上述四个变量联系在一起。汉森、希克斯这两位经济学家则用 IS-LM 模型把这四个变量放在一起，构成一个产品市场和货币市场之间相互作用、共同决定国民收入与利率的理论框架，从而使凯恩斯的有效需求理论得到比较完善的表述。不仅如此，凯恩斯主义的经济政策即财政政策和货币政策的分析，也是围绕 IS-LM 模型而展开的。因此可以说，IS-LM 模型是凯恩斯主义宏观经济学的核心。

2. 运用 IS-LM 模型分析均衡国民收入与利率的决定与变动。

答：IS 曲线和 LM 曲线的交点决定了均衡的国民收入和均衡的利息率，所有引起 IS 曲线和 LM 曲线变动的因素都会引起均衡收入和均衡利息率的变动。

影响 IS 曲线移动的因素有：投资、政府购买、储蓄（消费）、税收。如果投资增加、政府购买增加、储蓄减少（从而消费增加）、税收减少，则 IS 曲线向右上方移动，若 LM 曲线位置不变，均衡国民收入量增加，均衡利息率提高。相反，如果投资减少、政府购买减少、储蓄增加（从而消费减少）、税收增加，则 IS 曲线向左下方移动，若 LM 曲线位置不变，均衡国民收入量减少，均衡利息率升高。

影响 LM 曲线移动的因素有：货币需求、货币供给。如果货币需求减少、货币供给增加，则 LM 曲线向右下方移动，假定 IS 曲线的位置保持不变，均衡国民收入增加，均衡利息率下降。反之，如果货币需求增加、货币供给减少，则 LM 曲线向左上方移动，在 IS 曲线位置不变条件下，均衡国民收入减少，均衡利息率升高。

此外，IS 曲线和 LM 曲线同时变动也会使得均衡国民收入和均衡利息率发生变动。均衡国民收入和均衡利息率变动的结果要取决于 IS 曲线和 LM 曲线变动的方向和幅度。

四、问题计算

1. 假设一个只有家庭和企业的二部门经济中，消费 $c=100+0.8y$，投资 $i=150-6r$，货币供给 $M=150$，货币需求 $L=0.2y-4r$（单位：亿美元）。

（1）求 IS 和 LM 曲线；

（2）求商品市场和货币市场同时均衡时的利率和收入；

（3）若上述二部门经济为三部门经济，其中税收 $T=0.25y$，政府支出 $G=100$ 亿美元，货币需求为 $L=0.2y-2r$，实际货币供给为 150 亿美元，求 IS、LM 曲线以及均衡利率和收入。

答：(1) 由 $y=c+i$ 知 IS 曲线为 $y=100+0.8y+150-6r$，即 $y=1\ 250-30r$

由 $L=0.2y-4r=M=150$，

得 $y=750+20r$，即 LM 曲线为 $y=750+20r$。

(2) 当商品市场与货币市场同时均衡时，LM 和 IS 相交于一点，该点上收入和利率可通过求解 IS、LM 方程得：$y=1\ 250-30r$；$y=750+20r$。均衡利率 $r=10$，均衡收入 $y=950$。

(3) 由三部门经济 $y=c+i+g=100+0.8(y-0.25y)+150-6r+100=0.6y+350-6r$ 得 IS 方程：$y=875-15r$①

由 $L=M=0.2y-2r=150$ 得货币市场的 LM 曲线方程：$y=750+10r$②

解①②得 $r=5$，均衡收入 $y=800$。

2. 已知 IS 方程为 $y=550-1\ 000r$，边际储蓄倾向 $MPS=0.2$，利率 $r=0.05$。

(1) 如果政府购买性支出增加 5 单位，新旧均衡收入分别为多少？

(2) IS 曲线如何移动？

答：(1) $r=0.05$ 时，$y=550-50=500$

由 $MPS=0.2$，则 $MPC=0.8$，因此政府支出乘数 $k_g=1/(1-0.8)=5$，政府支出增加 $\Delta g=5$，则 $\Delta y=5\times5=25$，故新的均衡收入为：$y_1=500+25=525$。

(2) IS 曲线水平右移 $\Delta y=k_g\times\Delta g=5\times5=25$，故新的 IS 曲线为：$y_1=550-1\ 000r+25=575-1\ 000r$。

3. 假定国民经济是由四部门构成，且 $y=c+i+g+nx$，消费函数为 $c=300+0.8y_d$，投资函数为 $i=200-1\ 500r$，净出口函数为 $nx=100+0.04y-500r$，货币需求 $L=0.5y-2\ 000r$，其政府支 $G=200$，税率 $t=0.2$，名义货币供给 $M=550$，价格水平 $P=1$。试求：

(1) IS 曲线；

(2) LM 曲线；

(3) 产品市场和货币市场同时均衡时的利率和收入。

答：(1) $y=300+0.8(y-0.2y)+200+200-1\ 500r+100+0.4y-500r$

即 $y=20\ 000-50\ 000r$。

(2) 在名义货币供给为 550 和价格为 1 的情况下，实际货币供给为 550，由货币供给与货币需求相等得 LM 曲线为：

$550=0.5y-2\ 000r$

即 $y=1\ 100+4\ 000r$

(3) 由 IS 和 LM 方程联立得：

$y=20\ 000-50\ 000r$ ①；$y=1\ 100+4\ 000r$ ②，

解此两方程得 $r=35\%$，均衡收入 $y=2\ 500$。

4. 一个预期长期实际利率是3%的厂商正在考虑一个投资项目清单，每个项目都需要花费 100 万美元，这些项目在回收期长短和回收数量上不同，第一个项目将在两年内回收 120 万美元，第二个项目将在三年内回收 125 万美元，第三个项目将在四年内回收 130 万美元。哪个项目值得投资？如果利率是 5%，答案有变化吗？（假定价格稳定）

答：第一个项目两年内回收 120 万美元，实际利率是 3%，项目回收值的现值约为

113.11 万美元，大于 100 万美元，故值得投资。

同理可计得第二个项目回收值的现值约为 114.39 万美元，大于 100 万美元，故值得投资。

第三个项目回收值的现值约为 115.50 万美元，也值得投资。

如果利率是 5%，第一个项目回收值的现值约为 108.84 万美元，第二个项目回收值的现值约为 107.98 万美元，第三个项目回收值的现值约为 106.95 万美元，均高于 100 万美元。因此，三个项目都值得投资。

【实训活动】

实训活动　财政收入、支出对国民收入的影响

目的：

1. 将 *IS-LM* 模型运用于经济实践。
2. 验证分析财政政策变化对宏观经济运行的影响。

内容：

1. 时间：180 分钟。
2. 地点：任意（最好统一在机房）。
3. 人数：3~6 人构成独立小组。
4. 工具：利用 Eviews、Stata 等计量分析软件均可。

步骤：

第一步：选取实训材料。收集模型中所涉及变量 1978—2015 年期间的数据资料。

第二步：实训要求。以三部门经济 *IS-LM* 理论为基础，考察财政政策宏观运行的影响。在模型中，刻画产品市场均衡的 *IS* 曲线由国民收入均衡条件 $c+i+g=c+s+t$ 推导而来，因此，i、g、s、t 中任何一个因素变动都会引起 *IS* 曲线移动，进而引起国民收入变动。

财政收入、支出变动对 *IS* 曲线的影响，可以借助以下公式来分析：

$$\begin{cases} i+g-s+t \\ i=e-dr \\ s=-\alpha+(1-\beta)y_d \\ y_d=y-t \\ t=t_0-t_r \end{cases} \Rightarrow \boxed{r=\frac{\alpha+e+g-\beta t_0+\beta t_r}{d}-\frac{1-\beta}{d}y} \quad \boxed{y=\frac{\alpha+e+g-\beta t_0+\beta t_r}{1-\beta}-\frac{d}{1-\beta}r}$$

由上述公式可以知道，当政府购买性支出 g 变动时，*IS* 曲线移动的水平距离变动公式如下：$\Delta y=\Delta g/(1-\beta)$，同一利率水平下的国民收入与 g 同方向变动；当税收 t 变动时，*IS* 曲线移动的水平距离为 $\Delta y=-\beta\Delta t/(1-\beta)$，均衡国民收入与税收反向变动；当政府的转移支付 t_r 变动时，*IS* 曲线移动的水平距离为 $\Delta y=\beta\Delta t_r/(1-\beta)$，均衡国民收入与 t_r 同方向变化。其中，$1/(1-\beta)$ 为政府支出乘数，$-\beta/(1-\beta)$ 为税收乘数，$\beta/(1-\beta)$ 为转移支付乘数。

借以上理论原理，选取某国 GDP 增长率为被解释变量，选取该国财政收入增长率和财政支出增长率为解释变量建立普通线性模型和双对数模型。

第三步：实训操作。对数据进行处理，对各变量的时间序列进行平稳性检验；采用软件对计量经济模型进行估计。最后对实验结果进行分析、解释。

问题研讨：

1. 不同阶段，财政政策效果有何异同？

2. 每个小组对于实际量和名义量的处理如何？

实训点评：

本次实训可以比较不同经济背景下财政政策选择方案和政策效果，本章所学习的理论模型运用于经济实践，可以提升参与者认识经济现象，发现经济问题、解决经济问题的能力。同时本实训需要结合学习高鸿业主编《西方经济学（宏观部分·第六版）》第十七章宏观经济政策的相关内容。

资料来源：孙丽欣，高伶. 宏观经济学［M］. 北京：经济科学出版社，2014：129-130.

【案例研究及案例使用指南】

案例 1　中国 *IS-LM* 模型及其政策含义

IS-LM 模型在宏观经济学中占有重要地位，常被用来分析宏观经济运行和宏观经济政策的作用。该模型是以凯恩斯“萧条经济学”为基础的，因此，在经济低迷、需求不振时，人们就会更多地想到它。

IS-LM 模型的基本假定是需求决定产出。也就是说，社会需要多少产品，厂商就愿意生产多少。所以改革开放前，*IS-LM* 模型不能用来刻画中国经济。随着经济体制改革的深入和市场经济的发展，我国宏观经济逐渐显示出需求约束型的特征。同时，政府也日益重视以宏观调控手段管理国民经济，因此，建立中国的 *IS-LM* 模型成为可能。

利用中国 1978 年以来的经济发展的原始数据，建立了消费函数、投资函数、进口函数、汇率函数和货币需求函数，已经具备了建立 *IS-LM* 模型所需的框架和参数。

中国的宏观经济当时可以由下列方程组近似描述：

收入恒等式：$y=c+i+g+x-m$

消费方程：$c=583.8725+0.4398y$

投资方程：$i=670.4236+0.4127y-27.924r$

进口方程：$M=670.4236+0.1425y-2301.3964E(P/P_f)$

汇率方程：$E(P/P_f)=0.250+0.022r$

货币市场均衡方程：$M_1/P=0.5083y-126.0613r$

由此可以整理出我国的 *IS-LM* 曲线。需要说明的是，我国现阶段的汇率对进出口的影响不显著，且汇率和利率的关系也极其微弱，所以，根据经济计量学中的约化理论，在整理 *IS-LM* 曲线时，可以忽略汇率对进口的影响，即把进口只看作收入的函数。

这样处理以后，可以得到我国的 IS-LM 曲线如下：

IS：$y=3.4483(g+x-702.7735)-96.2897r$

LM：$y=1.9849(M_1/P)+250.2209r$

这两个线性方程简略地描述了我国改革开放以来几个宏观经济变量之间的关系。根据实际利率和名义利率之间的关系 $r=i-p$（r 表示实际利率，i 表示名义利率，p 为通货膨胀率），可以在 r-y 平面上画出 IS-LM 曲线。图 3-1 是它们的相对位置示意图。

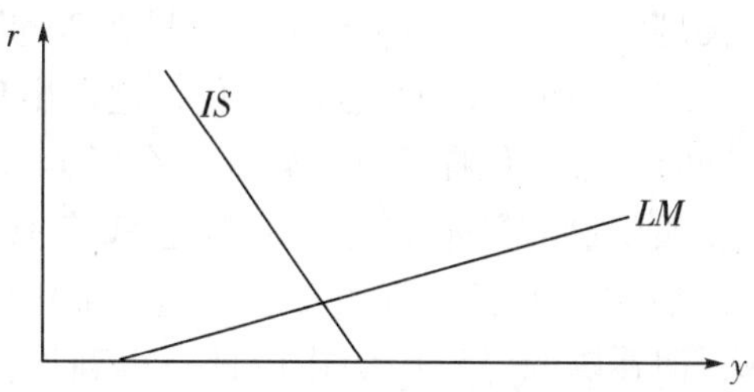

图 3-1　我国 IS-LM 曲线的相对位置示意图

IS 曲线和 LM 曲线与坐标轴的相对位置是由描述产品市场和货币市场的参数决定的。而这些参数反映了宏观经济政策的作用特点。从图 3-1 可以看出，我国 IS 曲线较陡，而 LM 曲线较平。可以从两者相对于横轴的倾角大小看出这一点。这种相对位置表明，财政政策比货币政策在影响总产出（GDP）方面具有更显著的效果。因为当 LM 曲线较平时，财政政策的挤出效应较小，而采用货币政策则会出现即使利率变化较大而总产出变化不大的现象。

上述实证结果也与近年来我国宏观经济政策的演变轨迹相符合。自从 1996 年至今，我国宏观经济政策大致经历了 3 个阶段的重大调整。第一阶段是从 1996 年 5 月到 1998 年 4 月，主要采用货币政策进行微调，措施包括 4 次降低商业银行的存贷款利率和法定准备金率等。但货币供给增长依然乏力，经济增长一直处于“软着陆”结束后的下滑中。第二阶段从 1998 年下半年到该年结束，开始启用财政政策，加大基础设施建设的投资力度，同时又连续两次下调利率。在财政大规模投入的推动下，GDP 累计增速从年中的 7% 提高到年末的 7.8%。第三阶段从 1999 年初开始，继续加大财政投入，同时扩大货币政策的配合力度，实施“积极的财政政策和稳健的货币政策”。2000 年继续执行这一方针，从上述政策调整过程可清楚地看出，当局在仅用货币政策未取得预期效果（货币政策并非失灵）时，把注意力转向了财政政策，且力度不断加大。这种政策转向是得到本文实证结果支撑的。

案例来源：司春林，王安宇，等. 中国 IS-LM 模型及其政策含义［J］. 管理科学学报，2002（2）：46-53.

思考题

1. 如何准确理解理论模型中的变量类型？

2. 如何理解 1978—1999 年我国 IS-LM 模型特点？现阶段宏观经济政策的作用基础是否存在？

案例1使用指南

第一步：目标设定参考。本案例可以配合本章教学及高鸿业主编《西方经济学（宏观部分·第六版）》的第十四章学习使用。使学生通过该案例的学习，可以应用*IS-LM*模型分析宏观经济运行和宏观经济政策的作用。

第二步：背景介绍。应当指出，*IS-LM*模型适用的是市场经济。因此，首先有必要判断中国经济的市场化程度。自1978年以来，随着经济体制改革的不断深入和层层推进，我国各类市场都有了长足发展。在产品市场方面，早在20世纪80年代，困扰中国多年的生活必需品短缺现象基本消失；20世纪90年代，逐渐出现了生产能力过剩、最终需求相对不足的情形，同时，市场化程度已经较高。在资本市场方面，20世纪80年代开始发行国债，中期恢复股份制和外汇交易，20世纪80年代末90年代初股票、基金和期货市场开始运作。此后，我国资本市场发展迅速，金融创新活动日益频繁。目前，资本市场虽不很成熟，但在资源配置中的作用日益得到加强。另外，政府近几年来也以更多的经济手段和法律手段来管理宏观经济。所有这些，都使中国经济运行越来越具有一般市场经济的特征。在此背景下，*IS-LM*模型对于分析中国经济的适用性就大大增强了。

我国宏观经济增速自“软着陆”结束后就一直处在缓慢下滑中，内需不振成了经济发展的障碍。进入2000年后，从有关媒体的报道看，我国消费市场似有复苏的迹象。这个结论准确与否，尚待专业人士确定。不管怎样，经过近20年的发展，我国市场结构已发生了深刻变化，刺激内需可能会成为一个在较长时期内的政策选择。在这种情况下，用*IS-LM*模型在分析中国经济方面做一些尝试，应当是有意义的。然而，到目前为止，有关中国*IS-LM*模型的文献尚不多见。基于上述分析，建立中国的*IS-LM*模型，这要用到经济计量方法。由此引出实证分析时常会遇到的几个问题。一是如何准确理解理论模型中的变量类型，如真实变量和名义变量之分。二是怎样为理论变量找到合适的实证数据。三是计量技术问题，比如宏观经济数据常有时间趋势，若直接用来做回归，易导致“伪回归”。诸如此类的问题要求在建模之前对数据进行恰当处理。当然，还有其他许多需注意的方面。凡是涉及建模的关键问题，都应尽量交代清楚。

第三步：理论学习。可以参考本章知识精要及高鸿业主编《西方经济学（宏观部分·第六版）》的第十四章。

第四步：讨论思考题目。可以选择根据思考题分组讨论，每组学生轮流发言，组内相互补充发言，各组学生代表相互点评。

第五步：学习总结或教师点评。教师对案例研讨中的主要观点进行梳理、归纳和点评，简述本案例的基础理论，在运用基础理论对案例反映的问题进行深入分析后，适当进行总结如下（供参考）：

中国的经济制度在样本期内（1978—1999）经历了若干重大变化，这种频繁的制度变革也增加了模型中参数的时变性，因为频繁的制度变革会使公众的预期也处于频繁变动之中。

中国*IS-LM*模型中的参数欠常数性说明了频繁地改变制度会增加宏观经济政策作用大小的不确定性。这使我们不能用它精确计算宏观经济政策对关注变量（如GDP

等）的影响程度。

财政政策和货币政策正常作用的基础是存在的。需要说明的是，计量分析结果参数估计值虽然不稳定，但其符号却是大致稳定的，并不随着样本期的改变而变化。系数的正负代表着变量间的作用方向。这也就是说，系数估计值虽不具绝对意义，不能用来计算变量间相互影响的具体数值，却可以用来推测变量间的影响方向。

从计量分析结果看出，除了进口与汇率的关系反常、汇率与利率的关系微弱外，其他变量之间的关系基本上是正常的、合乎理论预期的。这一方面说明，中国虽是经济大国，但开放度还不高，尚未融入全球经济一体化的潮流中去；另一方面说明，就国内经济而言，各宏观经济变量之间的关系已基本上具有市场经济的特征。这一结论具有很强的政策含义。它表明，我国 *IS-LM* 模型是基本正常的。因此，宏观经济政策的作用基础已经具备。

所以，针对近几年出现的需求不足的困境，当局实施的一系列积极的宏观经济政策对阻止经济增长进一步下滑应是有作用的。如果不采取这些措施，今天的经济形势将不会是这样的。诚然，一些政策在某些情况下没有达到预期效果。这有多方面的原因。首先是中国的市场机制还处在发育和发展过程中，宏观经济政策的制定和执行都需要积累经验。在不具备足够经验的情况下，政策反应滞后、政策力度不够、政策间的配合性弱以及部分政策的微观基础较差等若干缺憾是难以避免的。因此，对现阶段宏观经济政策的作用抱有过高期望是不现实的。但这并不意味着政策未起作用或没有作用基础。

案例 2　基于 *IS-LM* 模型的宏观经济政策细化研究

一、*IS-LM* 模型的经济含义

IS-LM 模型最早是由英国经济学家希克斯在为凯恩斯《就业、利息和货币通论》一书写的一篇评论文章——《凯恩斯先生和“古典学派”》中提出来的。而传播该模型的是美国经济学家汉森，所以一般称“希克斯-汉森综合”。后来美国新古典综合派的主要代表人物萨缪尔森也以此作为分析宏观经济和政策运用的重要工具，认为 *IS-LM* 模型分析简要地概括了现代主流宏观经济学的要点。

IS 曲线反映了当产品市场达到均衡，即计划的总需求等于总产出或计划的投资等于储蓄时，利率与国民收入之间反方向变动的关系。也就是说，如果利率上升，投资因利息成本提高而减少，而储蓄却因利息收入提高而增加，这样一来，必然使总需求不足从而导致国民收入下降。低利息率意味着高投资，而高投资则意味着高国民收入水平。

IS 曲线会因为投资、储蓄、政府支出、税收、出口、进口等因素的变动而发生变动。而上述六大因素的变动又主要与政府的财政政策有关。一般来说，扩张性的财政政策会使 *IS* 曲线向上移动，意味着利率水平和国民收入水平同时提高。这是因为扩张性的财政政策如减税会增加社会总需求从而提高国民收入，但是，社会总需求的增加无疑会使投资增加、储蓄减少（人们会因为经济越来越宽松而增加消费比例），因此必

然会出现对货币的需求大于供给从而提高利率水平。

LM 曲线则反映了当货币市场达到均衡，即货币需求等于货币供给时，利率与国民收入之间同方向变动关系的曲线。也就是说，如果利率上升，投机性的货币需求（对以债券为代表的金融投机需求）会因债券价格下降而大量购入，从而相应减少其货币持有，在货币总需求总额不变的情况下，必然会使交易性的货币需求增加，因而使国民收入也相应得到增加。

LM 曲线会因为投机性的货币需求、交易性的货币需求和货币供给量的变动而发生变动。上述三大因素的变动又主要与政府的货币政策有关。在使 *LM* 曲线移动的三个因素中，应特别重视货币供给量的变动这个因素。因为货币供给量的变动正是货币政策调节的结果，而货币政策效应的研究是宏观经济学的重要课题。一般来说，扩张性的货币政策会使 *LM* 曲线向下移动，意味着要增加国民收入必须以低利率为条件。这是因为扩张性的货币政策如增加货币供给量会降低货币供给的价格——利率，而利率水平的降低必然会对投资产生吸引力，从而通过投资的增加而增加国民收入。

二、*IS-LM* 模型与经济失衡分析

IS 和 *LM* 曲线的交点意味着产品市场和货币市场同时实现了均衡，当然，这种情况在现实经济中几乎是不存在的，绝大多数情况下两个市场处于非均衡状况。一般来讲，如图 3-2 所示，非均衡状况可以细分为 12 种：

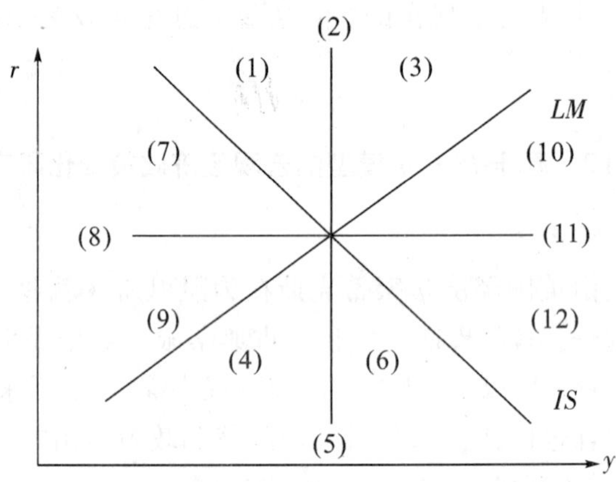

图 3-2　产品市场和货币市场 12 种非均衡状况

（1）均衡点上方左区域：投资小于储蓄和货币需求小于货币供给，所对应的是偏高利率和偏低国民收入。一般来说，这种情况发生在政府利用抬高利率治理通货膨胀的后期阶段，也即通货紧缩前期。一方面，为了治理通货膨胀，政府往往采用最快的方法即通过提高利率来减少货币供给和降低需求，以此来拉低日益上涨的价格。但是，另一方面，经济必然会受到打压而出现国民收入下降的情况。由于政府在通货膨胀前期通过抬高利率打压膨胀的经济因而在通货膨胀后期反而出现通货紧缩，国民收入由于政策的滞后效应和乘数的倍数效应出现偏低态势。我国在 20 世纪 90 年代中期出现的经济萎缩和利率偏高的态势就属于这种状况。对于这种情况，政府应该主要通过扩张性的货币政策来使利率水平尽快下降，从而使投资和消费尽快上升。通货膨胀对总支出从而对均衡产出的影响，极度依赖于货币政策。财政政策此时作用并不明显，如果是增加财政支出，则其影响不可能是全面的；如果是减税，虽然其影响是全面的但是减税的效果不可能抵销高利率对经济的负面冲击。

（2）均衡点上方中区域：投资小于储蓄和货币需求小于货币供给，所对应的是偏高利率和均衡国民收入。这种情况往往出现在政府通过抬高利率治理通货膨胀的中期。由于利率水平上升经过一段时间后国民收入回到均衡水平，但是由于政策效应的滞后性总是会使已经拉低到均衡水平的国民收入继续减少，从而这一区域只是一条经过均衡点并垂直于横轴的直线。对于这种情况，政府应该着重使用使利率水平下降的货币政策。

（3）均衡点上方右区域：投资小于储蓄和货币需求小于货币供给，所对应的是偏高利率和偏高国民收入。这种情况一般发生在政府通过抬高利率治理通货膨胀的前期阶段。政府希望通过抬高利率的方法来紧缩经济，但由于政策的“滞后”效应，往往抬高利率后并不会很快拉低国民收入，因此会出现这种“双高”态势。对于这种情况，政府应该主要依靠紧缩性的财政政策来打压经济，如减少政府支出、增税等。

（4）均衡点下方左区域：投资大于储蓄和货币需求大于货币供给，所对应的是偏低利率和偏低国民收入。这种情况一般发生于政府通过降低利率治理通货紧缩的前期。中国人民银行虽在 1998 年多次降低利率，但是宏观经济指标并未立刻出现明显好转。虽然利率水平已经降低，但对投资和需求的刺激作用还没有得到体现，因而国民收入还处于偏低水平。虽然政府为了刺激经济不断地降低利率水平，但是由于政策的滞后效应，偏低的国民收入依然如故。对于这种情况，政府不应该一味地依赖货币政策来拉动经济，而是应该适当辅以财政政策来拉高偏低的国民收入。我国从 20 世纪末期到 21 世纪初就属于该种情况。

（5）均衡点下方中区域：投资大于储蓄和货币需求大于货币供给，所对应的是偏低利率和均衡国民收入。这种情况出现在政府通过降低利率治理通货紧缩的中期。由于利率水平下降经过一段时间后国民收入回到均衡水平，但是由于政策效应的滞后性总是会使已经拉高到均衡水平的国民收入继续增加，从而这一区域也只是一条经过均衡点并垂直于横轴的直线。对于这种情况，政府应该着重使用使利率水平上升的货币政策。

（6）均衡点下方右区域：投资大于储蓄和货币需求大于货币供给，所对应的是偏低利率和偏高国民收入。这种情况一般出现在政府通过降低利率治理通货紧缩的后期。由于利率的降低不会很快产生效应，因此到通货紧缩的后期才得以显现出来，所以出现国民收入水平的提高。又由于政府急于要在短期内企图通过利率的降低实现均衡的国民收入，因此在短期内不断地、持续地一再降低利率，造成利率下降的累积效应过大，从而使国民收入的增加超过了均衡的国民收入水平。对于这种状况，政府应该主要通过紧缩性的财政政策来限制国民收入的超量。政府财政政策是一种作用与投资十分相似的高能支出，因此，适当发挥财政政策的作用是极其必要的。

（7）均衡点左方上区域：投资大于储蓄和货币需求小于货币供给，所对应的是偏高利率和偏低国民收入。其原因同第（1）种情况。

（8）均衡点左方中区域：投资大于储蓄和货币需求小于货币供给，所对应的是均衡利率和偏低国民收入。这种情况发生于通货紧缩中期。政府通过降低利率来治理通货膨胀，已经使利率达到均衡水平但是国民收入水平依然处于偏低态势。对于这种情况，最好的办法不是继续降息，而是辅以财政政策来拉高经济。

（9）均衡点左方下区域：投资大于储蓄和货币需求小于货币供给，所对应的是偏低利率和偏低国民收入。这种情况一般发生于政府通过降低利率治理通货紧缩的前期。其原因同第（4）种情况。

（10）均衡点右方上区域：投资小于储蓄和货币需求大于货币供给，所对应的是偏高利率和偏高国民收入。其原因同第（3）种情况。

（11）均衡点右方中区域：投资小于储蓄和货币需求大于货币供给，所对应的是均衡利率和偏高国民收入。这种情况发生于通货膨胀中期。说明利率水平已经得到很好的控制，但是因政策的滞后效应以及难以估算的乘数效应，通货膨胀还没有受到明显遏制，国民收入水平依然处于偏高水平。对于这种情况，政府应该主要通过财政政策来拉低国民收入，如减少政府支出。政府不要轻易用增税的办法来拉低国民收入，因为税收政策一经实施就必须固定较长的时间，这样做容易使经济越过均衡水平出现通货紧缩。

（12）均衡点右方下区域：投资小于储蓄和货币需求大于货币供给，所对应的是偏低利率和偏高国民收入。这种情况一般出现在政府通过降低利率治理通货紧缩的后期。其原因同第（6）种情况。

三、*IS* 曲线和 *LM* 曲线均衡点变动后的不同组合及其相应政策的细化

财政政策和货币政策的变动会引起产品市场和货币市场的均衡点发生变动，从而必然引起现实经济的利率水平和国民收入水平的变动。分析这种变动有利于政府充分利用财政和货币工具来有效调控经济的运行。

如果综合考察财政政策和货币政策的变动也即 *IS* 曲线和 *LM* 曲线的变动，则可以如图 3-3 所示将其变动细分为 3 类 16 种情况。

LM 曲线不变，*IS* 曲线移动

有 2 种情况。

（1）*IS* 曲线右移。*IS* 曲线右移意味着政府只是实施了扩张性的财政政策来调控经济，如财政支出的增加、减税等。并且，消费和投资的增长以及净出口的增加也会使 *IS* 曲线右移。这些因素都会使总需求增加，相应地会促使国民收入水平上升。而且，随着总需求的增加，尤其是消费和投资的增加，又会抬升利率水平，因而出现利率和国民收入同时上升的状况。这种政策搭配适合于偏低利率和偏低国民收入的经济状况，即上述提到的（4）和（9）两种情况。

（2）*IS* 曲线左移。与 *IS* 曲线右移同理，只是方向相反，利率和国民收入同时下降。这种政策搭配适合于偏高利率和偏高国民收入的经济状况，即上述提到的（3）和（10）两种情况。

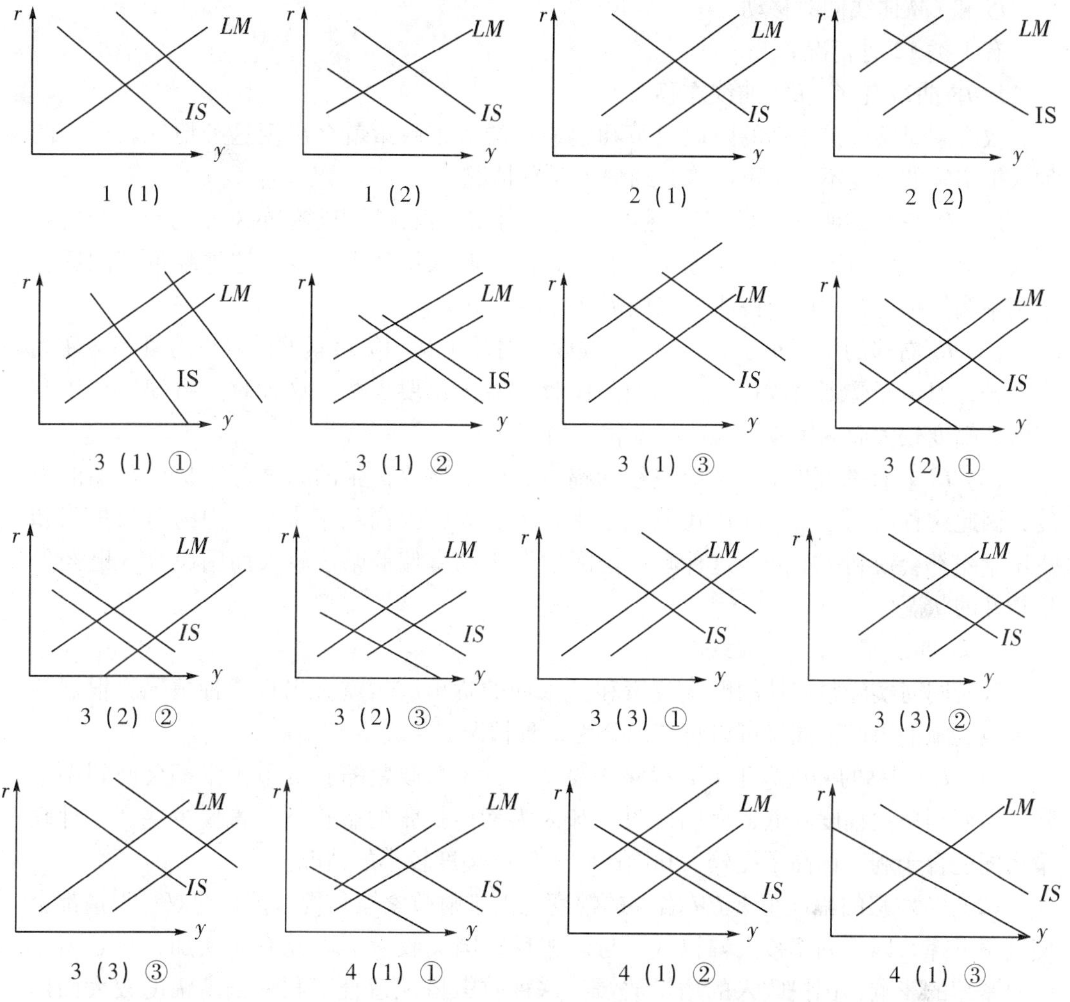

图 3-3　*IS* 曲线和 *LM* 曲线的变动

IS 曲线不变，*LM* 曲线移动

有 2 种情况。

（1）*LM* 曲线右移。*LM* 曲线右移意味着政府只是实施了扩张性的货币政策来调控经济，如增加货币供给量。由于货币供给量的增加会使人们获得货币更加容易，相应地，利率水平会下降。而且，货币供给量的增加会通过增加人们的交易需求来增加国民收入水平。此外，利率水平的下降会带来投资需求的增加从而也会使国民收入增加。因此，在这种情况下会出现利率下降国民收入上升的状况。

这种政策搭配适合于偏高利率和偏低国民收入的经济状况，即上述提到的（1）和（7）两种情况。

（2）*LM* 曲线左移。与 *LM* 曲线右移同理，只是方向相反，利率上升国民收入下降。这种政策搭配适合于偏低利率和偏高国民收入的经济状况，即上述提到的（6）和（12）两种情况。

IS 和 *LM* 曲线同时移动

有 4 类 12 种情况。

1. *IS* 曲线右移，*LM* 曲线左移

政府同时实施扩张性的财政政策和紧缩性的货币政策就会出现这种情况。根据两种政策实施的力度不同又可以将其细分为 3 种情况。

（1）*IS* 右移的幅度大于 *LM* 左移的幅度。财政扩张和货币紧缩的双重力量都会使利率大幅上升，但由于受到货币紧缩的影响，国民收入增加得较少。这种政策搭配适合于利率偏低幅度较大而国民收入偏低幅度较小的情况。

（2）*IS* 右移的幅度小于 *LM* 左移的幅度。财政扩张和货币紧缩的双重力量都会使利率上升，但由于受到财政扩张的影响国民收入减少得要少些。这种政策搭配适合于利率偏低幅度较大而国民收入偏高幅度较小的情况。

（3）*IS* 右移的幅度等于 *LM* 左移的幅度。由于财政扩张的力度等于货币紧缩的力度，因此这种情况不会影响国民收入水平，但会大幅提高利率水平，因为财政扩张和货币紧缩都会使利率上升。这种政策搭配适合于利率偏低幅度较大而国民收入已经处于均衡的状况。

2. *IS* 曲线左移，*LM* 曲线右移

政府同时实施紧缩性的财政政策和扩张性的货币政策就会出现这种情况。根据两种政策实施的力度不同又可以将其细分为 3 种情况。

（1）*IS* 左移的幅度大于 *LM* 右移的幅度。由于财政紧缩和货币扩张都会使利率下降，因而利率大幅度降低，而国民收入却因为货币扩张的影响下降得要少些。这种政策搭配适合于利率偏高幅度较大和国民收入偏高幅度较小的情况。

（2）*IS* 左移的幅度小于 *LM* 右移的幅度。由于财政紧缩和货币扩张的双重力量都会使利率下降，因而利率被大幅拉低。与此相反，国民收入却因此有所增加，只是由于财政紧缩的影响，国民收入的增量放缓。这种政策搭配适合于利率偏高幅度较大而国民收入偏低幅度较小的情况。

（3）*IS* 左移的幅度等于 *LM* 右移的幅度。由于财政紧缩和货币扩张两种力量相当，因此国民收入不会变化，但是这两种力量都会使利率下降，因而利率下降幅度显得很大。这种政策搭配适合于利率偏高幅度较大而国民收入已经处于均衡的状况。

3. *IS* 和 *LM* 曲线同时右移

政府同时实施扩张性的财政政策和扩张性的货币政策就会出现这种情况。根据两种政策实施的力度不同又可以将其细分为 3 种情况。

（1）*IS* 右移的幅度大于 *LM* 右移的幅度。由于财政扩张和货币扩张都会使国民收入增加，因而表现为国民收入大幅增加，而利率却因为财政扩张力度更大而有所上升，但由于货币扩张的影响抵消了部分上升的力量因而其上升幅度不大。这种政策搭配适合于利率偏低幅度较小而国民收入偏低幅度较大的情况。

（2）*IS* 右移的幅度小于 *LM* 右移的幅度。由于财政扩张和货币扩张都会使国民收入增加，因而表现为国民收入大幅增加，而利率却因为货币扩张力度更大而有所下降，但由于财政扩张的影响抵消了部分下降的力量因而其下降幅度不大。这种政策搭配适

合于利率偏高幅度较小而国民收入偏低幅度较大的情况。

(3) IS 右移的幅度等于 LM 右移的幅度。由于财政扩张和货币扩张的双重力量必然使国民收入大幅增加，但是利率却因为两种力量相互抵消而没有变化。这种政策搭配适合于利率已经处于均衡水平而国民收入偏低幅度较大的情况。如果在实行扩张性财政政策的同时配合实行扩张性的货币政策，使利率保持在原来的水平上，就能避免乘数效应的漏损，国民收入就会增加。

4. IS 和 LM 曲线同时左移

政府同时实施紧缩性的财政政策和紧缩性的货币政策就会出现这种情况。根据两种政策实施的力度不同又可以将其细分为 3 种情况。

(1) IS 左移的幅度大于 LM 左移的幅度。由于财政紧缩和货币紧缩的双重力量必然使国民收入大幅减少，而利率因为财政紧缩力度大于货币紧缩力度而有所下降，只是其下降幅度因货币紧缩力度的制约而显得较小。这种政策搭配适合于利率偏高幅度较小而国民收入偏高幅度较大的情况。

(2) IS 左移的幅度小于 LM 左移的幅度。由于财政紧缩和货币紧缩的双重力量必然使国民收入大幅减少，而利率因为财政紧缩力度小于货币紧缩力度而有所上升，只是其上升幅度因财政紧缩的制约而显得较小。这种政策搭配适合于利率偏低幅度较小而国民收入偏高幅度较大的情况。

(3) IS 左移的幅度等于 LM 左移的幅度。由于财政紧缩和货币紧缩两种力量相当，因而在大幅减少国民收入的同时其利率水平却保持不变。这种政策搭配适合于利率已经处于均衡水平而国民收入偏高幅度较大的情况。

案例来源：严梅. 基于 IS-LM 模型的宏观经济政策细化研究 [J]. 统计与决策，2013 (5)：158-162.

思考题

如何准确理解基于 IS-LM 模型的宏观经济政策细化研究？

案例 2 使用指南

第一步：目标设定参考。本案例可以配合本章教学及高鸿业主编《西方经济学（宏观部分·第六版）》的第十四章学习使用。通过该案例的学习，使学生可以应用 IS-LM 模型分析宏观经济运行和宏观经济政策的作用，同时加深对于 IS-LM 模型的细化研究。

第二步：背景介绍。我国在利用财政政策和货币政策进行宏观调控方面表现得比较粗化，对两种政策的力度和效果以及二者的有效搭配重视不够。理论界也只是停留于“双松”“双紧”“一松一紧”和“一紧一松”这四种较为笼统的搭配上。现实经济是复杂的，不同的经济发展阶段应该适用不同的政策调控。传统的经济发展阶段即危机、萧条、复苏、高涨应进一步细化，唯有如此，才能使我国经济真正在稳定的基础上实现高速发展。

第三步：理论学习。可以参考本章知识精要及高鸿业主编《西方经济学（宏观部分·第六版）》的第十四章。

第四步：讨论思考题目。可以选择根据思考题分组讨论，每组学生轮流发言，组内相互补充发言，各组学生代表相互点评。

第五步：学习总结或教师点评。教师对案例研讨中的主要观点进行梳理、归纳和点评，简述本案例的基础理论，在运用基础理论对案例反映的问题进行深入分析后，适当进行总结如下（供参考）：

财政政策和货币政策的灵活搭配关系着经济波动的幅度和频率，在很大程度上影响着企业和居民的投资、就业和消费行为，而后者往往又反作用于国民经济。过于笼统的双松或双紧政策已经不能很好地为政府决策提供合理化建议，而且也不利于民生的稳定有序。政策的细化研究有助于决策的细化和经济运行的稳定发展，有助于企业和居民投资、就业和消费的稳定发展。为宏观经济的稳定运行着想，政府在制定政策时要结合宏观经济运行状况来细化搭配。

（1）通货膨胀时期。

通货膨胀前期，经济表现尚不够踊跃，此阶段不适合紧缩的货币政策来遏制经济，适宜用较紧的财政政策来约束，如减少政府支出、增加国债发行等；通货膨胀中期，经济表现比较活跃，此阶段适合采取较为紧缩的货币政策来遏制经济，而财政政策则相应宽松一些为宜，如适度提高存款准备金率、适度增加政府支出、减少国债发行等；通货膨胀后期，经济表现极为活跃，此阶段在采用较为紧缩的货币政策的同时，相应采取较为紧缩的财政政策为宜。

（2）通货紧缩时期。

通货紧缩前期，投资和消费开始缩减，此阶段适合采取较为宽松的货币政策来刺激经济，相应配之以适度较紧的财政政策来略加约束，如降低存款准备金率、减少政府支出、增加国债发行等；通货紧缩中期，投资和消费明显下降，此阶段适合采取较为宽松的货币政策以及较为宽松的财政政策为宜，如降低存款准备金率、适度增加政府支出、减少国债发行等；通货紧缩后期，投资和消费极度萎缩，此阶段在采用宽松的货币政策的同时，相应采取宽松的财政政策为宜。

第四章　国民收入的决定：总需求-总供给模型

【案例导入】

案例导入一：中国总供求的波动

在20世纪80年代中期以前，中国经济基本上属于短期经济，总供给不足是影响中国经济增长的主要因素。这一时期的宏观经济调控，侧重于增加供给，而抑制过快的消费增长是该时期在需求管理方面的中心内容。在20世纪80年代末期至90年代初，中国基本生活用品短缺的局面基本上消失，供给方面的约束主要体现在若干基础设施的“瓶颈”制约上。这一时期需求变化对短期经济增长的影响也明显表现出来，如1989—1991年，消费需求的增幅减缓；同时，由于国家提出了“治理整顿”的方针，实行宏观紧缩，固定资产投资的增长也明显放慢。需求增长的缓慢使总需求低于经济供给能力。经济发展速度明显放慢，市场疲软，企业开工不足。虽然这一时期出口需求的增长较快，但是出口增长主要是内需不足的反映，不能改变总需求不足的状态。而1991—1993年，以邓小平谈话为契机，固定资产投资迅速扩张，成为带动需求增加和整个经济增长的主要动力。

供给和需求的变化，要求在宏观经济管理方面做出相应的调整，而在需求管理方面缺乏经验，往往导致经济波动的加剧，如1989—1991年，宏观紧缩力度过大，造成投资压缩过多。而1992—1993年，对于旺盛的投资需求没有及早实行紧缩的货币政策，导致高通货膨胀和部分虚假的经济繁荣，中国经济自1993年以来，进入一个新的发展阶段，由于实行适度从紧的宏观调控政策，自1993年起，经济增长速度逐年回落，GDP增长速度从1993年的13.5%降至1997年的8.8%；同时，通货膨胀由1993年的14.7%和1994年的24.1%，降至1997年的2.8%，成功地实现了经济的“软着陆”。

案例来源：孙丽欣，等. 宏观经济学［M］. 北京：经济科学出版社，2014：161-162.

问题：如何运用*AD-AS*模型分析解释1997年的“软着陆”？

案例导入二：战争与经济

“大炮一响，黄金万两。”震惊世界的“9·11”事件之后，美英两国对阿富汗发动了军事打击。战争对经济产生了一些积极影响：不少人希望美国军火商能得到大量的坦克和飞机订单，通过军事支出的增加，引起总需求的增加，就业情况也会因许多人应征上前线而得到缓解，美国股市乃至经济借此一扫晦气。

专家分析认为，此次战争对美国经济的影响与越战和海湾战争不同。20 世纪 60 年代末期，联邦政府的巨额国防开支和非国防开支，使本来已很强劲的私营部门总需求进一步增强，并积聚了很大的通货膨胀压力，这种压力在整个 70 年代也未能得到充分缓解。此后一直到 20 世纪 80 年代末期，大部分经济决策的主要任务就是抑制通货膨胀。相反，海湾战争却引发了一次经济衰退，这是“沙漠盾牌”行动初期消费者信心急剧下降所导致的结果。但由于当时军队所需的大部分物资并不是依靠投资在未来实现的，所以并没有产生通货膨胀。

但阿富汗战争同以往迥异。首先，它不太可能像海湾战争那样动用大规模地面部队。更重要的是，这场对抗隐蔽敌人的战争主要通过非常规手段进行，与此相关的国防资源大多是军备库存中所没有的，需要新的开支计划，这对经济中的总需求产生积极的影响。

案例来源：http://www.doc88.com/p-6746770355121.html.

问题：

1. 解释一国的总需求主要是由哪几部分构成的？
2. 军费支出的增加对总需求会产生什么影响？影响总需求变动的因素主要有哪些？

案例导入三：石油对总供给的冲击

石油是现代经济社会中的一种重要的投入品，而世界上大部分石油来自沙特阿拉伯、科威特和其他中东国家。当某个事件导致中东地区的石油供给减少时，世界石油价格上升，各国生产汽油、轮胎和许多其他产品的企业的成本迅速上升，但产品的价格不能同步迅速做出反应，所以这些企业都大量减少产量，或者干脆停业或破产，进而引起滞胀。

第一起这种事件发生在 20 世纪 70 年代。当时，有大量石油储藏的国家作为 OPEC（石油输出国组织）成员走到了一起，OPEC 是一个卡特尔组织，它企图通过减少生产提高石油价格，从 1973 年到 1975 年，石油价格几乎翻了一番。石油输入国都经历了同时出现的通货膨胀和经济衰退。在美国，按 CPI 衡量的通货膨胀率几十年来第一次超过 10%，失业率从 1973 年的 4.9%上升到 1975 年的 8.5%。几年后，几乎完全相同的事又发生了。在 20 世纪 70 年代末期，OPEC 国家再一次限制石油的供给以提高价格。从 1978 年到 1981 年，石油价格翻了一番多，结果又是滞胀。第一次 OPEC 事件之后，通货膨胀已有点平息，但当时每年的通货膨胀率又上升到 10%以上。

当然，世界石油市场也可以对经济产生有利影响。1986 年 OPEC 成员之间发生争执，成员国违背了限制石油生产的协议，石油价格下降了一半左右。石油价格的下降减少了各国企业的成本，结果，美国经济经历了滞胀的反面：产量迅速增长，失业减少，而通货膨胀率达到了多年来的最低水平。

案例来源：孙丽欣，等. 宏观经济学［M］. 北京：经济科学出版社，2014：160-161.

问题：

1. 解释什么是总供给曲线，说明影响总供给曲线变动的各种因素。
2. 说明上述石油价格变动对总供给的影响机制。

【学习目标】

1. 了解总需求函数及总需求曲线。
2. 了解总供给函数及总供给曲线。
3. 理解总需求-总供给模型。
4. 运用总需求-总供给模型解读现实中的宏观经济问题。

【关键术语】

总需求函数　总供给函数　*AD-AS* 模型

【知识精要】

1. 总需求函数指社会需求量与价格水平之间的关系。这一关系来自于假设价格不变的 *IS-LM* 模型。当放松价格假设时，可以得到价格变动与社会需求产量之间的函数关系，总需求曲线向右下方倾斜。

2. 总供给函数是指厂商愿意提供的实际产出与价格水平之间的关系，这一关系来自于生产函数和劳动市场。短期总供给曲线是根据生产函数、加成定价函数以及菲利普斯曲线推导得到的。

3. 总供给曲线的斜率取决于货币工资（W）和价格水平（P）之间的调整速度。凯恩斯认为，价格和工资具有刚性，故而凯恩斯供给曲线呈水平状态。古典学派认为，价格和工资具有完全的灵活性，故而古典供给曲线是垂直的。一般情况下认为，供给曲线位于凯恩斯和古典之间，常规情况下总供给曲线向右上方倾斜，但是其倾斜程度至今仍存在争议。

【实训作业】

一、名词解释

1. 总需求
2. 总需求函数
3. 宏观生产函数
4. 短期宏观生产函数
5. 长期宏观生产函数

6. 古典总供给曲线
7. 凯恩斯总供给曲线
8. 常规总供给曲线
9. 凯恩斯的 *AD*-*AS* 模型
10. 古典的 *AD*-*AS* 模型

二、简要回答

1. 说明总需求曲线为什么向右下方倾斜。
2. 降低工资对总需求和总供给有何影响?
3. 导致总供给曲线移动的主要因素有哪些?
4. 试比较 *IS*-*LM* 模型与 *AD*-*AS* 模型。
5. 总支出和总需求曲线有什么不同?

三、论述

1. 在何种情况下,*AS* 曲线是水平的、垂直的或向右上斜的?政府政策对经济产出是否有效?

2. 试比较古典 *AD*-*AS* 模型和修正的凯恩斯 *AD*-*AS* 模型。

四、问题计算

1. 已知消费 $c=90+0.8y_d$、投资 $i=150-6r$、税收 $T=100$。政府购买 $g=100$、名义货币供给 $M=160$、货币需求 $L=0.2y-4r$。试求当价格水平分别为 1 和 1.25 时,产品市场和货币市场同时均衡时的收入水平和利率水平。

2. 如总供给曲线为 $AS=250$、总需求曲线为 $AD=300-25P$。试求:

(1)供求均衡点的价格水平和收入水平为多少?

(2)如总需求上升 10%,其他条件不变,新的供求均衡点的价格水平和收入水平为多少?

(3)如总供给上升 10%,其他条件不变,新的供求均衡点的价格水平和收入水平为多少?

3. 设消费 $c=150+0.75y_d$、税收 $T=80$、政府支出 $g=60$、投资 $i=100-5r$、名义货币供给 $M=100$、货币需求 $L=0.2y-4r$。试求在价格水平 P 为 1、1.25、2 时,使产品市场和货币市场同时达到均衡时的收入水平和价格水平。

4. 经济的充分就业产出水平为 800,在 $P=1.25$ 时,$AD=AS$。已知 $c=120+0.75y_d$、$i=140-10r$、$T=80$、$g=100$、名义货币供给 $M=150$、$P=1.25$。货币需求 $L=0.25y-8r$。试求:

(1)政府购买增加 25、价格水平上升至 1.5 前后的 *IS*、*LM* 方程。

(2)$P=1.25$ 和 1.5 时的利率水平、c 和 i。

(3)政府购买支出增加对产出的影响。

5. 已知短期总供给函数为 $y=15N-0.05N^2$、劳动需求函数 $N_d=155-11(W/P)$。劳动供给函数 $Ns=75+5W$，劳动者预期 $P=1$ 的价格水平会持续下去。如此时的经济活动处于充分就业产出水平 1 000，价格水平为 1，名义工资 $W=5$，就业量 $N=100$。试求：

（1）当政府支出增加导致 AD 曲线右移，且价格水平上升 10%时，名义工资、实际工资、就业量、总产出水平有何变化？

（2）因价格水平上升 10%，工人要求相应增加 10%的名义工资由此导致总供给曲线左移，价格水平上升 15%时，名义工资、实际工资、就业量、总产出水平有何变化？

6. 假定消费 $c=1\,000+0.75y_d$、投资 $i=250-20r$、税收 $T=ty=0.2y$、政府购买 $g=150$、名义货币供给 $M=600$、货币需求 $L=0.5y-100r$。试求：

（1）总需求函数。

（2）价格水平为 1 时的收入水平和利率水平。

7. 设 IS 曲线的方程为 $r=0.415-0.000\,018\,5y+0.000\,05g$，$LM$ 曲线的方程为 $r=0.000\,016\,25y-0.000\,1\times M/P$。式中，$r$ 为利率，y 为收入，g 为政府支出，P 为价格水平，M 为名义货币量。试推导出总需求曲线，并说明名义货币量和政府支出对总需求曲线的影响。

【实训作业答案】

一、名词解释

1. 总需求：经济社会对产品和劳务的需求总量。

2. 总需求函数：产量（收入）和价格水平之间的关系。它表示在某个特定的价格水平下，经济社会需要多高水平的收入。

3. 宏观生产函数：指整个国民经济的生产函数。它表示总投入和总产出之间的关系。

4. 短期宏观生产函数：表示在一定的技术水平和资本存量条件下，经济社会生产的产出 y 取决于就业量 N，即总产量是经济中就业量的函数，随总就业量的变化而变化。

5. 长期宏观生产函数：指经济社会生产的产出 y 取决于生产的技术水平、就业量和资本的存量。

6. 古典总供给曲线：指总供给曲线是一条位于经济的潜在产量或充分就业水平上的垂直线。

7. 凯恩斯总供给曲线：指在货币工资和价格均具有刚性的假设条件下，总供给曲线应该为一条水平的直线。

8. 常规总供给曲线：指短期总供给曲线为向右上方倾斜。

9. 凯恩斯的 AD-AS 模型：一条由向右下方倾斜的总需求曲线 AD 和一条由水平段和垂直段构成的总供给曲线（AS 即反 L 型总供给曲线）所构成的模型。此模型的含义是在总供给曲线的水平阶段，总需求曲线向右上方移动时，不会引起价格水平的提高，只会引起产量增加。

10. 古典的 *AD-AS* 模型：一条由向右下方倾斜的总需求曲线 *AD* 和一条由垂直线构成的总供给曲线所构成的模型。古典学派认为货币工资和价格可以迅速自我调节，并且总供给曲线是一条位于经济的潜在产量或充分就业产量水平上的垂直线。此模型的含义是在总供给曲线的垂直阶段，总需求曲线向右上方移动时，不会引起产量增加，只会引起物价水平提高。

二、简要回答

1. 说明总需求曲线为什么向右下方倾斜。

答：所谓总需求是指整个经济社会在每一个价格水平下对产品和劳务的需求总量，它由消费需求、投资需求、政府支出需求和国外需求构成。在其他条件不变的情况下，当价格水平提高时，国民收入水平就下降；当价格水平下降时，国民收入水平就上升。总需求曲线向右下倾斜的机制在于：当价格水平上升时，将会同时打破产品市场和货币市场的均衡。在货币市场上，价格水平上升导致实际货币供给下降，从而使 *LM* 曲线向左移动，均衡利率水平上升，国民收入水平下降。在产品市场上，一方面由于利率水平上升造成投资需求下降，总需求随之下降；另一方面，价格水平的上升还导致人们的财富和劳动工作实际收入水平下降以及本国出口产品相对价格的提高，从而使人们的消费需求下降，本国的出口也会减少，国外需求减少，进口增加。这样，随着价格水平的上升，总需求水平会下降。

2. 降低工资对总需求和总供给有何影响?

答：(1) 降低工资会使总供给曲线向右移动，因为工资较低时，对于任一给定的价格水平，厂商愿意提供更多的产品（产品价格既定，工资低即成本低，从而利润高）。

(2) 降低工资就是降低人们收入进而降低消费需求，从而会使总需求曲线左移。

3. 导致总供给曲线移动的主要因素有哪些?

答：导致总供给曲线移动的主要因素有以下几点：

(1) 自然的和人为的灾祸。总供给曲线最急剧的变动产生于天灾人祸，它会极大地减少经济的总供给，即使得总供给曲线向左上方移动。

(2) 技术变动。技术变动通常是正向的影响，即技术水平提高，总供给增加，所以技术变动的影响一般使得总供给曲线向右移动。

(3) 工资率等要素价格的变动。当工资下降时，对于任一给定的价格总水平，厂商愿意供给更多的产品，因而降低工资将使总供给曲线向右下方移动；反之，工资上升，总供给曲线向左上方移动。

4. 试比较 *IS-LM* 模型与 *AD-AS* 模型。

答：(1) 两个模型的相同点：都能够说明财政政策和货币政策对产出的影响，即能够说明总需求变动对产出的影响。

①在 *IS-LM* 模型中，扩张性的财政政策会使 *IS* 曲线向右上方移动，收入和利率同时上升；反之，紧缩性的财政政策效果相反。同样，扩张性的货币政策会使 *LM* 曲线向右下方移动，利率下降，收入增加；反之，紧缩性的货币政策效果相反。

②在 *AD-AS* 模型中，扩张性的财政政策或货币政策会使 *AD* 曲线向右上方移动，

收入和价格上升；反之则相反。

（2）不同点：*AD-AS* 模型还能说明总供给变动的情况。由于技术改进（或由于企业设备增加）造成的生产能力提高会使 *AS* 曲线向右移动，收入增加而价格下降；反之由于从国外购买的投入品价格上涨会使 *AS* 曲线向左移动，收入下降而价格上升。

5. 总支出和总需求曲线有什么不同？

答：总支出曲线表示在每一收入水平上的总支出量 *AE*，如图 4-1 示，*AE* 线与 45°线的交点表示总支出等于总收入。AE_0 线表示其他情况不变时，价格水平为 P_0 时的总支出曲线，有 $AE=C+I+G+NX$，AE_0 线与 45°线的交点决定的收入水平为 Y_0；AE_1 线表示价格水平上升为 P_1 时的总支出曲线，AE_1 线与 45°线的交点决定的收入水平为 Y_1。

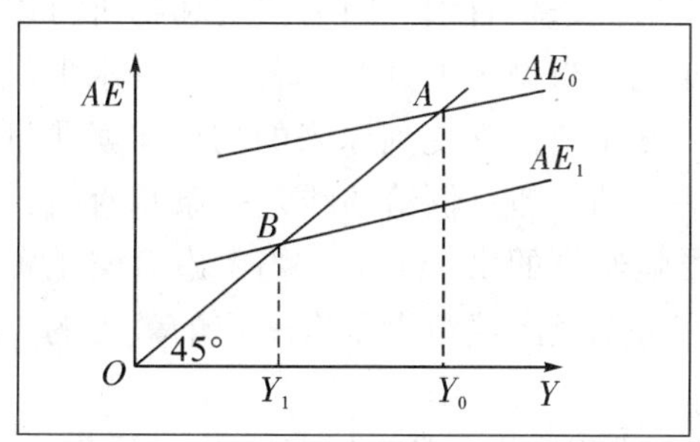

图 4-1

总需求曲线表示与不同的价格水平所对应的需求量之间的关系，如图 4-2 所示。由图 4-1 可导出图 4-2。将不同价格和相应的均衡产量或收入（也等于总支出）的组合点连接起来，就得到总需求曲线 *AD*。价格水平越高，总需求量或者说均衡总支出量越小；反之亦然。也即价格水平与总需求量之间存在反向变化的关系。这是由于：①价格水平上升时，人们就需要更多的货币从事交易活动。如果货币供给没有增加，货币交易需求增加，利率上升，这将使投资和收入水平下降。②价格水平上升，用货币表示的资产（如现金、存款）的购买力下降。人们实际所有的财富减少了，消费和投资水平就会下降。③价格水平上升，导致名义收入水平增加，由于税率的累进性，消费者税收负担增加，实际可支配收入下降，消费和投资水平会因此而下降。④国内物价水平上升，本国公民购买外国货增加，外国公民购买本国（指物价水平上升的国家）货减少，因而净出口减少。

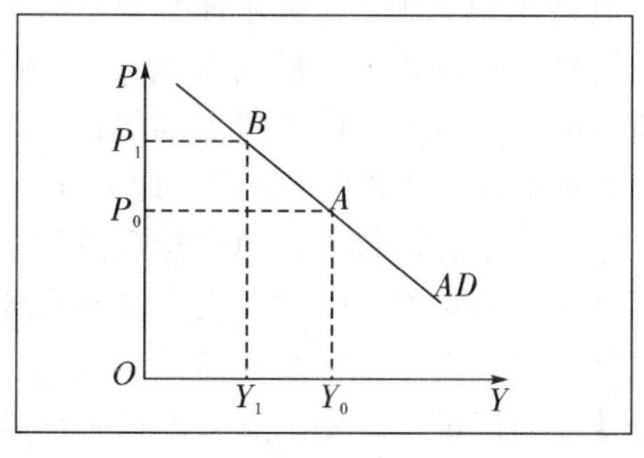

图 4-2

三、论述

1. 在何种情况下，*AS* 曲线是水平的、垂直的或向右上斜的？政府政策对经济产出是否有效？

答：在凯恩斯极端的情况下，*AS* 曲线是水平的。因为当物价上升时，名义工资水平还没有变化。实际工资下降，就业量会迅速扩大，因而产出可迅速扩大，即产出对物价的敏感度无穷大。相反，物价对产出的敏感度无穷小，即价格水平不随产量发生变化，也即总需求曲线的移动将导致产出水平的变动而不会导致物价水平的变动。按凯恩斯主义理论，政府宏观经济政策是有效的。按照古典主义理论，即价格是完全灵活的情况下，总供给曲线是一条垂直线。因为工资和物价可以自由变化，就业量的决定就完全独立于价格的变化。当物价上升时，名义工资水平就会同比例上升，劳动力市场恢复到原来的均衡，就业量也恢复到原来的均衡，就业量不随物价水平变动。因而总产出也不随物价水平变动。即总供给曲线是一条垂直线，即政府宏观经济政策是无效的，需求管理无法影响经济的供给方面；当考虑名义工资刚性时，可以推导出向上倾斜的供给曲线，政府宏观经济政策也是有一定的效力的，即此时政府政策也影响经济的供给方。

2. 试比较古典 *AD-AS* 模型和修正的凯恩斯 *AD-AS* 模型。

答：（1）对资本主义经济社会正常状态的看法。传统理论坚持萨伊定律，供给能创造自己的需求，在资本主义经济中生产出来的商品都能全部销售出去，不会有生产剩余，不会出现大量的失业，资本主义经济正常状态是市场出清、充分就业。凯恩斯经济学批判了萨伊定律，认为供给不能自动创造自己的需求，由于三个基本心理规律的作用，造成社会的有效需求（总需求等于总供给时的需求）不足，必然会出现生产过剩和大量失业，资本主义经济的正常状态是低于充分就业的，萨伊定律所说的状况只是一个特例，而不是一般状态。这是两个模型区别的根本前提。

（2）关于总供给曲线。在总供给模型中，二者是基本一致的，都承认产量是就业量的函数，在劳动市场上劳动需求和劳动供给都是实际工资的函数。古典 *AD-AS* 模型是假定货币工资具有完全的伸缩性，得到的总供给曲线是一条在充分就业产量水平上的垂直线。而凯恩斯认为，货币工资具有下降的刚性，得到的总供给曲线是反 *L* 型或向左倾斜的曲线。由于总供给曲线的假设不同而导致具有不同的形状。

（3）关于总需求线。在两个模型中，总需求曲线都是向右下方倾斜的曲线，但二者的解释不同。古典模型的总需求以货币数量论为基础，只强调货币数量为满足交易要求，与收入无关；而凯恩斯的总需求是由消费需求与投资需求构成的。凯恩斯提出流动偏好规律，强调货币需求由收入和利息率决定，即 $L=L_1+L_2=L_1(y)+L_2(r)$。

（4）关于经济政策思想。按照古典模型，总供给和总需求决定的均衡产量必然是充分就业的产量，国家不必干预和调节，资本主义经济有自动调节的能力。国家只需掌握好货币政策，防止通货膨胀。而修正的凯恩斯模型认为，总需求和总供给决定的均衡产量一般是低于充分就业的产量，需要国家采用扩张性的财政政策或货币政策实现充分就业；在达到充分就业后，社会总需求提高会引起通货膨胀，需要国家采用紧缩性的财政或货币政策进行压缩，消除通货膨胀。因此，在凯恩斯经济理论中，不论社会经济处于低于充分就业状态，还是达到充分就业状态，国家经济生活的干预和调节都是必要的。

四、问题计算

1. 已知消费 $c=90+0.8y_d$、投资 $i=150-6r$、税收 $T=100$。政府购买 $g=100$、名义货币供给 $M=160$、货币需求 $L=0.2y-4r$。试求当价格水平分别为 1 和 1.25 时，产品市场和货币市场同时均衡时的收入水平和利率水平。

答：当 $P=1$ 时，均衡收入为 1 000，利率为 10%。当 $P=1.25$ 时，均衡收入为 904，利率为 13.2%。

2. 如总供给曲线为 $AS=250$、总需求曲线为 $AD=300-25P$。试求：

（1）供求均衡点的价格水平和收入水平为多少？

（2）如总需求上升 10%，其他条件不变，新的供求均衡点的价格水平和收入水平为多少？

（3）如总供给上升 10%，其他条件不变，新的供求均衡点的价格水平和收入水平为多少？

答：（1）$P=2$，$y=250$

（2）$P=2.91$，$y=250$

（3）$P=1$，$y=275$

3. 设消费 $c=150+0.75y_d$、税收 $T=80$、政府支出 $g=60$、投资 $i=100-5r$、名义货币供给 $M=100$、货币需求 $L=0.2y-4r$。试求在价格水平 P 为 1、1.25、2 时，使产品市场和货币市场同时达到均衡时的收入水平和价格水平。

答：$P=1$ 时，$y=750$，$r=12.5\%$；$P=1.25$ 时，$r=15\%$，$y=700$；$P=2$ 时，$y=625$，$r=18.75\%$

4. 经济的充分就业产出水平为 800，在 $P=1.25$ 时，$AD=AS$。已知 $c=120+0.75y_d$、$i=140-10r$、$T=80$、$g=100$、名义货币供给 $M=150$、$P=1.25$。货币需求 $L=0.25y-8r$。试求：

（1）政府购买增加 25、价格水平上升至 1.5 前后的 IS、LM 方程。

（2）$P=1.25$ 和 1.5 时的利率水平、c 和 i。

（3）政府购买支出增加对产出的影响。

答：（1）原来的 IS 方程为 $y=1\ 200-40r$；LM 方程 $y=480+32r$

现在的 IS 方程为 $y=1\ 300-40r$；LM 方程 $y=400+32r$

（2）$P=1.25$ 时，$r=10\%$，$c=540$，$i=40$

$P=1.5$ 时，$r=12.5\%$，$c=540$，$i=15$

（3）g 增加 25 导致 i 减少 25，即产生了挤出效应。

5. 已知短期总供给函数为 $y=15N-0.05N^2$、劳动需求函数 $N_d=155-11(W/P)$。劳动供给函数 $Ns=75+5W$，劳动者预期 $P=1$ 的价格水平会持续下去。如此时的经济活动处于充分就业产出水平 1 000，价格水平为 1，名义工资 $W=5$，就业量 $N=100$。试求：

（1）当政府支出增加导致 AD 曲线右移，且价格水平上升 10%时，名义工资、实际工资、就业量、总产出水平有何变化?

（2）因价格水平上升 10%，工人要求相应增加 10%的名义工资由此导致总供给曲线左移，价格水平上升 15%时，名义工资、实际工资、就业量、总产出水平有何变化?

答：（1）名义工资 = 5.33；就业量 = 101.67；实际工资 = 4.85；产出水平 = 1 008.21

（2）名义工资 = 5.67；就业量 = 100.77；实际工资 = 4.93；产出水平 = 1 003.82

6. 假定消费 $c=1\ 000+0.75y_d$、投资 $i=250-20r$、税收 $T=ty=0.2y$、政府购买 $g=150$、名义货币供给 $M=600$、货币需求 $L=0.5y-100r$。试求：

（1）总需求函数。

（2）价格水平为 1 时的收入水平和利率水平。

答：（1）AD 方程：$y=240/P+2\ 800$

（2）$P=1$ 时，$y=3\ 040$，$r=9.2\%$

7. 设 IS 曲线的方程为 $r=0.415-0.000\ 018\ 5y+0.000\ 05g$，LM 曲线的方程为 $r=0.000\ 016\ 25y-0.000\ 1\times M/P$。式中，$r$ 为利率，y 为收入，g 为政府支出，P 为价格水平，M 为名义货币量。试推导出总需求曲线，并说明名义货币量和政府支出对总需求曲线的影响。

答：由 $r=0.415-0.000\ 018\ 5y+0.000\ 05g$，$r=0.000\ 016\ 25y-0.000\ 1\times M/P$，联立解得总需求曲线为 $347.5y=1\ 000M/P+500g+4\ 150\ 000$。政府支出的变化会导致总需求曲线的平行移动，名义货币的变化则会带来总需求函数的曲率变化而不是简单的平行移动。

【实训活动】

实训活动 1　新闻解读

目的：

1. 运用本章所学知识解读宏观经济新闻报道。
2. 了解宏观经济现实运行状况。

内容：

1. 时间：25~30 分钟。
2. 地点：任意。
3. 人数：3~6 人构成独立小组。

步骤：

第一步：选取实训解读材料。

实训解读材料：

政府采购规模首次突破两万亿元

本报北京 8 月 13 日电（记者杨亮）财政部日前公布最新统计数据，2015 年全国政府采购规模为 21 070.5 亿元，首次突破两万亿元，比上年增加 3 765.2 亿元，增长 21.8%；占全国财政支出和 GDP 的比重分别达到 12%和 3.1%。

材料来源：杨亮. 政府采购规模首次突破两万亿元［N］. 光明日报，2016-08-14（02）.

第二步：小组成员可以人手一份，在 15 分钟之内研读材料。

第三步：请组内各个成员进行解读讨论。

问题研讨：

1. 本新闻报道体现了宏观经济学哪些专业概念？
2. 本报道中涉及总需求的哪一部分，其在中国宏观经济中的作用如何？
3. 延伸追述 5 年、10 年甚至更长时间的相关数据进行纵向比较分析（选做）。

实训点评：

结合总需求、政府购买、乘数效应、财政支出规模指数等概念进行思考讨论。

实训活动 2 新闻解读

目的：

1. 运用本章所学知识解读宏观经济新闻报道。
2. 了解宏观经济现实运行状况。

内容：

1. 时间：25~30 分钟。
2. 地点：任意。
3. 人数：3~6 人构成独立小组。

步骤：

第一步：选取实训解读材料。

实训解读材料：

所有这些节俭正在制造由消费者引发的衰退。因而，我们应该需要一些刺激消费需求的政策行动，从而使经济走出当前这种疲软的状态。消费者态度调查显示，这一行动的机会已经成熟，而且近些年的高储蓄率已经使许多经济观察家预测经济将会出现好转。

材料来源：Peter Kennedy. Macroeconomic Essentials Understanding Economics in the News.

第二步：小组成员可以人手一份，在 15 分钟之内研读材料。

第三步：请组内各个成员进行解读讨论。

问题研讨：

1. 消费者引发的衰退指的是什么？
2. 何种政策行动可能会刺激消费需求？
3. 刺激消费需求如何把经济从当前的疲软状态中拉出来？
4. 消费者态度调查与此有何关系？
5. 为什么近些年的高储蓄率会导致经济好转的预测结果？

实训点评：

结合总需求、乘数效应、减税等政策及消费者信心指数等概念进行思考讨论。

消费需求下降会减少总需求，通过乘数的收缩效应引发衰退。减税政策可以增加消费需求。刺激消费需求会增加总需求，通过乘数效应，更大的需求会把经济推向一个更高的收入水平。如果消费者对消费的态度是消极的，那么增加消费需求的政策行动，伴随着依赖高收入增加消费需求的乘数效应，就难以发挥作用。而高储蓄率会增加人民的财富。由于感到富裕，消费者可能会增加他们的支出。

【案例研究及案例使用指南】

案例 1　蜜蜂的寓言与总需求决定理论

18 世纪初，一个名叫孟迪维尔的英国医生写了一首《蜜蜂的寓言》的讽喻诗。这首诗叙述了一个蜂群的兴衰史。最初，蜜蜂们追求奢侈的生活，大肆挥霍浪费，整个蜂群兴旺发达。后来它们改变了原有的习惯，崇尚节俭，结果蜂群凋敝，终于被敌手打败而逃散。

这首诗所宣扬的“浪费有功”在当时受到指责。英国中塞克斯郡大陪审团委员们就曾宣判它为“有碍公众视听的败类作品”。但在 200 多年之后，这部当时声名狼藉的作品却启发凯恩斯发动了一场经济学上的“凯恩斯革命”，建立了现代宏观经济学和总需求决定理论。

在 20 世纪 30 年代之前，经济学家信奉的是萨伊定理。萨伊是 18 世纪法国经济学家，他提出供给决定需求，有供给就必然创造出需求，所以，不会存在生产过剩性经济危机。这种观点被称为萨伊定理。但 20 世纪 20 年代英国经济停滞和 30 年代全世界普遍的生产过剩和严重失业打破了萨伊定理的神话。凯恩斯在批判萨伊定理中建立了以总需求分析为中心的宏观经济学。

凯恩斯认为，在短期中决定经济状况的是总需求而不是总供给。这就是说，由劳动、资本和技术所决定的总供给，在短期中是既定的，这样，决定经济的就是总需求。总需求决定了短期中国民收入的水平。总需求增加，国民收入增加；总需求减少，国民收入减少。引起 20 世纪 30 年代大危机的正是总需求不足，或者用凯恩斯的话来说是有效需求不足。凯恩斯把有效需求不足归咎于边际消费倾向下降引起的消费需求不足和资本边际效率（预期利润率）下降与利率下降有限度引起的投资需求不足。解决的方法则是政府用经济政策刺激总需求。包括增加政府支出的财政政策和降低利率的货币政策，凯恩斯强调的是财政政策。

在凯恩斯主义经济学中，总需求分析是中心。总需求包括消费、投资、政府购买和净出口（出口减进口）。短期中，国民收入水平由总需求决定。通货膨胀、失业、经济周期都是由总需求的变动所引起的。当总需求不足时就出现失业与衰退。当总需求过大时就出现通货膨胀与扩张。从这种理论中得出的政策主张称为需求管理，其政策工具是财政政策与货币政策。当总需求不足时，采用扩张性财政政策（增加政府各种支出和减税）与货币政策（增加货币供给量降低利率）来刺激总需求。当总需求过大时，采用紧缩性财政政策（减少政府各种支出和增税）与货币政策（减少货币供给量提高利率）来抑制总需求。这样就可以实现既无通货膨胀又无失业的经济稳定。

总需求理论的提出在经济学中被称为一场"革命"（凯恩斯革命）。它改变了人们的传统观念。例如，如何看待节俭。在传统观念中，节俭是一种美德。但根据总需求理论，节俭就是减少消费。消费是总需求的一个重要组成部分，消费减少就是总需求减少。总需求减少则使国民收入减少，经济衰退。由此看来，对个人是美德的节俭，对社会却是恶行。这就是经济学家经常说的"节约的悖论"。"蜜蜂的寓言"所讲的也是这个道理。

凯恩斯重视消费的增加。1933 年当英国经济处于萧条时，凯恩斯曾在英国 BBC 电台号召家庭主妇多购物，称她们此举是在"拯救英国"。在《通论》中他甚至还开玩笑地建议，如果实在没有支出的方法，可以把钱埋入废弃的矿井中，然后让人去挖出来。已故的北京大学经济系教授陈岱孙曾说过，凯恩斯只是用幽默的方式鼓励人们多消费，并非真的让你这样做。但增加需求支出以刺激经济则是凯恩斯本人和凯恩斯主义者的一贯思想。

那么，这种对传统节俭思想的否定正确与否呢？还是要具体问题具体分析。生产的目的是消费，消费对生产有促进作用，这是人人都承认的。凯恩斯主义的总需求分析是针对短期内总需求不足的情况。在这种情况下刺激总需求当然是正确的。一味提倡节俭，穿衣服都"新三年，旧三年，缝缝补补又三年"，纺织工业还有活路吗？这些年，当我国经济面临需求不足时政府也在努力寻求新的消费热点，说明这种理论不无道理。

当然，这种刺激总需求的理论与政策并不是普遍真理。起码在两种情况下，这种理论并不适用。其一是短期中当总供给已等于甚至大于总需求时，再增加总需求会引发需求拉动的通货膨胀。其二是在长期中，资本积累是经济增长的基本条件，资本来自储蓄，要储蓄就要减少消费，并把储蓄变为另一种需求——投资需求。这时提倡节俭就有意义了。

凯恩斯主义总需求理论的另一个意义是打破了市场机制调节完善的神话，肯定了政府干预在稳定经济中的重要作用。战后各国政府在对经济的宏观调控上尽管犯过一些错误，但总体上还是起到了稳定经济的作用。战后经济周期性波动程度比战前小，而且没有出现 20 世纪 30 年代那样的大萧条就充分证明了这一点。

世界上没有什么放之四海而皆准的真理。一切真理都是具体的、相对的、有条件的。只有从这个角度去认识凯恩斯主义的总需求理论才能得出正确的结论。其实就连"蜜蜂的寓言"这样看似荒唐的故事中不也包含了真理的成分吗？

案例来源：http://jingji.100xuexi.com/view/specdata/20130423/47b8a1c9-0199-4d01-b5a1-1847a7c7ff53.html.

思考题

1. 怎样看待节俭与浪费？
2. 总需求调节和政府有什么关系？

案例1使用指南

第一步：目标设定参考。本案例可以配合本章教学及高鸿业主编《西方经济学（宏观部分·第六版）》的第十四章学习使用。该案例的学习使学生可以应用总需求和总供给理论知识，同时使学生对拉动经济增长的因素也有深刻的理解和认识。

第二步：背景介绍。一直以来，投资、消费和出口被称为拉动经济增长的“三驾马车”。在发达国家的经济增长中，消费发挥着重要的作用，平均消费在70%以上。而多年来，我国一直依靠投资和出口拉动经济增长，投资所占GDP的比重达40%左右。居民消费率从1991年的48.8%下降到2010年的35%左右，处于世界偏低水平，由此可看出我国内需严重不足。因此，当面对两次金融危机时，中国采取了拉动内需的经济增长政策。

1997年7月亚洲金融危机爆发，2008年9月全球金融危机爆发。在两次经济危机中，我国都采取了扩大内需的政策。1997年7月亚洲金融危机爆发时，我国刚实现经济“软着陆”，经济形势一片大好，当时采取了适度从紧的经济政策。由于经济危机是区域性的，开始并未对我国造成多大影响。但是随着1998年亚洲金融危机对我国经济的影响越来越明显，我国政府开始实行扩大投资、启动内需的调控政策。财政政策方面，1998年我国发行了1 000亿元长期建设国债，1999年发行了1 100亿元，2000年到2003年分别发行了1 500亿元；税收方面也有调整，停征固定资产投资方向调节税，提高出口退税率，从1999年11月份开始征收利息税。执行稳健的货币政策，为了拉动消费需求，1997年3月、7月、12月三次下调人民币存贷款利率。

2008年由美国次贷危机演化而来的金融危机来势汹汹，迅速蔓延到世界各个国家。中国经济增速骤然下滑，成为进入21世纪以来最为困难的一年。面对金融危机的严峻挑战，2008年11月5日党中央、国务院把保持经济平稳较快发展作为经济工作的首要任务，及时出台了扩大内需促进经济增长的十项措施。落实这些措施的投资额达到4万亿元。同时实行适度宽松的货币政策，2008年9月、10月、12月三次下调人民币存款准备金率，9月、10月、11月、12月连续四次下调人民币存贷款基准利率，以期达到拉动经济增长的目的。

随着我国拉动内需的政策逐渐发挥作用，2009年和2010年我国经济运行总体平稳，尤其是2010年逐步摆脱国际金融危机的影响，经济运行步入常规的增长渠道。与应对金融危机初期相比，我国经济增长的动力结构发生了明显变化，形成了市场推动的投资、消费和出口共同拉动的良好局面。消费增长强劲，政府实施的多项刺激消费的政策效果显著。在汽车、家具、家电和旅游的带动下，2009年社会消费品零售总额增长幅度达到15.5%，2010年进一步提高到18.3%，这可以证明我国采取的扩内需政策促进了我国经济的发展。

第三步：理论学习。可以参考本章知识精要及高鸿业主编《西方经济学（宏观部分·第六版）》的第十四章。

第四步：讨论思考题目。可以选择根据思考题分组讨论，每组学生轮流发言，组内相互补充发言，各组学生代表相互点评。

第五步：学习总结或教师点评。教师对案例研讨中的主要观点进行梳理、归纳和点评，简述本案例的基础理论，在运用基础理论对案例反映的问题进行深入分析后，适当进行总结如下（供参考）：

从理论上看，由古典和新古典经济学传承而来的主流经济学认为，消费是最重要的，从而无论是对经济危机的解释，还是对经济繁荣的分析，都是以消费需求为中心。消费需求不足是经济危机的根本原因，消费需求过剩则是经济过热的根本原因。从实际中我国应对两次经济危机的政策来看，消费确实拉动了我国经济的增长，那么我们不禁要问：消费是拉动经济增长的唯一要素吗？

从理论上来讲，这种刺激总需求的理论与政策并不是普遍真理。至少在两种情况下不适用。其一是短期中总需求等于甚至大于总供给时再增加总需求会引发需求拉动的通货膨胀。其二是长期中，资本积累是经济增长的基本条件，资本来自储蓄，要储蓄就要减少消费，并且把储蓄变为投资需求，这时提倡节俭就是有意义的。

世界上没有放之四海而皆准的真理。一切真理都是具体的、相对的、有条件的。只有从这个角度去认识凯恩斯主义的总需求理论才能得出正确的结论。

在实际生活中，能够令大多数人信服的观点是：经济增长是多因素共同作用的结果，只是在一定条件下某个因素起到了主要作用而已。概括地讲，拉动经济增长包括需求拉动和供给推动。需求拉动，就是我们熟知的“三驾马车”，包括消费、投资和出口。供给推动，包括要素供给、制度供给和供给结构，因此我们也要关注供给对经济的推动和间接拉动作用。

案例 2　银行惜贷是由于货币需求不足吗？

一、银行惜贷的背景及过程

1996 年我国经济开始实现“软着陆”，这标志着我国经济开始由供给短缺型经济向供给过剩型经济转变，尽管这种过剩并不是绝对过剩，但是，总供给大于总需求的矛盾对社会经济的各个方面都产生了深刻影响。绝大多数商品供求饱和或供给过剩，商品价格持续下降。

1997 年亚洲金融危机爆发，造成了世界经济的普遍不景气。我国受到亚洲金融危机的影响，对东南业市场的出口成交额下降，东南亚国家利用汇率贬值之机抓紧对我国进行倾销，亚洲金融危机使人民币实际汇率上升，从而也使一直以低价格作为竞争优势的中国产品在一定程度上失去了竞争力，这是造成企业经济效益急剧下滑的重要原因。国有企业财务状况不佳，导致其最大的债权人——国有商业银行不良资产大幅增加。在中央银行要求商业银行防范和化解金融风险的大背景下，国有商业银行减少了对不景气的国有企业的贷款，以保全信贷资产，因此，防范信贷风险自然就成为合理的选择。

自 1998 年 1 月 1 日起，我国商业银行贷款取消了规模控制制，在全面推行资产负债比例管理的基础上，实行“计划指导、自求平衡、比例管理、间接调控”的信贷管理制度。国有商业银行深化改革，不断加强内控管理，在实现商业化经营的要求下，为了降低不良贷款的比例，提高国有银行的资产质量，银行经营严格遵循“安全性、流动性、盈利性”的原则，其中，安全性居首位。各商业银行实行了一级法人制度下的信贷授权授信管理。商业银行高度的“信贷集中”以及加强信贷风险的防范措施，使贷款权限向上收缩，信贷投向朝“大”倾斜，主要表现在以下四个方面：一是信贷发放审批权统收过紧；二是上级行授信品种条件严、操作难度大；三是新增贷款准入严，需报商业银行一级分行审批；四是在系统内强化信贷管理，推行“贷款第一责任人”“贷款终身责任制”等管理办法，制约了信贷人员的工作积极性。

由表 4-1 可以看出，1996—2000 年各项贷款余额虽然在逐年递增，但增幅是逐年下降的。

表 4-1　　1996—2000 年信贷余额变动表

年份	各项贷款余额（亿元）	各项贷款余额年增长速度（亿元）
1996	61 156. 6	55. 25
1997	74 914. 1	22. 50
1998	86 524. 1	15. 50
1999	93 734. 3	8. 33
2000	99 371. 1	6. 01

资料来源：根据相关年份《中国统计年鉴》整理而得.

二、银行惜贷的原因

导致商业银行惜贷的原因是多方面的，下面列出了四个主要原因。

第一，为了降低不良贷款比率而实行严格的信贷责任制度，这是导致银行惜贷的一个直接原因。为了降低不良贷款比率，各行都加强了信贷责任约束机制，实行严格的信贷考核制度，推出“贷款终身责任制”，一旦出现不良贷款，立即采取严格的惩罚措施，对负有坏账责任的有关人员给予扣发工资、降职或免职等处分；相应地，各行都没有对放款的数量给出硬性指标，也缺乏对于发放优质贷款的奖励措施，信贷人员的激励约束机制不对称，发放贷款的收益与风险不相称。在此背景下，信贷人员的理性选择就是为了防止贷款无法收回而不贸然放贷，其结果必然是银行新增坏账率降低的同时伴随着银行惜贷。

第二，企业对信贷的有效需求减少。1997 年以前，我国经济长期处于短缺经济条件下，加上银行和企业双方都具有软约束的制度特征，企业投资需求和信贷需求强劲且无限膨胀所面临的最大约束是资源约束。从 1997 年开始，我国首次出现了买方市场，大部分产品供过于求，加上亚洲金融危机的冲击，导致出口大幅回落，国内需求疲软。1997 年以后，国有企业改革进入攻坚阶段，投资扩张的速度和规模取决于市场需求和未来的预期收益。同时，市场需求急剧萎缩，经济由短缺转为过剩，企业对未来的预期降低，投融资需求及有效信贷需求减少。具体分析，其原因可概括为以下三个方面：首先，国有企业制度突变，导致预算约束硬化，投融资需求减少。国有企业产权不明晰、政企不分以及企业办社会等问题是企业形成软预算约束机制和刚性生存特征的基础，也是长期以来国有企业曾经采取多种形式的改革探索但一直难以取得实质性突破的根源。1997 年以后，政府先后推出就业、医疗、社会保障等多项改革措施，国有企业改革进入攻坚阶段，有效率的企业转换机制，低效率的企业破产或重组，企业办社会、软约束以及投资饥渴等现象消失，投融资需求基于对未来预期收益的不乐观而相应减少。其次，由于国有企业历经多年低水平的重复建设、投资扩张，亏损日益严重，进一步投资扩张的能力也大大减弱，早已失去了贷款的申请资格。最后，产品市场需求不足，投资热点缺乏，使得上述问题更加突出。

第三，直接融资的发展也是造成银行惜贷的原因之一。从 20 世纪 90 年代至今，企业融资结构发生了非常明显的变化，即间接融资的比重逐年下降，而直接融资的比重逐年上升，虽然此时我国金融体系中间接融资的比重仍居主导地位，但是已呈逐年下降的趋势，而以股票市场为主的直接融资比重已呈逐年上升的态势，证券市场筹资额从 1993 年的 993 亿元增加到 2003 年的 12 516 亿元。证券市场筹资额与信贷余额的比例从 1993 年的 0.03∶1 上升到 2003 年的 0.08∶1。直接融资比例的上升，减轻了商业银行体系提供信贷资金的压力，有利于降低金融风险，维护国家的金融安全和经济安全。

第四，众多中小企业自身存在问题，导致国有商业银行不愿意为其提供信贷服务。在我国，为数众多的中小企业管理不善，经营状况参差不齐，既无足够的抵押资产，又无信用记录，银行很难鉴别中小企业的资信状况。更何况中小企业还缺乏稳定性，每年都有许多中小企业登记注册，同时也有大量的中小企业破产倒闭。如果银行给这些企业贷款，就有形成坏账的可能。而且对于银行来讲，向中小企业贷款的交易成本和监控成本较高，银行不愿对中小企业放贷。

案例来源：李晓西. 宏观经济学案例［M］. 北京：中国人民大学出版社，2007：27-32.

思考题

1. 影响我国有效信贷需求的因素主要有哪些？
2. 你认为银行惜贷是货币需求问题还是货币供给问题？

案例 2 使用指南

第一步：目标设定参考。本案例可以配合本章教学及高鸿业主编《西方经济学（宏观部分 · 第六版）》的第十四章学习使用。对 20 世纪 90 年代后期银行惜贷这一典型案例的分析，使读者更深入地了解我国转型时期货币供求的矛盾及成因。

第二步：背景介绍。从 1997 年开始的银行惜贷，是在 1996 年我国宏观经济实现“软着陆”、1997 年亚洲金融危机爆发以及 1998 年开始实施国有商业银行体制改革的背景下发生的。本案例分析了信贷需求与货币需求的关系，以及银行惜贷的原因和它对经济的影响。

第三步：理论学习。可以参考本章知识精要及高鸿业主编《西方经济学（宏观部分 · 第六版）》的第十四章。

第四步：讨论思考题目。可以选择根据思考题分组讨论，每组学生轮流发言，组内相互补充发言，各组学生代表相互点评。

第五步：学习总结或教师点评。教师对案例研讨中的主要观点进行梳理、归纳和点评，简述本案例的基础理论，在运用基础理论对案例反映的问题进行深入分析后，适当进行总结如下（供参考）：

1. 银行惜贷反映了货币供求主体活力不足

1997 年之后出现的国民经济活力不足和银行惜贷现象，不是货币数量多少的问题，也不是货币政策紧松的问题，而是货币流动渠道不畅的问题。

在我国整个货币政策传导机制中，金融机构存在活力不足的问题。这表现在两方面：一是“大银行病”和“动脉硬化”。我国 90% 以上的存款向大银行集中，使得投资环境不佳，贷款风险大，资金很难贷出。因此，曾经有一段时间，大银行不仅不用央行的再贷款，反而向央行归还再贷款；大量购买国债却又不愿卖给央行，最终导致“肚子胀”“消化不良”。基础货币投放萎缩，集中反映为大银行“上不能吐，下不能泻”。结汇渠道和贷款渠道两条“大动脉”出现体制性萎缩，货币供应自然就下降了。从国民经济的角度来看，就是储蓄持续增长，而投资长期不振，形成了资金的负缺口。二是“小机构病”。基层金融机构困难重重，活力不足，可称之为“毛细血管大片溃烂导致过量失血”。导致出现这种现象既有大商业银行将省、市分支机构的贷款权力回收，信贷活动越在基层越显单薄的原因，又有一大批城乡金融机构，如城市银行、农村信用社、各种基金会，正在清理整顿，自身问题不少的原因。实是“毛细血管失血”，使县及县以下的经济活动缺乏活力，忙于“救火”，金融支持和服务很难真正有效地开展。

传导机制的客体即企业存在活力不足的问题。由于整体经济尚未走出供大于求的困境，因此，相当多的企业缺乏生机，甚至不少企业奄奄一息，需要重组或者关闭、破产。现在在金融界有一种普遍的说法，认为国有企业的信用等级呈走低趋势，贷款存在“资金陷阱”问题。客观来讲，企业尤其是国有企业，在转轨中面临的各种困难，并不完全是自己的过失，但也并不能因此而不付出改革的成本。为了支持国有企业的发展，国家要求国有专业银行对国有企业给予贷款支持。虽然《中华人民共和国商业银行法》的出台和金融风险的加大，迫使政府的行政性干预有较大的收敛，但以各种名义进行的政策性倾斜贷款，仍然不可能从根本上杜绝。而且，越是大型企业，越是贷款大户，就越难拒绝行政性干预。其中，相当一部分企业用贷款去维持和解决生存问题，比如发工资，或者还贷款。这种情况使金融机构的行为出现变异，也使货币政策效果很少达到预期目标。

2. 银行惜贷反映了社会总供求两方面的问题

20 世纪 90 年代中期以来，我国的市场供求关系发生了较大变化，市场需求成为经济增长的制约因素，也成为企业发展和经济效益提高的关键因素。由于对未来经济的预期悲观，居民和企业对货币政策所发出的信号缺乏敏感度，主要表现在以下几方面：

（1）我国由供给短缺型经济向供给过剩型经济转变，加大了国有商业银行的贷款风险。1996 年我国经济成功实现“软着陆”，这标志着我国短缺经济时代已经结束。但是，长期的重复建设和过度投资造成了生产能力的相对过剩。大量过剩的生产能力难以伴随经济增长速度的下降而及时压缩，绝大多数商品出现供求饱和或供给过剩，导致商品价格持续下降。亚洲金融危机结束后，我国出口拉动需求受阻，加剧了供大于求的矛盾。国有企业本来就步履维艰，在这种经济环境下，其经营状况更是雪上加霜，企业的亏损面不断扩大。作为国有企业最大的债权人，国有商业银行不良资产大幅增加。出于防范和化解金融风险的考虑，国有商业银行减少了对不景气的国有企业的贷款。

（2）大量普遍的下岗和失业，使公众对支出的预期（包括购买住房支出、社会保险支出、教育支出等）增加，对收入的预期下降，强化了对经济形势发展的悲观看法，增加了货币存储行为，减少了投资和消费，使投资需求和消费需求均不足，也使货币流通速度下降，这又进一步导致了价格的下降。这也是一种体制性的原因。

（3）企业经营困难，对经济前景缺乏信心，因此，其对货币政策的变化表现为不反映，或不正常反映。随着 1996 年以来央行连续 8 次下调利率，企业投资的直接成本的确明显降低了，企业的负担大大减轻，但由于产品销售不畅，企业之间价格竞争激烈，大多数企业生产经营的利润十分微薄，加上企业背负的各种负担仍然很沉重，造成社会平均利润率持续下降，投资收益明显减少。在企业对未来投资收益信心不足的情况下，即便利率进一步下调，银行愿意贷款，也未必能刺激企业的投资意愿。因此，在产业结构不合理、生产能力过剩、新的消费升级和产业升级尚未形成、投资找不到好项目和投资热点的背景下，各经济主体对于信贷由主动的吸纳型变成了被动的中央银行驱动型，这种被动性无疑会给货币政策的传导带来一定的阻滞。

第五章 失业与通货膨胀

【案例导入】

案例导入一：青年农民工需警惕潜在风险

和很多来北京打工的年轻人一样，河南小伙刘伟（化名）一下班就钻进网吧打游戏。20岁出头的他，初中毕业就出来“混社会”，做过餐厅服务员、摆过地摊、送过快递。刘伟并不知道，一些专家学者已经开始担忧包括他在内的青年农民工未来面临的失业风险。

中国社会科学院人口与劳动经济研究所和社会科学文献出版社近日发布的《人口与劳动绿皮书：中国人口与劳动问题报告No.16》（以下简称《绿皮书》）指出，农民工的人力资本水平和就业结构特征决定了他们在产业升级过程中不可避免地要遭受冲击，甚至可能会出现比较严峻的失业风险。相对于同龄的城市青年，青年农民工的适应能力明显更弱，有可能在结构转型中加入长期失业大军。

产业升级　农民工面临失业风险

实际上，从目前来看，随着调结构、稳增长等一系列措施的落地以及服务业的快速发展，农民工群体的整体就业形势呈现良好局面。《工人日报》记者今年以来在江苏、浙江、安徽等多地采访了解到，在企业纷纷“抢工”的背景下，一些农民工说：“找个工作并不难。”在一些专家看来，农民工当下就业形势良好，一个重要原因是劳动力短缺。《绿皮书》指出，2004年以来，中国劳动力市场已经发生很大的转变，出现了刘易斯转折点，劳动供给从无限供给转向了有限供给。而人力资源和社会保障部的数据则显示，我国农民工的增速从2010年起已连续4年出现下滑。对比2010年1 245万的增长量，2014年我国农民工仅增加501万。随着劳动力短缺的全局性发展，农民工在劳动力市场上的议价能力逐步增强。《绿皮书》提供的数据显示，2011—2013年农民工实际工资水平年均上涨接近12%。不过，尽管农民工工资上涨较快，社会上“用工荒”现象有愈演愈烈之势。但是，《绿皮书》认为，农民工在产业升级中遭受的潜在风险被当前良好的就业形势所掩盖。

低技能劳动力不可避免被淘汰

《绿皮书》提供的数据显示，商业服务和生产运输是农民工主要的职业类型。大多数农民工从事低端或普通的工作，大约60%为商业服务人员，约30%属于生产运输工人和有关人员，专业技术人员不到5%。“随着产业升级，劳动力市场对于技能的要求越来越高。”上海交通大学特聘教授陆铭在接受《工人日报》记者专访时表示，在农民工就业集中的制造业领域，对劳动力的素质、技能的要求提高。“劳动力市场对高技能劳动者的需求逐渐增加，对低技能劳动者的需求逐渐减少，是客观趋势。”而较高的职业技能正是青年农民工的短板。

根据国家统计局公布的数据，目前全国外出农民工总量达到1.6亿人，30岁以下的青年农民工约占60%，但是，他们的平均受教育年限为9.8年，过早地进入劳动力市场，导致其缺乏必要的职业技能。“在这种背景下，农民工职业技能培训的投入却远远不足。”陆铭认为，一方面户籍制度改革还有一段路要走，农民工未见得会在城市落地生根，未来的职业前景不稳定，没有动力接受技能培训。另一方面，由于农民工流动性强，企业也没有动力对农民工进行技能培训。除了自身技能水平低以外，钢领工人则可能给农民工当头一棒。所谓钢领工人，是指代替工人劳动的机器人。在劳动力短缺、人力成本上升的背景下，不少企业已经开始用机器换人。

记者近日在义乌举行的第五届中国智能博览会上看到，不少机器人生产企业的展位背景板上都打出“机器换人”的口号。杭州、嘉兴、东莞等地也出台了“机器换人”的行动计划。“我们从国外引进关键设备，自主研发全自动连续化被服绗缝生产流水线，实现了床品的自动化生产，在节约80%劳动力的基础上，生产效率提高5倍，45秒可生产一条被子。”江苏一家家纺企业负责人告诉记者，采用自动化生产流水线，一方面是因为招工难，另一方面则是转型升级的需要。东莞一家科技型企业负责人在接受媒体采访时表示，原来他的车间需要300位工人，如果采用机器人，车间的人数就可以降低到150人，仅一年就能节约资金900余万元。日前发布的《中国智能机器人白皮书》指出，钢领工人大规模出现后，将会有一部分工人和技术人员可能把自己的工作让给机器人，他们则面临下岗和再就业，甚至是失业。此外，中国社会科学院人口与劳动经济研究所人力资源研究室主任高文书认为，随着中国经济将逐渐转变成为服务业主导的经济形态，依靠土地、房地产、基础设施等大规模投资的增长模式将失去动力，依靠廉价劳动力、资源等的粗放型产业将被加快淘汰，经济结构和产业结构的变化也将带来就业结构的转变，在这一结构调整过程中部分劳动力将因不适应而不可避免地被淘汰。著名经济学家宋清辉告诉记者，近两年房地产市场的不景气已经拖累了建筑建材等关联的上下游企业。“我曾跟不少建筑工人聊过，从今年年初，建筑工地上的活就越来越少，工资也在下降，跟2014年相差30%左右。”

劳动力并没有绝对数量上的短缺

“尽管农民工存在失业风险，但是问题没有那么悲观。”陆铭认为，推高农民工工资上涨的短缺问题，很大程度上是由于劳动力自由流动受阻造成的。户籍、社会公共服务等问题，将部分农民工挡在了城市之外。“从这个角度来说，所谓的劳动力短缺，并非真正意义上的绝对数量短缺。”中国社会科学院人口与劳动经济研究所研究员都阳也表示，应该通过全面深化户籍制度改革，进一步提高劳动参与率，为经济结构调整和经济增长方式转变赢得时间。在一些专家看来，在就业政策制定上，政府应该着重考虑如何适应经济形势的变化，充分利用和消化吸收现有的劳动力资源。中国社会科学院人口与劳动经济研究所所长张车伟建议，从供给端看，既要培养更多的市场需要的高素质技能型劳动者，也需要为已离开学校的劳动者学习新技能提供渠道。从需求端看，应关注就业创造的模式变化。随着中国经济进入新常态，服务业中的中小企业将是就业创造的主体。应扶持成长性好的中小企业发展，降低他们在社保缴费、员工招聘和培训等方面的成本，更好地发挥这些企业吸纳劳动力的作用，提高就业质量和市场需求弹性。宋清辉则表示，应该打通农民工返乡的路。“一方面，可从双创方面切入，例如为农民工营造‘一站式’创业准入环境。另一方面，可从‘互联网+’方面切入，通过发力农村信息、交通、物流等基础设施网络建设，鼓励和支持农民工网上创业。”

提早应对失业隐忧

最近几年伴随着“用工荒”新闻出现的多半是“农民工就业难”。为何这看似矛盾的主题，总是结伴出现？目前一些地方出现的农民工“就业难”，多半集中在建筑、传统制造业、煤矿等行业；且多数农民工文化不高、缺乏技能，其从事的也多是技术性不强、靠体力吃饭的工种。这在我国产业化升级、新型工业化推进的大背景下，显得并不意外。企业对职工的文化知识、职业技能等要求势必会越来越高。而知识水平不高，职业技能缺乏的农民工群体不可避免面临“就业难题”。尽管这个问题不可避免，却不容小觑。目前，农村的主要劳动力有七八成外出打工或经商，农民的收入也多半是非农收入。农民工的就业难题还对巩固脱贫产生压力。一些已经越过贫困线的农户多数是因为家里有人在外打工挣钱，如果这些人“失业”返乡，家庭可能重新陷入贫困。

当前，对于农民工可能面临的大量失业问题，我国早已密切关注，并制定出台了一系列应对措施。各地劳动保障部门也结合本地实际和失业人员特点，组织培训，帮助农民工群体技能升级。这是应对农民工失业问题的有效途径之一。事实上，我们应该积极面对农民工“失业”以及可能带来的隐忧，提早积极应对，把它当作区域经济发展的机遇。加快发展区域经济产业项目，吸引并帮助农民工，给他们提供在家门口就业的机会，提供平台帮助他们实现稳定、持久的就业和增收。同时，大多数农民工也应当增强自身危机意识，努力提高自身劳动技能，力争在转型升级和社会发展中找到自身的定位。

案例来源：杜鑫．青年农民工需警惕潜在风险［N］．工人日报，2015-12-17（6）．

问题：

1. 破解农民工就业难的手段有哪些？
2. 如何认识我国最近几年出现的“用工荒”与“就业难”并存的局面？

案例导入二：关于通膨：中国20世纪80年代的两次通货膨胀

第一次通货膨胀

1978年12月十一届三中全会，党把工作的着重点转移到经济建设上来的时候，仍面临重大比例关系失调的现实。因此1979年4月召开的中央工作会议决定，用三年时间进行国民经济调整，实行新八字方针，即调整、改革、整顿、提高。随之，进行了一系列的价格改革。

从1979年起，政府提高了粮食、棉花等18种主要农产品的收购价格；其中，粮食收购价提高30.5%，棉花提高25%，油脂油料提高38.7%。并对粮、棉、油等主要农副产品实行超购加价政策，扩大议价收购范围。但是在提高农产品收购价格的同时，没有相应调整其销售价格，致使与农产品相关的副食生产销售严重亏损。继而在1979年11月，国家又提高了畜产品、水产品和蔬菜等8种副食品的价格，并相应给予城镇居民每人每月5元的价格补贴。

同年4月，政府有计划地提高了煤炭、铁矿石、生铁、钢锭、钢坯和有色金属、水泥等产品的出厂价格；其中，原煤提价30.5%，生铁提价30%，钢材提价20%。而燃料、原料价格的提高，致使与此密切相关的下游产品和高附加值的卷烟、酿酒业等成本上升，利润逐年减少，直接影响到国家税收。在此情况下，于1981年11月，适当提高了烟、酒、竹木制品、铁制品、陶瓷制品和皮革制品的价格。此外，针对第三产业产品价格偏低的问题，从1983年12月起，提高了铁路货运价格和水运客运价格。其中，铁路运价提高幅度达21.6%。

同期，中国农村改革在全国推进，包括降低农业税收、提高农产品价格、允许农民承包土地、开放集市贸易等。不仅如此，经济体制改革还从农村向城市扩展，在全国范围内展开。

在以上多种措施的影响下，1984—1986年中国经济再次进入高涨阶段，1984年GDP增长率已高达15.2%。与此同时，物价水平也开始大幅攀升，零售物价指数从1984年的2.8%跃升至1985年的8.8%。归结这次通货膨胀的原因，主要是源于成本推动，即价格改革的因素。这也是中国引入市场手段的制度成本。

第一次宏观调控

在集中进行价格改革的时期，如果不能控制总需求，成本推动和需求拉动两种因素同时推动物价上升，就会出现严重通货膨胀。而且在总需求持续扩张下，价格改革必然因“比价复归”而失败。在1986年以后，我国就出现了各种价格之间的轮番上升，价格与工资的轮番上升，国内物价上升迫使汇率贬值，人民币贬值则提高进口品价格，以成本推动方式推动国内通货膨胀，出口大幅度增加则是总需求扩张的一部分。投资需求和消费需求双膨胀，社会总需求超过总供给，中央不能控制地方政府的盲目攀比。

尽管20世纪80年代全社会对于改革是有共识的，但是对于改革的宏观环境却一直缺乏共识，地方政府和企业总是倾向于高速度发展，无论在计划经济和市场经济下都是如此；理论界的主流“经济自由主义”热衷于以发展促改革，忽视稳定的宏观经济环境。尤其是20世纪80年代前期改革的成功，经济的高速发展，中国出现的初步繁荣，大大鼓舞了改革派的信心。而在引进西方经济学的初期，对于市场经济的知识也只是凤毛麟角。当时我们所知道的，也仅仅是“总需求，总供给”而已，现在想起来，如果早知道什么叫“通货膨胀预期”，也许就不会有后来那种“长痛不如短痛”“价格闯关”的社会动员，抢购风或许就可以避免。

1986年3月，“七五”计划决定前两年调整。但1986年第一季度工业生产回落，许多人认为经济滑坡，强烈要求放松银根刺激经济。五年计划第一年经济总是要涨，这是当时中国的政治经济学。综上原因，1985—1986年宏观调控无法到位。

二次通货膨胀与“价格闯关”

由于宏观调控不到位，1987 年中国经济继续过热，增长率达 11.6%，1988 年为 11.3%，预算外投资膨胀无法控制。1988 年 7 月份，物价上升幅度已达 19.3%，创历史最高纪录，各阶层群众产生通货膨胀预期。但此时，仍准备进行全面的价格改革。结果成为新中国成立以来最大的一场抢购风潮的导火索。

8 月 19 日清晨，中央人民广播电台播发“价格闯关”的消息。当天就出现抢购。有的人一下子买 200 千克食盐，买 500 盒火柴，商店被抢购一空。银行发生挤兑，有的地方银行因不能及时支付，群众在愤怒之下把柜台推倒。大家误以为 9 月 1 日物价要全面放开，新一轮大涨价即将开始，在各大中城市掀起凶猛的抢购风潮，在几个方面都堪称共和国历史之最：第一，波及面广。8 月中旬始大城市突起抢购风，席卷全国城市和部分乡村。第二，涉及 50 个大类 500 多种商品，部分地区抢购粮食、食油。大到几千元的高档商品，小到易消耗的便宜货，均在抢购之列。第三，盲目性大。消费者不是为消费，而是为保值，购物时不管品种、不管牌号、不问质量、不讲价格，很多商场积压多年的残次商品，也被一抢而空。第四，各阶层群众普遍产生购物保值心理。第五，零售商品总额增幅高。8 月份社会商品零售总额 636.2 亿元，比上年同期增加 38.6%，扣除物价上涨因素增加 13%。粮食增销 30.9%，棉布增销 41.2%，绸缎增销 35.5%，洗衣机增销 130%，电冰箱增销 82.8%，电视机增销 56%。第六，商品抢购风潮伴随挤兑银行储蓄存款风潮。不仅挤兑活期存款，且挤兑未到期的定期存款。8 月份城乡储蓄存款减少 26.1 亿元。其中定期减少 27.8 亿元，活期增加 1.7 亿元。

8 月 30 日，国务院第 20 次常务会议召开，重提出“稳定经济，深化改革”的方针，原来政治局会议提出的“5 年左右时间”已修订为“5 年或者更长一点的时间”。会议保证国务院采取有力措施，确保明年的社会商品零售物价上涨幅度明显低于今年。

价格改革这一关非闯不可已达成共识，然而对于深化改革的条件认识并不一致。其实，1988 年 9 月份，居民存款只有 3 000 亿元，并不构成抢购的原因。

再次调整

1988 年 9 月，十三届三中全会提出，以后两年改革建设重点突出地放到治理经济环境、整顿经济秩序上来。1989 年 11 月共产党十三届五中全会通过《中共中央关于进一步治理整顿和深化改革的决定》，提出用 3 年或更长一些时间基本完成治理整顿任务。1989 年增长率降至 4.1%，1990 年增长率降至 3.8%。这次周期共 4 年，波动幅度 7.8 个百分点，上升 1 年下降 3 年。实际上这是改革开放 10 年以来，三次调整的总结果，终于结束了 10 年以来屡禁不止、愈演愈烈的经济过热与通货膨胀，但必然导致经济过度紧缩和理论上“计划经济原教旨主义”的回潮。

1990—1992 年中央进行全面的经济紧缩，经济增长率下降到 4%左右，而价格改革就是在总需求高度紧缩时自动成功的。其机制十分简单，动机十分朴素，就是经济紧缩了，企业效益不好了，地方政府财政困难，在中央政府同意下，取消了许多价格补贴，于是计划价格就变成了市场价格。到 1991 年底，中国 80%以上的物价放开，基本上实现了物价市场化。此时价格并没有引起通货膨胀，而是部分转化为企业亏损，大家所担心的居民储蓄，在 3 000 亿存款规模的时候成为抢购的“笼中猛虎”，以后增加到10万亿，也没有再出过笼。

案例来源：http://www.ieforex.com/2011/zhshi_0125/963.html.

问题：

成本推动型通货膨胀的含义是什么？

【学习目标】

1. 了解失业的类型。
2. 理解失业的影响与奥肯定律。
3. 掌握通货膨胀的原因和类型。
4. 理解菲利普斯曲线的政策含义、附加预期的菲利普斯曲线、长期菲利普斯曲线。

【关键术语】

失业率　自然失业率　周期性失业　结构性失业　奥肯定律　通货膨胀
需求拉动的通货膨胀　成本推动的通货膨胀　菜单成本　菲利普斯曲线

【知识精要】

1. 失业分为摩擦性失业、结构性失业和周期性失业。

2. 失业率是指劳动力中愿意工作而没有工作，并在寻找工作的人所占的比率。失业率的波动反映了就业的波动情况。自然失业率是经济在稳定状态下的失业率，也是经济在正常时期的失业率，它取决于离职率和就职率。

3. 奥肯定律描述了失业与实际GDP的关系。失业的影响既有经济方面的，也有社会方面的。

4. 通货膨胀可以从不同角度进行分类，既可按照价格上升的速度进行分类，又可按照对价格影响的差别分类，还可按照人们的预料程度加以分类。

5. 通货膨胀现象既可以从货币角度解释，又可以从总供给或总需求角度解释，还可以从经济结构角度来解释。

6. 通货膨胀的成本包括预期到的成本和未预期到的成本。

7. 菲利普斯曲线最初反映的是失业率与工资上涨率之间的关系。现代的菲利普斯曲线主要反映失业率与通货膨胀率之间的关系。

8. 根据菲利普斯曲线，控制总需求的决策者面临通货膨胀与失业之间的短期替换的关系。

9. 在以失业率为横坐标，通货膨胀率为纵坐标的坐标系中，长期菲利普斯曲线是一条位于自然失业率水平上的垂直线。

【实训作业】

一、名词解释

1. 失业率
2. 自然失业率
3. 结构性失业
4. 奥肯定律
5. 通货膨胀
6. 需求拉动的通货膨胀
7. 成本推动的通货膨胀
8. 结构性通货膨胀
9. 牺牲率
10. 菲利普斯曲线
11. 短期菲利普斯曲线

二、简要回答

1. 失业的影响。
2. 摩擦性失业与结构性失业相比，哪一种失业问题更严重?
3. 简述牺牲率和痛苦指数。
4. 说明短期菲利普斯曲线和长期菲利普斯曲线的关系。
5. 通货膨胀的分类。

三、论述

1. 根据菲利普斯曲线，中央银行在失业率和物价上涨之间只能进行哪些选择?
2. 通货膨胀是怎样形成的? 对经济活动有什么影响?

【实训作业答案】

一、名词解释

1. 失业率：指劳动力中没有工作而又在寻找工作的人所占的比例。失业率的波动反映了就业的波动情况。

2. 自然失业率：经济社会在正常情况下的失业率。它是劳动市场处于供求稳定状态时的失业率，这里的稳定状态被认为是既不会造成通货膨胀也不会导致通货紧缩的状态。

3. 结构性失业：指劳动力的供给和需求不匹配所造成的失业。其特点是既有失业，又有职位空缺，失业者或者没有合适的技能，或者居住地点不当，因此无法填补现有的职位空缺。

4. 奥肯定律：指失业率每高于自然失业率 1 个百分点，实际 GDP 将低于潜在 GDP2 个百分点。

5. 通货膨胀：一般价格水平普遍和持续的上涨。一般价格水平是指物价总水平，而不是指个别商品的物价水平。衡量通货膨胀状况的经济指标是通货膨胀率。通货膨胀率是一般价格水平的上涨率。

6. 需求拉动的通货膨胀：又称超额需求通货膨胀，是指总需求超过总供给所引起的一般价格水平的持续、显著的上涨。

7. 成本推动的通货膨胀：又称成本通货膨胀或供给通货膨胀，是指在没有超额需求的情况下由于供给方面成本的提高所引起的一般价格水平持续和显著的上涨。

8. 结构性通货膨胀：指在没有需求拉动和成本推动的情况下，只是由于经济结构因素的变动而引起的一般价格水平的持续上涨。

9. 牺牲率：指为了使通货膨胀降低一个百分点而必须放弃的一年实际 GDP 的百分点数。例如，如果一个经济的牺牲率为 5%，则意味着该经济的通货膨胀率每下降 1 个百分点，则使该经济一年的 GDP 必须牺牲约 5 个百分点。

10. 菲利普斯曲线：指在以横轴表示失业率，纵轴表示货币工资增长率的坐标系中，画出一条向右下方倾斜的曲线。该曲线表明，当失业率较低时，货币工资增长率较高，反之，当失业率较高时，货币工资增长率较低，甚至为负数。

11. 短期菲利普斯曲线：指预期通货膨胀率保持不变时，表示通货膨胀率与失业率之间关系的曲线。

二、简要回答

1. 失业的影响。

答：失业有两种主要的影响，即社会影响和经济影响。

失业的社会影响：①失业威胁着作为社会单位和经济单位的家庭的稳定。家庭的要求和需要得不到满足，家庭关系将因此而受到损害。②失业造成的创伤不亚于亲人去世或者学业上的失败。③失业也会影响人际关系。一个失业者在就业的人员当中失去了自尊和影响力，面临着被同事拒绝的可能性，并且可能要失去自尊和自信。最终，失业者在情感上会遭受到严重打击。

失业的经济影响：①当失业率上升时，经济中本可由失业工人生产出来的产品和劳务就损失了。衰退期间的损失，如同将众多的汽车、房屋、衣物和其他物品销毁了。②从产出核算的角度看，失业者的收入总损失等于生产的损失，因此，丧失的产量是计量周期性失业损失的主要尺度，因为它表明经济处于非充分就业状态。

2. 摩擦性失业与结构性失业相比，哪一种失业问题更严重？

答：一般来说，结构性失业比摩擦性失业更严重。

因为摩擦性失业是由于劳动力市场运行机制不完善或者因为经济变动过程中的工作转换而产生的失业。摩擦性失业的失业者都可以胜任可能获得的工作，增强失业服务机构的作用、增加就业信息、协助劳动者搬家等都有助于减少摩擦性失业。而结构性失业是由于经济结构变化，产业兴衰转移而造成的失业，是劳动力失衡造成的失业，一些部门需要劳动力，存在职位空缺，但失业者缺乏到这些部门和岗位就业的能力，而这种能力的培训需要一段较长的时间才能完成，所以结构性失业的问题更严重一些。

3. 简述牺牲率和痛苦指数。

答：牺牲率是西方学者在定量研究的意义上提出的一个衡量宏观经济的指标。它是指为了使通货膨胀率降低一个百分点而必须放弃的一年实际GDP的百分点数。例如，如果一个经济的牺牲率为5%，则意味着该经济的通货膨胀率每下降1个百分点，则使该经济一年的GDP必须牺牲约5个百分点。牺牲率通常依时间、地点以及降低通货膨胀的方式而有所变化。进一步地，还可以用失业来表示牺牲率。奥肯定律告诉我们，失业率变动1%，会使得GDP变动2%。因此，在牺牲率为5%的条件下，通货膨胀率降低1%，则要求周期性失业大约上升2.5%。

在理论上，试图计量失业与通货膨胀的政治效应的一种方式被称为痛苦指数。它被定义为：痛苦指数=失业率+通货膨胀率。西方一些学者认为，如果一个经济的痛苦指数水平低或者趋于下降，可以说明政府政绩良好；反之，如果该经济的痛苦指数水平高或者趋于上升，则说明政府的政绩较差。

4. 说明短期菲利普斯曲线和长期菲利普斯曲线的关系。

答：货币主义者认为，在工资谈判中，企业和工人们关注的不是名义工资而是实际工资。当劳资双方谈判新工资协议时，他们都会对新协议期的通货膨胀进行预期，并根据预期的通货膨胀相应地调整名义工资水平。根据这种做法，人们预期通货膨胀率越高，名义工资增加越快。由此提出短期菲利普斯曲线的概念。这里的短期是指从预期到需要根据通货膨胀做出调整的时间间隔。短期菲利普斯曲线就是预期通货膨胀率保持不变时，表示通货膨胀率与失业之间关系的曲线。

但在长期中，工人将根据实际发生的情况不断调整自己的预期，工人预期的通货膨胀率与实际的通货膨胀率迟早会一致，这时工人会要求改变名义工资，以使实际工资不变，从而较高的通货膨胀就不会起到减少失业的作用。在以失业率为横坐标，通货膨胀率为纵坐标的坐标系中，长期当中的菲利普斯曲线是一条垂直线，表明失业率与通货膨胀率之间不存在替换关系。而且，在长期中，经济社会能够实现充分就业，经济社会的失业率将处在自然失业率的水平。短期菲利普斯曲线不断移动形成长期菲利普斯曲线。

5. 通货膨胀的分类。

答：对于通货膨胀，西方学者从不同角度进行了分类。

（1）按照价格上升的速度进行分类，西方学者认为存在三种类型的通货膨胀：第一，温和的通货膨胀，指每年物价上升的比例在10%以内；第二，奔腾的通货膨胀，指年通货膨胀率在10%~100%之间；第三，超级通货膨胀，指通货膨胀率在100%以上。

（2）按照对不同商品的价格影响的大小加以区分，存在着两种通货膨胀的类型：第一种为平衡的通货膨胀，即每种商品的价格都按照相同比例上升。第二种为非平衡的通货膨胀，即各种商品价格上升的比例并不完全相同。

（3）按照人们的预期程度加以区分，把通货膨胀分为两类，一种为未预期到的通货膨胀，即价格上升的速度超出人们的预料，或者人们根本没有想到价格会上涨。第二种为预期到的通货膨胀。

三、论述

1. 根据菲利普斯曲线，中央银行在失业率和物价上涨之间只能进行哪些选择？

答：（1）菲利普斯曲线的概念。

英国经济学家菲利普斯，在研究了1861—1957年英国的失业率和工资物价变动之间的关系后，得出结论：在失业率和货币工资变动率之间存在着此消彼长的置换关系。而劳动力在国民收入分配中的比例一般保持不变，按照成本加成定价的原则，工资上涨率可以由物价上涨率来替代，这就得到了通常所说的表示物价上涨率与失业率之间是反向关系的菲利普斯曲线，如图5-1所示。

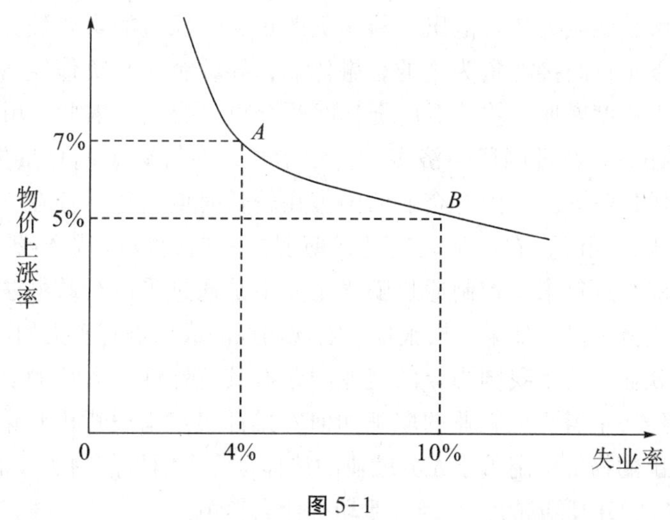

图5-1

比如说，如果一个社会倾向于高就业，将失业率控制在4%，为此必然要增加货币供给量，降低税率，扩大政府支出，以刺激社会总需求的增加；总需求的增加在一定程度上又引起一般物价水平的上涨，比如上涨率为7%，组合的结果为图5-1中的*A*点。相反，如果一个社会更偏好于物价稳定，比如5%的物价上涨率，为此必然要缩减货币供应量，提高税率，削减政府支出，以抑制社会总需求的增加；社会总需求的压缩，又必然导致失业率的上升，比如升至10%的水平，组合的结果为图5-1中的*B*点。

（2）中央银行面临的选择。

中央银行的货币政策的四个政策目标之间既有统一，又有冲突，菲利普斯曲线便反映了其中两个政策目标——物价稳定和充分就业之间的矛盾。中央银行只能根据当时的社会经济条件，寻求物价上涨率和失业率之间的某一适当的组合点，而难以达到两全其美，可能面临的选择只有：

① 失业率较高的物价稳定，如图5-1中的*B*点。这时中央银行以物价稳定作为主要的政策目标，而牺牲充分就业这一目标。

② 通货膨胀率较高的充分就业，如图 5-1 中的 A 点。这时中央银行以充分就业作为主要的政策目标，而牺牲物价稳定这一目标。

③ 在物价上涨率和失业率的两极之间进行权衡或相机抉择，如 A、B 间的某一点。

（3）中国的实际情况。

中国人民银行的货币政策目标是“保持货币价值的稳定，并以此促进经济增长”。显然，在“稳定”与“增长”之间，有先后之序、主次之分；同时由于经济增长与充分就业之间有某种正相关关系，因此我国的货币政策较为偏重于保持物价的稳定。

我国做出这样的选择是因为引起通货膨胀的因素并未消除。货币政策目标确立于 20 世纪 90 年代中期。1995 年 3 月 18 日第八届全国人民代表大会第三次会议上通过的《中华人民共和国中国人民银行法》第一章第三条确定我国货币政策目标是“保持货币币值的稳定，并以此促进经济增长”。经历了 20 世纪 90 年代初的房地产和开发区热，到 1997 年、1998 年，部分中小金融机构的风险问题已相当突出，当时中国政府和中国人民银行面临化解金融风险和防范出现新的更严重金融风险的重要任务。由于在那以前我国长期实行以银行间接融资为主的金融体制，导致企业高负债经营，自有资金比例很低，再继续大幅度增加贷款，不良贷款问题会更加突出。因此，币值稳定便成为货币政策的首要任务。经过国民经济多年持续增长，在解决短期总量失衡问题之后，眼下经济结构矛盾日益突出，国有企业的困难在较长时期内还会存在，对增加货币投放的压力仍然很大；同时，农业基础还是很薄弱，一遇到粮食减产或其他意外情况，物价就会迅速上涨。近年来，控制通货膨胀主要不是通过采取行政办法，而是通过改革，更多地运用经济手段。如果放松银根，宏观调控的成果仍有丧失的可能。

而对于充分就业，由于我国当今的就业问题有其特殊性，大量的农村剩余劳动力如何转移和国有经济中需要再就业的职工如何安排都很难指望货币政策予以解决。由此可见，我国做出的物价稳定重于充分就业的选择是与中国目前的实际情况相符合的。

2. 通货膨胀是怎样形成的？对经济活动有什么影响？

答：按照西方经济学的解释，通货膨胀的主要原因有需求拉动、成本推动、混合性以及结构性等因素。

（1）需求拉动的通货膨胀。这是从总需求的角度来分析的原因。它是指商品市场在现有的价格水平下，经济的总需求水平超过总供给水平，导致一般物价水平上升引起的通货膨胀。引起总需求过多的因素有两大类：一类被称为实际因素，如消费需求和投资需求扩大、政府支出增加、减税以及一国净出口增加等因素都会使 *IS* 曲线向右移动，引起总需求曲线的向右移动，使经济在现有的价格水平下总需求超过总供给。另一类被称为货币因素，即货币供给量的增加或实际货币需求的减少。这会使得 *LM* 曲线向右移动，也会导致总需求在现有价格水平下扩大。在经济的总供给没有达到充分就业的产出水平之前，总需求的增加在使价格水平上升的同时，也使总产出增加。随着经济接近充分就业产出水平，总需求再增加，产出也不会再增加，而只会导致价格水平的上升。

（2）成本推动的通货膨胀。这是从供给的角度来分析通货膨胀的原因。它是指由于生产成本的提高而引起的一般物价水平的上升。供给就是生产，根据生产函数，生产取决于成本。因此，从总供给的角度看，引起通货膨胀的原因在于成本的增加。成本的增加意味着只有提高原有的价格水平才能达到原来的产出水平，即总供给曲线向左上方移动。在总需求不变的情况下，总供给曲线向左上方移动会使国民收入减少，价格水平上升。根据引起成本增加的原因不同，成本推进的通货膨胀可以分为工资成本推进的通货膨胀、利润推进的通货膨胀和进口成本推进的通货膨胀三种。

（3）供求混合推进的通货膨胀。这是把总需求与总供给结合起来分析通货膨胀的原因。许多经济学家认为，通货膨胀的根源不是单一的总需求拉动或总供给推进，而是两者共同作用的结果。

（4）结构性的通货膨胀。结构性通货膨胀是由于各经济部门劳动生产率的差异、劳动力市场的结构特征和各经济部门之间收入水平的攀比等引起的通货膨胀。

通常，通货膨胀对经济活动的影响主要表现为以下两个方面：

（1）通货膨胀的再分配效应。①通货膨胀降低了固定收入阶层的实际收入水平。即使就业工人的货币工资能与物价同比例增长，在累进所得税下，货币收入增加使人们进入更高的纳税等级。税率的上升也会使工人的部分收入丧失。②通货膨胀对储蓄者不利。随着价格上涨，存款的实际价值或购买力就会降低。③通货膨胀还可以在债务人和债权人之间发生收入再分配的作用。具体地说，通货膨胀靠牺牲债权人的利益而使债务人获利。只要通货膨胀率大于名义利率，实际利率就为负值。

（2）通货膨胀的产出效应。①在短期，需求拉动的通货膨胀可促进产出水平的提高；成本推动的通货膨胀却会导致产出水平的下降。②需求拉动的通货膨胀对就业的影响是清楚的，它会刺激就业、减少失业；成本推动的通货膨胀在通常情况下会减少就业。③超级通货膨胀会导致经济崩溃。

但在长期，上述影响产量和就业的因素都会消失。

【实训活动】

实训活动　了解我国通货膨胀历史

目的：

认识失业与通货膨胀。

内容：

1. 时间：25~30 分钟。
2. 地点：任意。
3. 人数：任课班级学生人数。
4. 合作人数：根据班级人数分成若干小组。

步骤：

第一步：教师选取有关失业和通货膨胀的影像材料。

实训解读材料：

中国经济史上历次通胀通缩大盘点

根据统计局最新的数据，中国第三季度的GDP增速是6.9%，已经跌破了7%。虽然比预期要高上0.1%，但是在这新增的6.9%里，有多少是过剩的产能，有多少是并不能带来任何收益的投资，又有多少是经过展期的债务，都是个很大的未知数，如果刨去这些部分，那么真实的GDP增速，可能已经令人相当不乐观了。增速下降并不是一个令人恐惧的问题，令人恐惧的问题是面对增速的下降我们的政府会不会再次采用类似2009年“四万亿投资计划”的经济刺激政策。宽松政策除了为以后的经济埋下更大的隐患之外不能解决任何问题，因为新增货币并没有真正流向消费端和最需要资金的中小企业。如果印钞票能挽救整个国家的经济，那么津巴布韦就是这个星球上最强大的金融帝国了。

我们一再提醒，经济的运行就像这个星球的春夏秋冬一样，冬天并不可怕，可怕的是不敢直面冬天已经来临。已经到了直面冬天，拿出勇气面对我们这几十年积累下的种种问题的时候了。作为一个伴随着这个国家成长起来的人，我惊叹这个国家三十年来的奇迹，也坚信我们这个一路咬着牙，含着血和泪走过的民族一定是可以熬过这个冬天的。

今次扑克投资家带来森德研究所高级研究员宗华烨的文章，一同回顾这些年我们经历过的通胀和通缩，也许能给到我们更多的启发。

改革开放以来，中国经历了多次通货膨胀和通货紧缩。理论上，我们将物价普遍持续上涨或下跌认定为通胀或者通缩，经济学界对通胀和通缩还没有一致的界定方法。本文，笔者将CPI物价指数连续上涨或下跌两个季度以上作为通胀或通缩的衡量标准，判断出中国改革开放以来经历了五次通胀和三次通缩，时间都持续一年以上。

我国历次通胀分析

（一）1980年

“文化大革命”结束后，为了恢复国内经济，自1978年十一届三中全会起，我国实行改革开放政策，党的工作重心转向社会主义现代化建设。随后经济出现了快速的增长，大规模的基建投资建设导致财政支出激增，出现了较为严重的财政赤字。央行为了解决财政赤字，大量发行货币，货币供应量M0从1978年的212亿元扩张到1980年的346.2亿元，上涨了63.3%。过量的货币发行必定会引起通货膨胀，CPI物价指数从1978年的0.7%上涨到1980年的7.5%。

快速上行的通货膨胀引起了政府的高度重视，为了抑制通胀，1980年12月，国务院发出了《关于严格控制物价、整顿议价的通知》，政府采取了压缩基本建设投资、收缩银根等一系列措施，通货膨胀在1981年得到抑制，历时两年多。

（二）1985年

1984年，中央政府提倡加快改革，建设“有计划的商品经济”，地方政府响应号召，扩大投资规模，固定资产投资增长率从1983年的16.2%上涨到1985年的38.8%；而1984年的货币供应量M2比1983年新增1 071.3亿元，过快的社会投资引起社会总需求过旺。同年，国务院决定实行工资改革，使得居民实际收入大幅上扬。社会投资增长以及居民收入增速快于劳动生产率的提高，通货膨胀再次出现，CPI 价格指数从 1984 年的 2.7%上涨到 1985 年的 9.3%。

为了抑制此次通胀，国务院采取了一系列的宏观调控政策，通过紧银根、减少货币发行、控制固定资产投资规模等抑制物价上扬，本次通胀历时三年。1985 年通货膨胀刚刚得到控制，我国马上又经历了改革开放以来的第三次通胀。

（三）1988 年

中央为了理顺价格机制，1988 年上半年放开肉、蛋、菜、糖价格，7 月底，又放开名烟、酒价格，名烟酒价格一下上涨 5~10 倍，社会出现抢购现象，在这种情况下中央又重新规划出台物价工资改革方案。改革需要稳定的经济增长环境，为了使经济保持较高的增速，紧缩的政策开始松动，货币供应 M0 同比增速从 1987 年的 19.4%上涨至 1988 年的 46.7%，1988 年 CPI 物价指数一下暴涨至 18.8%。

1989 年，中央召开会议整顿经济秩序，采取减少社会总需求、控制贷款规模、紧缩银根、提高利率回笼货币等政策，1990 年通胀得到控制，历时三年。

（四）1994 年

1993 年，中央为了进一步理顺价格，先后放开了粮食、钢铁及部分统配煤炭的价格，调整提高了原木、水泥的出厂价格，并对部分原油价格实行了议价。生产要素价格上升推动企业成本大幅上涨。随后，中央又出台了工资改革制度，进一步增加了企业的成本负担，最终造成物价上涨。与此同时，1993—1994 年固定资产投资规模高速增长，1994 年固定资产投资增速达到 25.5%；而货币供给量在 1992 年已经开始上涨，影响滞后到 1994 年，加剧总供给与总需求的不平衡，拉动市场物价的上涨。1994 年，CPI 物价指数上涨到了 24.1%的极高水平。

在抑制通胀方面，政府采取紧缩的货币政策，提高银行存贷利率，减少货币供应量，在 1996 年通胀得到控制，历时三年。

（五）2011 年

2011 年，因内外因的共同影响，造成了此次的通货膨胀。首先，2009 年的“四万亿投资计划”以及为了对冲巨额的外汇占款，央行抛出 20 万亿人民币，导致了当时的流动性过剩。过多的货币供应形成潜在的通货膨胀压力。其次，大宗商品价格上涨，由于我国对原油、铁矿石等大宗商品进口依存度较高，给中国带来输入性通胀的压力。再者，当时房地产泡沫越来越大，国内总需求过剩，加大了通胀压力。2011 年，CPI 物价指数上涨至 5.4%，是 1996 年以来的最高值。

稳定物价成为当时的首要任务，央行实行从紧的货币政策，密集上调基准利率和存款准备金率，2010—2011 年期间，上调 5 次基准利率和 12 次存款准备金率，到 2011 年 6 月 20 日，存款准备金率高达 21.5%。2011 年末通胀得到控制，历时一年多。

我国历次通缩分析

（一）1998 年

1997 年以前，中国一直处于通货膨胀的经济时期，1996 年由于银行积累了大量的坏账，加之为了治理 1994 年的通胀，银行紧缩银根后积累了大批的不良贷款，银行的这种现象到 1996 年已经达到非常严重的状态，为了防范银行风险，政府开始控制银行不良贷款，银行出现惜贷现象，企业不再像以前一样可以轻松地获得贷款，面临着发不出工资的局面，经营困难，不得不降价销售产品，推动物价下滑。同时，1997年7月，亚洲金融危机爆发，出口市场收缩，国内供给压力增大，加剧国内通货紧缩。1997年CPI价格指数下滑至2.8%，到1998年，CPI增速出现负增长，为-0.8%。

通货紧缩，也使得经济增速从1997年的9.2%下降至1998年的7.8%，为了保持经济稳定，政府将货币政策从"适度从紧"转变为"稳健的货币政策"，由于银行惜贷，货币供应传导受阻。积极的财政政策在当时发挥了关键的作用，政府通过发行国债，投资基建设施来提高社会总需求。2000年，通缩得到控制，历时两年。

（二）2002年

2002年，CPI指数再次为负值，当年的物价总水平连续下跌了10个月，从这一点来讲，可以认为当时出现了通货紧缩。2001年中国加入WTO，吸引了大量的外资，企业技术水平得到提升，生产效率提高，成本下降，引发物价总水平的下滑。企业生产成本的下降伴随着的是利润的增长，企业再生产意愿得到激发，而物价水平的下降刺激需求的增加。这次通缩和1998年不同，是由总供给的增长快于总需求的增长而导致的物价水平下降，并不是需求不足引发的，所以当时并没有出现货币供应量和投资增速的快速下滑。2003年CPI指数恢复正增长，结束了这次非典型的通货紧缩，历时一年。

（三）2009年

从2007年下半年起，由美国开始的次贷危机逐渐演变为金融危机，并迅速向世界蔓延，我国也未能独善其身。我国的经济明显受了金融危机的影响，2009年每月的出口额增速均在-20%以下，大量中小企业破产，大批农民工返乡，货币供应量M2增速从18.92%下降至14.8%，经济增速快速回落，2009年一季度GDP的增长率仅为6.6%，CPI物价指数从2008年末开始下滑，2009年出现连续10个月负值。

为了应对这种危局，中国政府实行积极的财政政策和适度宽松的货币政策，推出"四万亿投资计划"，加快基建投资，扩大内需。四万亿的投资计划也为2011年的通胀埋下了伏笔。大规模的政府投资使得经济快速升温，CPI物价指数上涨，该次通缩历时一年。

历次通胀通缩规律总结

通过历史的回顾分析，我们不难发现，我国的通胀多发于市场经济改革的浪潮中，伴随着的是经济的高速上涨，通过大规模发行货币，扩大基建投资和房地产投资建设稳定经济发展，宏观经济上表现为投资增速和货币供应量快速上涨，CPI物价指数随之上扬。面对不同时期的通胀，政府采取了多样的应对措施，收缩银根减少货币流通以及控制投资压缩社会总需求是政府采用频率最高且效果最好的两项政策。

排除2002年的良性通缩，1998年和2009年的通缩分别发生在东南亚金融危机和美国次贷危机时期，均由于内外需同时减少导致供需失衡造成的物价下降。宏观经济上表现为货币供应量减少，固定资产投资以及出口增速快速下降，最终表现为GDP缩水。面对这两次通缩，政府采取了不同的应对措施。1998年，政府采取了降息等货币政策，由于传导效应缓慢，货币政策没有发挥太大的效应，而发行国债等财政政策起到了关键作用。2009 年，政府通过“四万亿投资计划”快速地治理了通缩问题，结果是引发了全面的通货膨胀。

综上，笔者认为，中国可能已经陷入了通缩边缘。首先，从最直观的物价指数来看，2012 年 3 月 PPI 首次出现负增长，与此同时 CPI 增速放缓，到 2015 年 7 月，PPI 已经连续 41 个月为负值，CPI 也跌至 2% 以下。其次，内外需双双下滑，中国房地产拐点出现后，投资增速快速回落，从 2013 年的 20% 以上下降到今年 7 月的 4.3%，伴随着的是固定资产投资增速回落至 11.2%。全球经济增长的疲弱抑制了外围需求的增长，中国出口同比在今年前 7 个月中有 5 个月出现负增长，内外需同时收缩抑制了价格的上涨。另外，供给方面，工业领域产能过剩，人民币跟随美元升值导致进口贸易出现好转，加剧中国输入性通缩压力。

社会总供给增加、需求减少是造成当下中国物价总水平下降的主要原因，长期的供大于求抑制了生产，经济增速停滞。以史为鉴，面对通缩压力，政府加大了货币政策力度，从 2014 年底至今，下调了 4 次基准利率和 2 次存款准备金率，但并没有激发市场有效需求；此外，还采取了积极的财政政策，包括加快水利工程建设、推动大气污染治理、强化棚户区建设等基本建设投资。经过货币政策和财政政策的双管齐下，近期 CPI 物价指数有所回升，但形势不乐观，在目前全球普遍价格水平低迷的背景下，中国再次陷入通缩的可能性极大。

材料来源：http://www.swjrzk.com/20552.html.

第二步：组织学生观看并运用相关知识分析影像资料中的失业类型及政府的解决方案。

第三步：请各小组根据资料内容进行问题的提炼，同时组织小组同学进行问题讨论，并形成论文文稿。

第四步：提交论文。

问题研讨：

1. 失业的原因、类型。
2. 政府对失业解决的方案以及评价。
3. 通货膨胀的类型以及政府治理通货膨胀的措施。

实训点评：

主要是让学生通过观看影像资料，了解失业带来的经济影响以及通货膨胀对一国宏观经济带来的影响。

【案例研究及案例使用指南】

案例 1 研究称中国失业率曾高达 10.9%：因农民工失业未统计

对于本就令外界频繁发出疑问的中国各项经济数据来说，失业率长期稳定更是经常引发外界的质疑。好在政府部门已经意识到，不包含农民工就业状况的失业率调查根本无法反映中国经济的真实情况，所以更加客观地调查失业率数据将得到大范围采用。

在为美国国家经济研究局撰写的文件当中，上海财经大学的冯帅章和约翰·霍普金斯大学的胡颖尧以及罗伯特·莫非特对官方一份家庭调查进行研究发现，从2002—2009年，中国平均失业率为10.9%，几乎比登记失业率高出7个百分点。

此前，中国人社部每季度发布的城镇登记失业率。从历史数据来看，21世纪以来不论经济增速如何变化，中国的登记失业率长期保持在4%~4.3%之间。

莫非特等人研究的原始数据未涵盖更近期的数据，因此无法知道最近几年劳工市场是否随着经济放缓而更加恶化。但是他们的数字的确暗示20世纪90年代国有企业破产和倒闭带来的强大和持续的影响。

该报告的分析主要从三个时间点切入。

国有企业鼎盛的时期：从1988年到1995年，当时，国有企业仍然在经济领域占据着主导地位。3.9%的失业率仅比官方数字略高。

国有企业改革的时期：从1995年到2002年，随着政府主导的市场改革拉开大幕，国企职工大规模裁员，从而导致失业率攀升至高达6.6%。在那些年里，由国企雇用的工人的比例从60%下降到30%。

在制造业繁荣的时期：你也许会认为事情将在2002—2009年，也就是中国加入世界贸易组织（WTO）后引发的劳动密集型制造业的繁荣。同时，随着高校扩招步伐的加快，失业率攀升的情况会有所缓解。然而，10.9%的平均水平表明，这还不足以抵消国有企业裁员的长期影响。

报告还指出，随着中国出口的持续低迷，沿海出口导向型企业也会面临大规模的裁员压力，这也就更会令中国的失业率“不好看”。

“在我们频繁地被告知中国的经济总量已经多么巨大时，对失业率真实数据的忽视让人担忧。”一位参与报告起草的经济学家在接受外国媒体采访时坦言。

其实国际机构已经把目光投向了中国这一令人不解的经济数据。国际货币基金组织（IMF）近期的一份报告中明确指出，中国的失业率存在低估成分。报告称，从过去的失业率调查上看，中国经济放缓并未影响就业状况，但这种调查忽略了影响就业的一些因素。

失业率维持稳定主要是中国国企愿意容纳过剩工人，同时，失业的农民工回到了农村，不在城镇登记失业率的统计范围内。

接受调查的经济学家们普遍认为，中国失业率调查不能反映中国的经济状况，因为调查只覆盖了城镇工人，而忽略了大约2.7亿居住在城市的农民工以及大量农村就业人口。

尽管中国将今年的经济增长目标从去年的7.5%降低至7%，但截至2015年3月的官方就业数据显示，中国失业率目前仍然维持在4.05%，比去年同期的4.1%略微下降。2015年第一季度新增就业岗位为324万个，较去年同期344万个降幅也较小。

IMF调查了中国东部某城市后指出，中国国企受到政府的压力而无法自主决定裁员。IMF表示，尽管目前中国国企过剩的工人绝对数量并不大，但比例却相当高。IMF称，许多大型国企在钢铁、矿产等产能过剩的行业，这些企业有着很高的劳动剩余比例。

IMF还称，大量农民工聚集在低技术含量的岗位，往往受到经济下滑的影响比城镇工人更大。但失业后的农民工往往离开城市回到农村，这样他们就被排除在城镇失业率调查之外了。

纽约市立大学亨特学院教授邝治中说："试图比较美国和中国的失业数据完全好像是把苹果跟橘子比。"

邝治中说数亿农民工不会在统计范围内。他说："当没有工作的时候，他们回家种田。他们不会去失业办公室。"

事实上，中国早已看到登记失业率的问题，并有意用调查失业率代替登记失业率。

湖北省统计局副局长叶青在接受《21世纪经济报道》采访时表示："很多人没有工作也不去登记，所以登记失业率总是很低，这个数据要慢慢淘汰，要用入户调查的调查失业率替代登记失业率。"

2015年6月26日，国务院办公厅发布的《关于印发进一步做好新形势下就业创业工作重点任务分工方案的通知》称，把稳定和扩大就业作为经济运行合理区间的下限，将城镇新增就业、调查失业率作为宏观调控重要指标。

2015年7月起，劳动力就业调查范围将从65个大城市扩大至全国所有地级城市。

案例来源：http://daily.zhihu.com/story/7071842.

思考题

根据材料，概括我国现行城镇失业率登记的局限。

案例1使用指南

第一步：目标设定参考。本案例可以配合本章教学及高鸿业主编《西方经济学（宏观部分·第六版）》的第十六章教学及学习使用，同时，应该对宏观经济学中的失业和通货膨胀的各流派观点有所了解，通过对案例的学习，掌握通货膨胀的相关内容。

第二步：背景介绍。中国城镇劳动力的失业登记制度初始于20世纪70年代末，当时称为"待业登记"，那时所有的城镇无业者都必须到政府劳动部门登记，处于就业等待期的劳动者即登记为"待业"。1994年，"待业登记"更名为"失业登记"。除了出于就业培训和就业服务的目的，统计登记失业率其实更多是从社会保障的角度出发，因为登记失业率与领取失业救济与低保补助密切相关，而并不是完整的体现劳动力市场现状的经济统计指标。

然而，近几年有些学者估计中国的真实失业率远远高于官方的登记失业率（最低估计为8%，最高估计甚至达到20%）。诚然，由于人们进入和退出劳动力市场十分频繁，以及对失业者和非劳动力的界定十分困难，导致失业率统计存在一定的高估或者低估现象，但如此悬殊的差距无法用正常的统计误差来解释，只能说明现行的中国失业率统计存在重大遗漏和缺陷。

这个缺陷就是目前中国仅仅统计和公布城镇登记失业率，没有统计和公布国际通行的调查失业率，而城镇登记失业率不仅已经与时代脱节，同时又存在着严重偏差和低估。例如，现行登记失业率统计指标体系仅有登记失业人数和登记失业率两个指标，除了有按省份和城市分组的数据外，几乎难以获得按性别、年龄和职业等分类的结构性失业数据。更严重的还是登记失业率的低估现象。一方面，它没有包含农民和进城农民工，无法反映大量农村人口的失业状况；另一方面，它仅包括城镇本地户籍的失业人员，遗漏了下岗失业人口、未就业的大学生以及外来城镇人口等，而且登记失业率将统计的年龄上限界定为男50岁、女45岁，这也将漏掉一部分人口。登记失业率的低估带来了令人啼笑皆非的结果。

比如，在国有企业职工下岗最严重的1998—2000年，登记失业率一直保持在3.1%。而当就业形势开始好转时，这个指标却大幅度提高了，从2001年的3.6%到2002年的4%。再比如，2008年底有关部门估计返乡的失业农民工高达2 000万，但2008年第四季度登记失业率只象征性地从三季度的4%上升到了4.2%。

当然，相关部门可以根据城镇登记失业率的相对变化而不是绝对数值来推断整体人群的失业形势，但既然城镇登记失业率已经无法全面衡量劳动力市场现状，就应尽早退出历史舞台，否则不仅难以与国际数字进行比较，还很容易对政策制定产生误导。

第三步：理论学习。①指标统计口径较窄。②失业登记的手续较为机械和烦琐。③失业登记后续培训缺乏针对性。④统计数据信度偏低。

第四步：讨论思考题目。可以选择根据思考题分组讨论，每组学生轮流发言，组内相互补充发言，各组学生代表相互点评。

第五步：学习总结或教师点评。教师如果对案例研讨中的主要观点进行梳理、归纳和点评，简述本案例的基础理论，在运用基础理论对案例反映的问题进行深入分析后，辅以适当的框图进行总结。

案例2　20世纪90年代初中国为应对通货膨胀增发了多少货币？

今天中国经济的情势中，至少有一件事，政府是说了而没有做到的，这就是控制通货膨胀。

2月23日，政府方面发表的统计报告里谈到物价上涨的幅度，说是“继续攀高”。（见《人民日报》1994年2月24日）国家统计局的报告说，1994年1月市场物价涨势依然较强，全国35个大中城市居民消费价格比1993年同月上涨。这个数字已经大大高于政府公布的1993年的平均水平。中国几百个大中小城市里面，物价的问题，已经成为老百姓在餐桌上指天骂地的源头。

乡下粮食市场的价格，自两个月前忽然扬起，到现在虽大致稳住，也已经涨了至少二成；农民开始抢购农资；城里百姓则是抢购电器和金饰。这情景已经让市场多了一重紧张的气氛，然而还有一个消息到处都在传播，说新的税制以及人民币汇率“并二轨为一途”，这将给已经燃起的通货膨胀之火再浇上一盆油。政府的心情，因为这件事开始战战兢兢。领导们几乎无处不讲稳定。北京召开了“菜篮子”会议，国务院的官员们在会上严责属下采取措施约束物价。然后是旧历新年来临，各地政府的官员们纷纷检查自己辖区内的市场。

经济理论家们则在报纸上提出控制物价上涨的主张。(见《市场报》1994 年 1 月 20 日第一版）但就在这个时候，江泽民同志在北京的市场上已经不再说“控制”二字，只说要将物价水平保持在城乡居民和社会能够承受的范围内。(见《人民日报》1994 年 1 月 20 日第一版)

我们国家物价的新一轮上涨，以及政府的一筹莫展，应当说由一年前就已开始。这个问题，用不着多好的记性，就可以谈清楚。

1992 年冬天的时候，政府曾经信誓旦旦，保证不会让通货膨胀卷土重来。到了 1993 年 3 月，话头便软了许多，不再说“不”，而说“通货膨胀的潜在压力正在释放”。不过，那时政府还有充分的信心来迎接“压力”，在第八届全国人民代表大会第一次会议召开的时候，交给人大代表们去表决的计划，是要将全年的通货膨胀率控制在 6%之内。

两个月后，国家经贸委员会的新任主任王忠禹的说法，就有了变化。据他说，物价上涨在 1993 年里将不会超过 8%。到了这一年的 6 月，政府又有了新的保证：争取控制在 10%。如此三番五次地表明决心，虽然口气越来越软，目标也一步一步地后退，但毕竟说明了政府对于这个问题的看重。

然而实际的经济进程并不肯有丝毫的恻隐之心。政府口中涎沫未干，通货膨胀即已成为压顶之势。此后政府的保证声渐渐不闻，而物价的上涨依然不肯止息。夏季以后的宏观调控和整顿金融，在不少地方立竿见影，令人们大松一口气，唯物价问题，说起来底气不足。第三季度结束的时候，已经高至 12%。第四季度还是呈逐月增高之态势。总计全年，按照政府的公布，为 10%左右。

这是全社会零售物价上涨的平均计算。事实上，寻常百姓对于物价上涨的感受，还要更加强烈，这是有道理的。因为，他们每天开门即需的衣食住行，多为物价上涨的主要商品。统计学上为了表明这种情形，提出一个概念，叫作“居民生活费用价格”，其上涨则又更胜一筹。

1994 年春天中国的物价情势，令人感觉到几分 1988 年秋冬时节的气息。那一年的通胀率为 18%。“通货膨胀”这东西，第一次从政治经济学的教科书上走下来，成为中国人的实际感受。后来举国上下一起高喊治理整顿，也是因为这个感受实在令人难以容忍。

1994 年春天开始的时候，我们虽然还不能说中国陷进了通货膨胀的泥潭，但是，自 1988 年以来，通货膨胀业已卷土重来，再一次进入高峰，也是事实。只不过，老百姓此时之心态，已较彼时更坚强，骂街归骂街，并没有再去挤兑银行、抢购商店，暂时亦未生成风卷残云之势。

话虽如此，我们的一颗心却仍然提在嗓子眼里，不敢放下。这是因为，老百姓的意志，虽然可以由过去“坚强”到现在，却不能担保也能由现在“坚强”到将来，会不会在哪一天忽然绷不住劲，重新卷起 1988 年那样的风暴？

1994 年开始的时候，政府方面又提出了新的保证。其中以国内贸易部的部长张皓若在电视上说的最为明确。他说政府在 1994 年将力争把通货膨胀率压在 10%以下。可是，1993 年的事实已经证明，当改革还没有进一步推进的时候，通货膨胀这东西要么是压不下去，要么是压下去了又会卷土重来。

现在要问的是，1994 年物价的前途究竟如何?

政府已经保证施以控制的手段不使物价上涨太多，老百姓则已明白这样的保证多半又是一张空头支票，他们要问的是物价在最近的将来到底会涨到何种程度。当然这后一个问题也是政府在私下千方百计想要弄明白的一件事。因为这关系着今后一个时期中国经济的局面，甚至可能牵涉政治的归趋。

如前所述，这个问题，迄今为止官方最为直接的表述，出自张皓若之口，他说是要在 1994 年里将物价上涨的幅度控制在 10%以内。这大致也是政府在私下所做的约定。民间各方面的估计则有较大出入。大体认为，全年的物价上涨最低不会少于 10%，最高则不会超过 15%。

如若未来能够仿照今天的情势延续下去而无大的变化，则通货膨胀的实际结果超过上面各种估计的最高限，并不奇怪。如果最后政府的统计公报没有这么多，那就一定是发生了下面两种情况中的一个：

——由于统计方面的原因而使纸面数字不能说明实际情形，此种事情近年来多有发生，只是世人不能深悉；

——物价涨幅已经超过最高限额太多而令老百姓不能忍受，政府采取了严重的中途刹车之步骤，这也就是 20 世纪 80 年代末期经济形势的再现。

统计数字之所以不能准确说明实际物价，严格地说，并非政府有意欺骗老百姓，而是来自一些制度方面的缘由。举大体不论细节，这些缘由有二。

一是国家用以统计根据的商品价格乃是事先指定，而实际的价格却有可能完全是另外一回事。比如粮食中的精面粉一项，政府施以最高限价，大致每千克不超过一元六角，其价格的统计亦以此为准，可是粮食商却可以将面粉制成馒头售出，将实际的价格再行提高至一元九角。又比如北京市里自行车的存放，政府定价为每次五分，实际上几乎全部存车的地方都收费一角甚至两角，实际高出规定数额 100%~300%，物价的统计却只是依照政府的定价，而不问实际情形如何。如果有人提出异议，他们就会振振有词地说，那是乱涨价。可是如今市场上又有多少东西是老老实实地按照政府的控制买卖呢?

二是以数字的平均法来代替差异。众所周知，社会的价格总水平乃是将全部商品综合而计。这些商品大致包括四个方面：生产资料，例如钢材、水泥、木材之类；生活资料，例如衣食住行；服务，例如通信、娱乐之类；非生产资料亦非生活资料的部分，比如办公用品之类。

以 1993 年的情形来论，物价的上涨，以衣食方面最高，服务费用次之，生产资料再次之，而办公用品之类的价格上涨最次。换一句话来说明这种情况，就是离老百姓生活越近的商品，涨价越多。所以政府公布之“居民生活费用”的上涨，总是高于社会商品价格的平均水平。但是即令有了这个区别，仍然可能发生偏差。

老百姓的生活消费，有耐用品和不耐用品之分。现在的情况大致为，越不耐用而又经常要用的东西，涨价越多。比如一户人家去年买了一台彩色电视机，今年大约不会再买，电视机涨价幅度虽小，却已经与这家人没有关联，可是他们去年吃了若干米面肉鱼蛋奶蔬菜水果，今年尽管这些东西涨价很多，却又不能不吃。

由于上面两个原因，所以我们可以肯定，在所有的消费者中，总有一部分人，实际承担的通货膨胀会超过政府公报的统计；另一部分人的负担则相对会小一些。同时我们更可以肯定，前者一定是老百姓。懂得了这个道理，我们就会对政府的统计抱以比较淡泊的心情，而将注意力转向实际的物价。实际的物价，又将是怎样的结果呢？

人人都知道，1994 年的价格改革将会有进一步的推进，时间大约在春夏之间，其时，煤炭等大宗商品将放开价格。加上年初开始实行的新的税制、人民币与外汇汇率的并轨，以及消费者之“买涨不买落”的心理状态，不少人就认为，这些都会成为推动 1994 年物价上涨的原因。

应当说，这种说法有相当的道理，但却多少有一点舍本逐末。通货膨胀的源头，说到底是由于货币的发行数量超过了应有的限度，超过越多则膨胀越多。这是规律，没有什么人可以有力量扭转。所以，我们看前年出笼了多少钞票，就大致可知去年物价的情势；再看去年发行了多少钞票，就可以知道今年物价将会如何。

1993 年钞票发出来多少呢？已有消息说，这数字大约要比前一年多出 40%左右。又有国民生产总值在这一年的增长为 13%。这就意味着，如今市场上活动着的钞票要比活动着的商品多出 20%~30%。当然我们还不能据此认定通货膨胀率一定会升到这个幅度，只可用此作为对未来情势估计时的参考。

案例来源：凌志军. 沉浮：中国经济改革备忘录（1989—1997）［M］. 北京：人民日报出版社，2011.

思考题

1. 通货膨胀和经济增长的关系如何？其关系由何种因素决定？
2. 治理通货膨胀可采取哪些经济政策？

案例 2 使用指南

第一步：目标设定参考。本案例可以配合本章教学及高鸿业主编《西方经济学（宏观部分·第六版）》的第十六章教学及学习使用，同时，应该对宏观经济学中的失业和通货膨胀的各流派观点有所了解，通过对案例的学习，掌握通货膨胀的相关内容。

第二步：背景介绍。西方经济学对失业问题的研究大体上可分为古典经济学的失业理论、凯恩斯主义失业理论、新古典经济学失业理论和发展经济学失业理论等。对这些失业理论产生的背景及其假设稍作对比不难发现，这些失业理论主要针对市场经济发展到一定阶段的失业特点而提出，各有其较强的针对性但都缺乏普遍性基础。因为失业问题是随着专业化分工的演进和在此基础上产生的市场经济中的一种普遍现象，在专业化分工不发达的传统社会和取消了市场作用的计划经济中都不存在大规模失业问题。因此，在专业化分工的演进和市场经济发展的互动机制上去求解具有普遍性基础的失业理论。

第三步：理论学习。通货膨胀一般是指商品和劳务价格水平的普遍、持续上升。从世界范围来看，通货膨胀和经济增长的关系有两种：正向关系和反向关系。当然，从经济发展角度分析，理想的状态是无通货膨胀的经济增长，但这一点几乎是不可能做到的。从资源配置的角度看，经济的持续增长取决于社会上是否有充足的资源可供配置，例如原材料和能源等，如果资源出现短缺，产生供给不足，势必引起资源价格的上涨。那么，经济增长就会伴随着通货膨胀，反之亦然。

当一个经济中的大多数商品和劳务的价格连续在一段时间普遍上涨时，宏观经济学就称整个经济经历着通货膨胀。通货膨胀的程度通常用通货膨胀率来衡量。通货膨胀率被定义为从一个时期到另一个时期价格水平变动的百分比。防止通货膨胀可采取以下几种政策：①紧缩性财政政策：紧缩性财政政策是宏观财政政策的类型之一，是指通过增加财政收入或减少财政支出以抑制社会总需求增长的政策。由于增收减支的结果集中表现为财政结余，因此，紧缩性财政政策也称盈余性财政政策。通过紧缩财政支出、增加税收，谋求预算平衡，减少财政赤字来减少总需求，降低物价水平。②紧缩性货币政策：紧缩性的货币政策是指通过削减货币供应的增长率来降低总需求水平，在这种政策下，取得信贷较为困难，利息率也随之提高。因此，在通货膨胀较严重时，采用紧缩性的货币政策较合适。通过减少流通中的货币供应量来减少总需求，降低物价水平，抑制通货膨胀。可以通过中央银行的货币政策工具来实施。例如，出售政府债券、提高贴现率和再贴现率、提高商业银行法定存款准备金率。③紧缩性收入政策：紧缩性收入政策是指政府为了降低物价水平上涨的幅度，采取强制性或非强制性的限制工资和价格政策，目的在于控制工资的增长来控制收入和产品成本的增加，进而控制物价水平。紧缩性的收入政策措施通常是发生成本推动型通货膨胀时采用。④价格政策：通过一定的手段限制价格垄断，来避免抬高物价。⑤供给政策：通过降低税率，刺激储蓄和投资，从而增加商品和服务，消除总需求与总供给的缺口。

第四步：讨论思考题目。可以选择根据思考题分组讨论，每组学生轮流发言，组内相互补充发言，各组学生代表相互点评。

第五步：学习总结或教师点评。教师对案例中的主要观点进行梳理、归纳和点评，简述本案例的基础理论，再运用基础理论对案例反映的问题进行深入分析。

案例 3　倒闭阴霾笼罩珠三角　农民工失业潮或引社会动荡

金融海啸与民工失业潮

10 月 21 日，东莞樟木头镇宝山工业区的合俊玩具厂外，俨然是一个小型招聘会现场：道路两旁、报摊、小食店门前都被厂家的招聘摊位所占据，多辆小巴停靠在大道旁，车身上贴着“立即参观厂房”的标语，还有不少抢不到摊位的工厂正在到处派发招聘传单——他们的目标是合俊集团破产后面临失业的 7 000 多名员工。

10 月 16 日，樟木头最大的玩具代工厂商合俊集团向其总部所在地香港特别行政区高等法院提出自行清盘的呈请，同时，其分别设在樟木头和清远佛冈的三家工厂亦告停产，其中樟木头的合俊和俊领两家工厂失业员工共 7 000 多人，佛冈厂的失业员工也有 1 700 多人。

围绕在合俊外面的工厂的招聘已经展开了几天，但前些天却鲜少有人下定决心应聘，因为对这几千名工人来说，比失业更重要的是被拖欠了三个月的工资及加班费，不少工人已陷入身无分文的境地。

面对愤而聚集示威的7 000多名员工，为防止事态进一步恶化，樟木头政府决定紧急垫付薪酬，安抚工人的情绪。至记者前往现场当天，镇政府已向全部工人垫付了8、9、10三个月的工资及加班费，此前一直疑虑不安的工人们终于平静下来，并开始寻找新工作。

上午，一批又一批的工人坐上清溪、大朗等地的工厂小巴离去，到了午后，聚集在厂外的工人数量已经见少。但仍有部分工人对大堆招聘传单视若无睹，神色彷徨。

合俊事件虽暂时平息下去，珠三角制造企业倒闭潮带来的劳动力过剩危机却只初露端倪。

产业转移下的动荡生存

樟木头的出租车司机都知道合俊，开往宝山工业区的路上，司机介绍："今年以来樟木头倒闭的工厂不少，合俊旁边这家台湾工厂就是前两个月倒闭的，遣散了上千员工；清溪更是几乎每个月都有工厂倒闭，工人讨不到欠薪就阻断公路示威，每次都能让樟木头往清溪的公路堵上几个小时……"

而走在东莞虎门或者大朗镇工业区附近的街上，会看到许多随着工厂倒闭和工人离去而空置的厂房，以及失去消费群体而倒闭的店铺，每一扇紧闭的铁闸上都挂着招租的广告牌，然而行色匆匆的路人根本不会往那些招租热线看上一眼。

转移、倒闭的影子笼罩在珠三角上空已非一朝一夕。作为樟木头最大的玩具厂商，合俊的破产并不是珠三角制造企业倒闭危机的序幕，更不是终曲。但它因为规模之大，受影响人数之众而广受外界关注，从而把珠三角企业倒闭潮背后的弱势群体——农民工的命运摆在了公众面前。

"工厂倒闭、农民工失业等问题，不是产生于金融海啸时期，而是从珠三角拟定产业转移思路时就开始显现了。金融海啸不过是在短期内加剧了这一矛盾而已。"广东省社会科学院社会学与人口学研究所所长郑梓桢表示。

在珠三角的产业转移过程中，大批实力相对较弱的劳动密集型企业倒闭，或者上百家企业成批地被转移出东莞、深圳等地，与之相对应的就是大量农民工失去了原来的就业机会，辗转于这些动辄倒闭、搬迁的企业。

只不过，曾经一段时间，农民工的这些不安淹没在铺天盖地的"民工荒"论调之中。

而实际上，在产业转移升级的"阵痛"中，企业难招工是事实，大量农民工在珠三角打拼的过程中失去了生活的稳定感与安全感也是事实。

在合俊的厂房外，一名小伙子向一家玩具厂的招聘人员咨询："你们厂的规模有多大？订单稳定吗？"虽然得到对方的热情回应，他还是犹豫着走开了。这家厂的基本工资和加班费都跟合俊差不多，条件算是不错，但他有点心悚："一年前从家乡出来，到深圳做了两个月，工厂就倒闭了，只拿到60%的工资。后来去虎门做了一段时间，老板要把厂搬去江西，我不想去，就通过亲戚介绍到合俊来。想着这么大的厂总不会出事吧，结果做了三个月又倒了。现在不太敢进工厂，怕做不了几个月又失业，还不一定拿得到工资。”

一边是用人单位在拼命拉人头，另一边几位打工妹则商量着买车票回家的事：“最近倒闭的厂太多，没有安全感。先回老家过年，春节后看看情况再来。”

金融危机引发倒闭潮

合俊事件刚发生时，广东省玩具协会常务副会长李卓明曾向媒体表示，合俊集团的倒闭只是个别事例，是因为其企业经营的内因出了问题，而并非行业经营情况出现严重恶化。

这一说法在某种程度上得到了樟木头镇副镇长徐鸿飞的证实：“合俊的老板前年进行多元化发展，搞采矿业，结果一直拿不到许可证。矿产的投资一分钱还没有收回来，又碰上了这两年的政策影响以及金融危机，最终逃不过倒闭的命运。”

然而，多元化也好，水灾也好，压垮骆驼的最后一根稻草依然是金融危机。

无独有偶，在合俊宣布破产的第二天即10月17日，另一家香港玩具企业百灵达也宣布关闭了宝安的工厂，1 700多名工人被欠薪，厂区一度出现骚乱。

事实上，不管是“合俊”“百灵达”还是其他代工企业，都同样面临着出口退税政策变化、《劳动合同法》实施、人民币升值及金融风暴等多重困境，两家工厂的境遇不过是珠三角众多出口加工制造企业的一个缩影。

就以处在风口浪尖的玩具行业为例：珠三角的玩具企业大多以OEM（原厂委托制造或贴牌生产）为主，自有品牌非常少，而且多数依赖出口欧美及日本。合俊在樟木头两家工厂的产品有70%以上销往美国，包括为全球最大的玩具商美泰公司提供OEM业务。

而受近期金融危机影响最为严重的，恰恰就是美国、欧洲和日本。海关数据表明，今年来中国对美、欧和日本的出口同比增长都出现了不同程度的下滑，其中，今年4月以来，中国对欧洲的出口累计同比增长已连续5个月下滑，从年初的33.4%降至25.6%。

如果说此前在产业转移压力下，珠三角体现的是没有实力的小型企业纷纷倒闭的洗牌效应，那么合俊的倒闭，则开始显现出另一个趋势——大型代工企业也开始熬不过这个寒冬了，正如徐鸿飞所说：“在目前的经济形势下，纯代工企业的规模越大，风险往往也越大。”

就在合俊和百灵达倒闭后的这一周，龙岗港声电子厂、宝安宜进利工厂、坪山创亿玩具深圳有限公司、西丽西洋服装厂等都纷纷传出倒闭的消息。

“合俊”式多米诺骨牌

大型制造企业的倒闭，所产生的意义与连锁效应，与小企业无声无息的消失不可同日而语。合俊集团与其背后的供货商、物流商之间的联系，如同一副息息相关的多米诺骨牌，合俊一倒，后面又会有无数的小厂随之倒下。

供应商是合俊事件的另一个直接受害群体，他们被合俊拖欠的货款少则几万，多则上千万。玩具企业的上游供应商规模一般不大，抗风险能力也相对弱很多，数百万甚至上千万的损失对他们来说无疑是灭顶之灾。

“供货商也很惨，工厂欠了他们的钱，他们也只能欠自家工人的工资了。”有合俊员工回忆道，“前几天见到不少供货商当场哭起来。据说工厂欠了800多家供货商的钱。”

在宝安的百灵达厂区，供货商与工人间的冲突则更为激烈，工厂关闭后，闻风而来的供应商想冲进厂房搬取固定资产抵债，却被工人堵在门外，甚至发生肢体冲突。

大企业倒闭背后，有多少供货商会因为资金断裂而不得不步破产逃逸的后尘，不得而知，但可以肯定的是，他们一旦破产，最后又将有一批工人面临欠薪、失业的困境。

记者在百灵达厂外偶遇一位供应商，他声称早已知道厂区已被法院查封，24小时都有保安守着，不得进内，“但就是不甘心，过来看一下”。他已经做了最坏的打算，百灵达即使破产清算，变现的资产也未必够付工人工资，供应商多半是血本无归。假如真到了那一步，也只能带着老婆孩子一走了之了——“对不起工人也没办法，自身难保。”

当我们发现金融海啸打乱了珠三角产业升级的步伐时，珠三角企业的倒闭和裁员浪潮才刚刚拉开序幕。可以预见，危机持续蔓延下去，农民工大军带来的不仅是失业和滞留的问题，追讨欠薪、游行示威等行为的扩大化，也难免埋下社会隐患。

政府可以做什么

“这就是考验政府调控手段的时候了。”郑梓桢认为，合俊事件，虽然表面上处理完满，但却暴露了政府在农民工劳动保障问题上的预警和应急机制还存在着很大问题。

合俊集团2008年的中期财报公布早已显示，上半年集团亏损高达2.0561亿港元，总负债高达5.323亿港元。而樟木头镇宣教办公室主任蔡建彬及副镇长徐鸿飞都亲口向记者承认“几个月前就通过税收、出口量等的变动发现合俊出了问题，也曾前往调查了解情况”。

然而，拖欠了工人三个月工资的合俊高层仍然在一夜之间走得无影无踪，留下一个烂摊子让政府和纳税人“埋单”。

“没料到高层会一夜之间集体逃跑”的说法显然难以服众。徐鸿飞曾向媒体表示政府面对合俊问题的无奈：“政府虽然发现公司有问题，但没有充足的证据也不能去抓人，况且抓人要走司法程序。”

然而，广东早就有为保障农民工权益而制定的农民工工资保证金提取制度，只是各地政府部门一直没有执行，执行的细则也不明晰。其实，发现企业可能出问题，只需依法要求其提供员工工资保证金，就能未雨绸缪，预先保障农民工的权益。在合俊和百灵达事件里，政府100%垫付员工工资，充其量只能作为个别案例的应急措施，绝不能成为常规。

据悉，合俊倒闭事件发生后，东莞市拟成立工资垫付保障基金，以分担企业欠薪逃匿工人工资垫付的风险。而深圳宝安区则设立了总额为一亿元的欠薪应急保证金，同时建立劳动纠纷预警机制，对亏损的规模以上企业实施监控。

如果这一机制在整个珠三角真正顺利推动起来，起码能在失业潮大规模爆发前预先杜绝因薪酬纠纷而可能发生的种种社会动荡。

结构性失业

那么，在全球金融危机的波及下，珠三角企业倒闭潮会否促使我国告别劳动力短缺的“民工荒”时代，进入以农民工“失业潮”为标志的劳动力过剩时代？

据香港工业协会预计，这一波的经济不景气中，光是珠三角就将有250万人失业。无疑，这些失业人员大多数将是技术水平较低的劳动密集型行业的普工。

“过去的‘民工荒’本质其实也不是劳动力短缺，而是部分企业过分压榨劳动者，劳动报酬远低于劳动价值，这些企业就应该招不到工人，是应该被淘汰的。中国人口的真正问题是劳动力过剩问题。”郑梓桢说，“从来没有‘民工荒’，只有‘教育荒’‘法律荒’。”

如果把劳动力市场分为高级专业劳动力市场、熟练技术劳动力市场和初级劳动力市场三类，那么前两类劳动力市场在我国一直处于供不应求的状况，第三类即普工则将会出现供过于求。而农村转移到城市的劳动力恰恰大部分都属于第三类。

在两家倒闭的工厂外面，记者看到的大多是二十来岁的年轻工人，有的看上去甚至只有十几岁。这些80后的外来打工仔、打工妹被冠以“新生代农民工”的称谓。

“高中读了一年，家里经济不好，干脆就出来打工了。”一位广西妹子羞涩地笑着说。跟她一起出来打工的同村伙伴有十几个，很多都不到20岁，都是早早就辍了学。“父母说上学花钱多，读完高中考不上大学没有用，考上了又没钱读，现在很多大学生一样失业呢，还不如早点出来挣钱。”

辍学打工—挣钱结婚—带孩子打工——这成了农民工家庭的一个怪圈。“我们的孩子，最后很可能也是重复着这条路。”已育有两个孩子的领班阿昌有点无奈，“不是不想让孩子读书，但农民工的孩子进不了城市的公立学校，民办学校又经常被关闭，更重要的是也交不起这些高价学校的学费，只好把一对儿女留在老家”。父母不在身边，加上农村教育条件相对落后，这些留守儿童能够通过教育摆脱传统命运者少之又少，最后多半还是“追随”父辈早早辍学打工。

而与此相对的是，在内外交困的经济大环境下，以往大量雇用低水平劳动力的制造企业要么转移、倒闭，要么就只能瘦身过冬，或者狠下心来进行脱胎换骨的产业升级。

徐鸿飞对去年樟木头镇南大针织有限公司的产业升级进程非常满意。该公司本来有1 800名工人，是典型的低技术劳动密集型企业，在镇政府的引导和推动下，2007年南大针织投入了5 000万元进行设备升级，不但产值增加一倍，而且工厂里的1 800多名普工也缩减为400多名技术工人。

显然，无论企业选择哪条道路，教育水平和技能较低的普工都将是首先被挤出产业升级进程的对象。在劳动力过剩的大背景下，未来更严峻的可能是结构性失业问题。

分化

然而，产业升级的步伐不可能因为“阵痛”而停下来，即便经济继续快速发展，剩余劳动力的转移问题依然会长期困扰着社会，农民工大军亦只能顺应形势，走向分化。

“我在百灵达已经工作了12年。”阿森是百灵达的一位老员工，在工厂干了12年，他不了解外面的就业形势已经发生了巨大转变，唯一担心的是以自己渐长的年龄还能不能迅速在珠三角找到新工作。有人劝他回家乡，他向广西玉林的老家了解了一下情况，“玉林普工的基本工资一般是700，只比宝安少200左右。但是那边的经济前景没有那么好，工厂也不多，容纳不了那么多工人，回去说不定比留在这里找工作更困难。回家如果不打工，也不知道干什么好，家里早就没有地了。”——一边是双转移，一边是金融危机，还有一边则是土地改革，处在三岔口上的农民工感到无所适从。

“出路之一是通过培训进行技能升级。”郑梓桢认为，这是目前调整结构性失业最可行的途径。

早在2006年，广东省劳动保障部门就已经在全省组织实施了“广东省农民工技能提升培训计划”与“广东省百万农村青年技能培训工程”：“农民工培训计划”的主要对象是已在本省城镇务工的农民工（含城镇户籍外来劳动力）；“百万工程”的主要对象是未向非农产业转移就业的本省农村富余劳动力、新生劳动力和农村退役士兵。

“广东省对农民工的技能培训投入相当巨大，如果农民工有相应的意识，应该能从中取得不错的效果。”但无可厚非的是，对于本省农村青年及外来务工人员，政策的侧重还是有所差异。

显然，劳动力过剩的压力不可能全部由珠三角城市消化，劳动力输出大省也应该有所作为。“出路之二是顺应产业转移趋势，从珠三角发达地区流向欠发达地区的新兴厂区；出路之三是促进剩余劳动力向现代化新农村的回流。”

不过，大多数农民工依然缺乏危机意识。21日黄昏，再度绕回合俊厂区，剩下的人已经不多。清溪一家工厂的招聘人员正准备离开，她对当天的收获很满意：“一共招了几百人。他们对薪酬要求都不算特别高，待遇差不多就可以了。”

“对工作的稳定性是有点担心，但还不至于找不到工作吧。很多工厂对普工要求不高，没有经验顶多少拿100元工资。”这是年轻失业工人们的普遍心态，“进修？免费的也没那个时间和精力啊，我们每天都加班到八九点，还是多赚点工钱实际。”他们不知道在暴风雨来临前的平静背后，已是暗流汹涌。

案例来源：http://news.163.com/08/1109/10/4QA4F83M0001124J.html.

思考题

根据材料，概括我国出现农民工失业的原因。

案例3使用指南

第一步：目标设定参考。本案例可以配合本章教学及高鸿业主编《西方经济学（宏观部分·第六版）》的第十六章教学及学习使用。学生应通过对此案例的学习，掌握失业理论中关于失业的原因以及失业的影响部分内容。

第二步：背景介绍。西方经济学对失业问题的研究大体上可分为古典经济学的失业理论、凯恩斯主义失业理论、新古典经济学失业理论和发展经济学失业理论等。对这些失业理论产生的背景及其假设稍作对比不难发现，这些失业理论主要针对市场经济发展到一定阶段的失业特点而提出，各有其较强的针对性，但都缺乏普遍性基础。

因为失业问题是随着专业化分工的演进和在此基础上产生的市场经济中的一种普遍现象，在专业化分工不发达的传统社会和取消了市场作用的计划经济中都不存在大规模失业问题。因此，我们应在专业化分工的演进和市场经济发展的互动机制上去求解具有普遍性基础的失业理论。

第三步：理论学习。宏观经济学认为，经济社会在任何时期总存在一定比例的失业人口。失业现象从表面上看是过多的劳动力去追逐过少的工作岗位，但西方学者使用微观经济学的供给-需求分析框架对不同类型的失业做出解释。把失业分为三种类型，即摩擦性失业、结构性失业和周期性失业。结构性失业是指劳动力的供给和需求不匹配所造成的失业。其特点是既有失业，又有职位空缺，失业者或者没有合适的技能，或者居住地点不当，因此无法填补现有的职位空缺。这部分理论学习中，应掌握工资刚性的含义。工资刚性即工资不能调整到使劳动市场的供给等于需求从而消除失业的水平。在工资刚性的情况下，工人失业并不是因为他们积极寻找最适合于他们个人技能的工作，而是因为愿意工作的人数与可以得到工作的人数之间存在根本性的不匹配。在现行工资水平下，劳动供给量超过劳动需求量，所以许多工人只是在等待招工。工资刚性的原因有三个：最低工资法、效率工资和工会的垄断力量。本案例中，我国农民工失业即属于结构性失业。经济危机出现以后，伴随着工厂倒闭、工人失业，大部分农民工失去了工作，面临重新找工作的需要。但是由于岗位需求少，造成农民工劳动力的供给多需求少而形成失业。

第四步：讨论思考题目。可以选择根据思考题分组讨论，每组学生轮流发言，组内相互补充发言，各组学生代表相互点评。

第五步：学习总结或教师点评。教师对案例中的主要观点进行梳理、归纳和点评，简述本案例的基础理论，再运用基础理论对案例反映的问题进行深入分析。

案例 4　失业大学生为何有业不就？

据专业数据机构麦可思公司最新发布的《2012 年中国大学生就业报告》显示，在 2011 年毕业的大学生里，有将近 57 万人处于失业状态，而其中有 10 多万人选择“啃老”；即使工作一年的人，对工作的满意率也只有 47%。

数据显示，2012 年，我国高校毕业生达到 680 万人，再加上往年没就业的，以及进城务工的农民和退伍复员的军人，估计需要 1 300 万以上的新增岗位才能基本满足需求。但目前每年新增的岗位距离这样的需求还很远。

与之相悖的是，一份关于“用工荒”的调查报告——《2011 年中国企业家生存环境指数研究》调查结果表明：仅有 29.4% 的民营企业家认为引进人才比较容易，超过一半（51.9%）受访企业预计在未来 1~2 年会遭遇“用工荒”。

一、失业大学生为何填补不上用工缺口？

（一）“用工荒”单位多为劳动密集型企业，缺的是廉价劳动力，大学生“低不就”

从改革开放至今，我国劳动密集型产业的劳动主体都是农村劳动力，但随着农村劳动力的数量逐年下降，经济规模和企业数量却在不断增大，因此，企业缺工实际上最缺乏的是廉价劳动力。这些工人的工作大多为流水作业，没有什么技术含量，与之相对应的薪金待遇也不高。但就算企业再招不到人，也不会招大学生去做一线操作工，因为企业知道他们根本留不住人，也开不出与大学生学历相对应的工资。

也许，叫失业的大学毕业生跑到工厂当一线工人并不现实，但至少说明，假如大学毕业生愿意，找一份工作并不是特别难的事。“态度决定一切”，大学生就业是否顺利，关键在于能否将就业期望值适度调低。

（二）技术性人才缺乏，折射出大学课程与社会不接口

据报告显示，本科就业红牌警告的专业有：动画、法学、生物技术、英语、国际经济与贸易等。我们可以看到，在这些红牌专业中，有一些是前几年的热门专业。而相对的，地质工程、港口航道与海岸工程、船舶与海洋工程这些前几年比较冷僻的专业现在成为就业率最高的专业。以法学为例，全国至少有400多所高校设立了法学专业。可想而知，每年将有多少法律专业的学生面临就业难的问题。这不但是人才的浪费，也是对教育资源的浪费。

大学教育与社会需求脱节是一个不可忽视的问题。大班上课，不讲究个性化培养；传统教学，不能与社会变化接轨；只重知识，忽略通用技能培训；缺乏实践，永远都在纸上谈兵。这些都导致大学生进入工作岗位后适应能力不足，与职业要求存在巨大差距。这也是“企业求贤难，大学生求职难”局面产生的原因之一。社会上需要更多的实用型技术人才，一味地低头培养研究型人才已经不能适应社会，只能加剧大学生就业难。

（三）追求铁饭碗，折射出对社会保障的焦虑

10月中旬，哈尔滨市招聘457个清洁工引来1万多人报名，其中近3 000人拥有本科学历，25人拥有统招硕士研究生学历。“事业编制”，是此次招聘最大的亮点。同样，2013年“国考”报名再次出现“井喷”，报名人数接近200万人。

很多大学生追求铁饭碗，将福利和保障作为一个标准。大学生在挑选工作时，追求稳定的心理是普遍的。比如垄断单位、公务员、外企、大型民企等，这种就业排序反映的是社会现实格局：资源以某种方式向垄断国企、公务员或外企集中。现在，大学生对铁饭碗趋之若鹜，主要看重的是规范的劳动关系及诱人的养老、医疗保障。倘若一个大学生到民营企业就业，无论是工作压力还是社会保障，都会有天壤之别。前段时间，关于“月薪多少会让你在相应的城市生活不惶恐”的调查，其实正好反映了包括都市白领在内的普通工薪阶层生存焦虑和“惶恐情绪”的表达。面对众多的岗位，不少大学生正是抱着追求铁饭碗的心理和对生存的“惶恐情绪”，始终找不到合适的工作。

（四）优秀职位往往存在不正当竞争

近年来，中国各地不断出现“萝卜招聘”的现象。工作很难找，好工作更难找。这种不正当竞争的存在，让获得本来就稀缺的优秀职位难上加难。“社会竞争中产生不公平感，导致相对被剥夺感强烈”是公众普遍出现弱势心态的一个重要原因。越来越多的人感到，机会的不均等让日益分化的社会阶层之间的差异进一步固化。一个阶层固化的社会，社会成员失去了公正、公平竞争的机会，那样的社会注定会丧失活力，

更糟糕的是那样的社会也注定会没有梦想、没有希望。

二、解决大学生就业难必须多管齐下

（一）根本是靠发展经济，扩大内需

缓解大学生就业压力，首要的也是最根本的，是要靠经济的发展。因为，只有经济发展了，规模扩大了，对劳动力的需求增长了，才能创造更多的就业机会，提供更多的就业岗位。如何刺激经济发展？国家要通过制定出台一系列优惠政策，鼓励消费增长，扩大国内需求，鼓励科技创新，鼓励小额贷款，支持小微企业，支持自主创业，刺激促进经济发展。

（二）学校重视人才培养，大学生摆正位置

一方面，学校要确立面向社会、面向市场的办学方针，根据社会经济发展和人才需求状况，不断调整优化专业结构，修订完善人才培养方案，为社会培养适销对路的人才。另一方面，大学生要有正确的就业择业观。先就业后择业，升学业缓就业，变就业为创业。要善于根据自身实际条件确立比较合理的就业期望值，不可好高骛远。

（三）健全社会保障体制，建立公平有序的竞争环境

就长远而言，政府必须要为大学生参与就业市场的公平竞争创造良好的社会环境与制度安排，这是对大学生就业的最大支持与最好保护。如果能确立这一政策并落实到具体的实践中，受益的将不仅仅是大学生，而是所有的劳动者。

建立公平竞争的就业环境，最根本的是要改进社会保障制度，打破资源向垄断企业、公务员集中的倾向，做到兼顾公平。尽快推进基本养老保险制度全国统筹，不仅是实现劳动者自由流动并有利于大学生公平就业的政策取向，也是扩大覆盖面的前提条件。实际上，建立健全的社保体制是一箭多雕的。它是实现国民共享发展成果的基本途径，不仅给国民以安全感，同时还能刺激消费、促进经济增长模式转型。

解决大学生的就业难问题，不仅仅需要大学生摆正自身的位置，更需要在制度上为其提供公平的就业环境。

案例来源：http://news.sina.com.cn/z/shyedxs/.

思考题

根据材料，概括我国出现大学生失业的原因。

案例4使用指南

第一步：目标设定参考。本案例可以配合本章教学及高鸿业主编《西方经济学（宏观部分·第六版）》的第十六章教学及学习使用。学生应通过对此案例的学习，掌握结构性失业的原因及相关内容。

第二步：背景介绍。几年前，在人才市场热门专业的驱动下，许多高校盲目争开热门专业，造成部分学科专业规模猛增，使得这些学科发展过快，远远超出了人才市场的吸纳能力。而相对冷门的一些专业却被忽视和搁置，出现了专业人才分配不均的情况。随着社会和市场经济多样性的发展，市场对人才需求的两极分化越来越明显。与一些“挤破头”的工作岗位形成鲜明对比的是，企业需求的信息技术、软件设计等

岗位的人才奇缺。这些因素造成了大学生“结构性”失业。大学生的知识结构、专业技能、工作经验、就业观念等与我国市场经济的发展和区域经济结构的调整不匹配而出现的职位空缺与失业并存的结构性失业，已成为当前大学生失业的主要表现形式。

第三步：理论学习。前面已经提及，由于结构性失业是现有劳动力的知识、技能、观念、区域分布等不适应经济结构（包括产业结构、产品结构、地区结构等）发生的变化而引发的与市场需求不匹配导致的失业。在现实中，由于工人没有合适的技能胜任工作，以及求职者和空缺职位之间的信息不完全对称，都造成找一份适合的工作需要时间和努力。从这一点上说，结构性失业是难以避免的。另外，现实中，消费者的产品需求不断变化，这导致各类企业对劳动力的需求也不断改变。例如，个人电脑的发明减少了对打字机的需求和对打字机的劳动力的需求。类似地，由于不同地区生产不同产品，可能一国某个地方的劳动力需求在增加而另一个地方的劳动力需求在下降。在劳动力市场上，企业和求职者都在搜寻，但两者的搜寻目标不相同。求职者想得到体面且高薪的工作，企业则想寻找能够胜任特定工作并且索要的工资水平合理的员工，双方从搜寻到工作匹配需要一段时间。同时，自愿或被迫离开工作岗位的人在找到新工作之前，都会经历一段失业的时间。本案例中，大学生在缺乏技能的同时想要获取高薪工作而不断择业，构成了大学生失业的主要原因。

第四步：讨论思考题目。可以选择根据思考题分组讨论，每组学生轮流发言，组内相互补充发言，各组学生代表相互点评。

第五步：学习总结或教师点评。教师对案例中的主要观点进行梳理、归纳和点评，简述本案例的基础理论，再运用基础理论对案例反映的问题进行深入分析。

第六章 宏观经济政策

【案例导入】

案例导入一：积极财政政策全面护航稳增长

今年以来，国内外经济形势错综复杂，我国经济增长新动力不足与旧动力减弱的结构性矛盾依然突出，经济下行压力较大。在这种形势下，积极财政政策通过增加支出、加快支出进度保障重点领域投入，通过推动结构调整培育新增长点，通过优化支出结构保障百姓享受稳增长带来的红利。数据显示，随着积极财政政策的有效落实，经济运行基本平稳，GDP 增速连续 2 个季度保持 7%，与预期目标相符，同时结构调整步伐加快，经济发展的活力动力进一步增强。

加快预算执行　提供财力支撑

“中国将继续实施积极的财政政策。预计全年中央财政支出增速在 10%左右，高于年初预算财政收入 7%左右的增速。”财政部部长楼继伟在日前召开的 G20（20 国集团）财长和央行行长会议上表示。

这种财政支出的较快增长，体现在财政资金拨付的方方面面。其中，表现较为“抢眼”的是转移支付资金拨付加快。“今年 1 至 7 月，财政部加快下达中央对地方转移支付资金，目前已下达全年预算的 95%。”财政部综合司有关负责人接受《经济日报》记者采访时表示。曾有学者形象地表述，地方每支出 1 元，4 角钱都来自转移支付，因而转移支付资金加快拨付，在当前地方财政收支矛盾加剧的情况下，对于保障基层财力、促进实现区域基本公共服务均等化发挥着重要的作用。

同时，随着拨付进度的加快，也加速了地方专项转移支付制度改革进程。以山东为例，清理、整合、规范专项转移支付项目，力求将有限资金用在“刀刃”上，如：将分布在旅游、商务等多个行业和部门，涉及服务业发展的十几项专项转移支付，跨部门整合成一个专项；将 11.1 亿元直接用于企业补助的资金，调整用于化解产能过剩等经济社会发展的急需领域和薄弱环节；等等。

如果说转移支付有助于缓解地方财政压力、保障民生等重点领域改革平稳推进，那么基础设施建设投资等则直接关乎稳增长目标的实现。

截至 8 月 31 日，中央基建投资预算已下达 96%。与此同时，在棚户区改造配套基础设施、城镇污水处理设施配套管网等重点领域，新增中央投资 505 亿元。

“积极财政政策要兼顾经济和社会两方面，而不是单纯当作扩张性经济政策使用。”财政部财科所所长刘尚希认为，这些大力度的投入，都具有较强针对性，兼顾改善民生和拉动投资、促进经济增长。数据显示，前 7 月全国财政支出 90 020 亿元，同比增长 12.1%，完成预算的 52.5%，进度同比加快 0.6 个百分点。

不少人会提出疑问，随着支出进度的加快，如何实现财政收支缺口的弥补？

一方面来自于年初预算安排的 1.62 万亿元财政赤字，赤字率约为 2.3%，比上年提高 0.2 个百分点；另一方面积极盘活存量资金，初步统计已收回中央部门及单位 131 亿元，地方收回同级各部门 2 438 亿元。“大力推进财政资金统筹，强化预算执行管理，加强库款管理，提高财政资金使用效益。”财政部综合司负责人说。

推动结构调整　培育新增长点

位于上海市张江的 TEAMBITION 公司，主营业务是提供云服务，最近一年多业务收入增长近 30 倍。这家公司的顺利起步，得益于 450 万元的风险投资，而为其注资的戈壁盈智基金，是由国家层面的引导性基金投入 5 000 万元，加上上海市政府层面投入资金，国有资金占整个基金的 40%左右，其余约 60%则来自于一些民营母基金及社会资本。

像这样用国家资金撬动社会资本，为高新初创企业营造良好成长环境的做法，逐步成为财政推动结构调整，培育新增长点的一个重要方向。今年 1 月，国务院决定设立国家新兴产业创业投资引导基金，重点支持处于起步阶段的创新型企业，孵化和培育面向未来的新兴产业；9 月 2 日国务院常务会议又决定，中央财政将通过整合资金出资 150 亿元，吸引民营和国有企业、金融机构、地方政府等共同参与，建立总规模为 600 亿元的国家中小企业发展基金，重点支持种子期、初创期成长型中小企业发展。专家表示，财政资金通过这种方式创新运用，重要意义不止在于扶持一批项目，更重要的是在国家资金运作过程中，逐步建立起完善的市场化机制、培育出一批创投团队。因而，不仅带来国家资金账面上的增值，还通过资金市场化运作，惠及越来越多的新兴产业，促进全社会聚焦创新发展，形成大众创业、万众创新的良好环境和氛围。

事实上，财政通过推进结构调整，培育的新增长点布局在各个领域当中。比如，调整完善农业补贴政策，支持耕地质量保护和粮食适度规模经营，释放农业发展活力。再如，支持节能减排和环境保护，加快推广新能源汽车，加大大气污染防治支持力度，支持京津冀、长三角、珠三角等重点区域形成环保设施和环保能力，等等。

在这些政策措施的助力之下，经济发展的活力动力不断增强，上半年新登记注册企业同比增长 19.4%，注册资金增长 43%。同时，节能降耗取得新进展，上半年单位 GDP 能耗同比下降 5.9%，降幅比一季度扩大 0.3 个百分点。

强化公共服务　保障改善民生

让有力度的财政政策更有温度，就意味着其在促进经济平稳增长的同时，强化公共服务保障和改善民生的作用。

就以看似“冷冰冰”的地方债为例，事实上大多财政资金被投到了很多“温暖”的民生领域，如农村公路建设、农村饮水安全建设、修缮老百姓的危旧房子。在今年下达第一批新增地方债债券时，财政部强调债券资金应优先用于棚户区改造等保障性安居工程建设、普通公路建设发展、城市地下管网建设改造、智慧城市建设等重大公益性项目支出。以广东省为例，在第一批新增地方政府债券中获得 203 亿元债券额度。

这203亿元该怎么花？据了解，这其中，省级重点项目将支出70亿元，包括交通基础设施建设50亿元、重点和民生水利续建工程10亿元、农村危房改造10亿元；还有133亿元用于转贷市县使用，其中安排14个欠发达地级市用于城市扩容提质建设42亿元，用于南沙、横琴新区建设14亿元，60亿元将转贷市县作为保障性安居工程和普通公路建设等重大公益性项目资金。

除此之外，随着财政体制改革的推进，财政资金支出结构在优化，向民生等重点领域倾斜，百姓享受到的政策红利越来越多。比如，新农合和城镇居民医保的补助标准从每人每年320元提高到380元。再如，基本建立起财政义务教育转移支付同农业转移人口市民化挂钩的机制；提高普通高中国家助学金标准；提高企业退休人员基本养老金标准和城乡居民基础养老金标准，机关事业单位养老保险制度改革稳步推进……

财政部综合司负责人表示，下一步将密切跟踪形势发展变化，更加精准有效地实施定向调控和相机调控，加快落实和完善积极财政政策相关措施，及时进行预调微调，加快推进有利于稳增长的改革措施，促进经济持续健康发展。

案例来源：崔文苑．积极财政政策全面护航稳增长［N］．经济日报，2015-09-08（1）．

问题：

1. 国家财政由哪两部分构成？

2. 为什么说政府转移支付是一项重要的财政政策工具？

案例导入二：中国人民银行2015年第一季度中国货币政策执行报告

2015年第一季度，中国经济保持在合理区间运行，经济增长与预期目标相符。就业形势稳定，居民收入同步增长。结构调整持续推进，第三产业比重进一步提高，新产业、新业态、新主体加快孕育，结构调整起步较早的企业、行业和地区走势较好。新的经济增长动力正在形成之中，但内生增长动力尚待增强，下行压力仍然较大，物价涨幅有所回落。第一季度国内生产总值（GDP）同比增长7.0%，居民消费价格（CPI）同比上涨1.2%。

中国人民银行按照党中央、国务院统一部署，继续实施稳健的货币政策，针对经济下行压力加大、外汇占款变化对流动性影响较大等复杂情况，更加注重松紧适度，适时适度预调微调，保持中性适度的货币金融条件，注重优化流动性和信贷的投向和结构。综合运用公开市场操作、短期流动性调节工具、中期借贷便利等多种工具组合合理调节银行体系流动性。在人民银行分支机构全面推开常备借贷便利操作，完善中央银行对中小金融机构提供正常流动性的渠道。普降金融机构存款准备金率，适当提供长期流动性。运用多种工具组合有效弥补了因外汇占款变化形成的流动性缺口。同时，下调人民币存贷款基准利率，逆回购操作利率相应有所下降。通过量价工具搭配共同引导市场利率下行，降低社会融资成本。完善差别准备金动态调整机制，对部分金融机构实施定向降准，加大再贷款、再贴现政策力度，加强信贷政策的结构引导作用，鼓励金融机构更多地将信贷资源配置到“三农”、小微企业及重大水利工程建设等重点领域和薄弱环节。同时，进一步完善个人住房信贷政策，稳步推进信贷资产证券化扩大试点。各项金融改革有序推进，存款利率浮动区间上限扩大至基准利率的 1.3 倍，《存款保险条例》正式出台，外汇管理体制改革进一步深化。

稳健货币政策的实施，为经济社会发展创造了良好的货币金融环境，银行体系流动性充裕，货币信贷和社会融资平稳较快增长，贷款结构继续改善，市场利率明显回落，汇率弹性显著增强。2015 年 3 月末，广义货币供应量 M2 余额同比增长 11.6%。人民币贷款余额同比增长 14.0%，比年初增加 3.68 万亿元，同比增多 6 018 亿元。社会融资规模存量同比增长 12.9%。3 月份非金融企业及其他部门贷款加权平均利率为 6.56%，同比回落 0.62 个百分点。3 月末，人民币对美元汇率中间价为 6.142 2 元，比上年末贬值 0.38%。

中国人民银行将按照党中央、国务院的战略部署，坚持稳中求进工作总基调，更加主动适应经济发展新常态，继续实施稳健的货币政策，保持政策的连续性和稳定性，更加注重松紧适度，适时适度预调微调，为经济结构调整与转型升级营造中性适度的货币金融环境，把握好稳增长和调结构的平衡点。综合运用数量、价格等多种货币政策工具，加强和改善宏观审慎管理，优化政策组合，保持适度流动性，实现货币信贷及社会融资规模合理增长。盘活存量，优化增量，改善融资结构和信贷结构。多措并举，标本兼治，着力降低社会融资成本。

同时，更加注重改革创新，寓改革于调控之中，把货币政策调控与深化改革紧密结合起来，更充分地发挥市场在资源配置中的决定性作用。针对金融深化和创新发展，进一步完善调控体系，疏通货币政策向实体经济的传导渠道，着力解决突出问题，提高金融运行效率和服务实体经济的能力。采取综合措施维护金融稳定，守住不发生系统性、区域性金融风险的底线。

案例来源：中国人民银行 2015 年第一季度中国货币政策执行报告（节选）.

问题：

1. 货币政策的含义是什么？
2. 概括中央银行的货币供给机制。

【学习目标】

1. 了解宏观经济政策目标以及经济政策影响。
2. 理解财政政策及其效果、货币政策及其效果、两种政策的混合使用。
3. 理解关于总需求管理政策的争论。
4. 理解供给管理的政策。

【关键术语】

宏观经济政策　充分就业　摩擦性失业　自愿失业　非自愿失业　经济增长　财政政策　货币政策　政府购买　政府转移支付　自动稳定器　斟酌使用的或权衡性

的财政政策　挤出效应　货币政策　再贴现率　公开市场业务　道义劝告　短期供给管理政策　收入政策　人力政策

【知识精要】

1. 一般认为宏观经济政策主要有四个目标：充分就业、价格稳定、经济均衡增长和国际收支平衡；而西方国家使用财政和货币这两种政策力求达到这四个目标。各种财政政策工具（所得税、政府支出、投资津贴等）和货币政策对利率、消费、投资和GDP会有不同的影响。

2. 西方国家财政由政府收入（包括税收和公债）和支出（包括政府购买和转移支付）两方面构成，而财政对经济的调节又分为自动调节和主动调节两类。自动调节指西方财政制度本身有着自动地抑制经济波动的作用，即自动稳定器，包括政府税收的自动变化、政府支出的自动变化和农产品价格维持制度。主动调节指政府有意识地实行积极的财政政策，即斟酌使用的熨平经济波动的财政政策。实行积极的财政政策，财政的功能就要发生从单纯地追求预算平衡到追求充分就业和物价稳定的转变。

3. 积极的货币政策是中央银行通过货币供给量来调节利率进而影响投资和整个经济的政策。狭义货币包括通货和活期存款。活期存款的派生机制，使中央银行能通过控制准备金来调节整个货币供给。中央银行变动货币供给的政策工具主要有再贴现率、公开市场业务和法定准备率。

4. 财政政策和货币政策还可根据经济形势变化的需要混合使用。

5. 对于是否要用财政政策和货币政策对总需求加以调节和管理，以及按什么规则来调节和管理，主张经济自由的经济学家和凯恩斯主义者有着很大分歧和争论。

6. 来自供给管理的政策包括主流凯恩斯主义者的收入政策、人力政策和供给学派的以减税为核心的刺激供给的政策。二者的出发点和着眼点不同。

【实训作业】

一、名词解释

1. 充分就业
2. 自动稳定器
3. 挤出效应
4. 再贴现率
5. 道义劝告

二、简要回答

1. 简述宏观经济政策目标。
2. 简述宏观经济政策的作用和影响。

3. 简要叙述国家预算的功能。
4. 简述中央银行的职能。
5. 简述收入政策。

三、论述

1. 试评述凯恩斯的宏观经济理论。
2. 用 *IS-LM* 模型说明为什么凯恩斯主义强调财政政策的作用，而货币主义则强调货币政策的作用。
3. 论述货币政策的局限性。

四、问题计算

假设货币需求 $L=0.2y-5r$，货币供给 $M=200$，消费 $c=60+0.8y_d$，税收 $t=100$，投资 $i=150-5r$，政府支出 $g=100$。求：

（1）*IS* 和 *LM* 方程及均衡收入、利率和投资；

（2）若其他情况不变，政府支出从 100 增加到 120 时，均衡收入、利率和投资变为多少？

【实训作业答案】

一、名词解释

1. 充分就业：在广泛意义上是指一切生产要素（包括劳动）都有机会以自己愿意的报酬参加生产的状态。
2. 自动稳定器：亦称内在稳定器，是指经济系统本身存在的一种会减少各种干扰对国民收入冲击的机制，能够在经济繁荣时期自动抑制通货膨胀，在经济衰退时期自动减轻萧条，无须政府采取任何行动。
3. 挤出效应：指政府支出增加所引起的私人消费或投资降低的效果。
4. 再贴现率：指中央银行对商业银行及其他金融机构的贷款或者说放款利率。
5. 道义劝告：指中央银行运用自己在金融体系中的特殊地位和威望，通过对银行及其他金融机构的劝告，影响其贷款和投资方向，以达到控制信用的目的。

二、简要回答

1. 简述宏观经济政策目标。

宏观经济政策有充分就业、价格稳定、经济增长和国际收支平衡四大目标。

充分就业是指不存在非自愿失业的一种状态。失业一般分为三类：摩擦失业、自愿失业和非自愿失业。摩擦失业是指在生产过程中由于难以避免的摩擦造成的短期、局部性失业。自愿失业是指工人不愿意接受现行工资水平而形成的失业。非自愿失业是指愿意接受现行工资但仍找不到工作的失业。前两种失业被认为难以消除，故充分就业目标是针对非自愿失业而论的。

价格稳定是指价格总水平的稳定。一般借用价格指数来表示一般价格水平的变化。价格稳定不是指每种商品的价格固定不变，而是指价格指数的相对稳定，即不出现较严重的通货膨胀。

经济增长是指在一个特定时期内经济社会所生产的人均产量和人均收入的持续增长。通常用一定时期内实际国民生产总值年平均增长率来衡量。

随着国际经济交往的密切，如何平衡国际收支也成为一国宏观经济政策的重要目标之一，一国的国际收支状况不仅反映了这个国家的对外经济交往情况，还反映出该国经济的稳定程度。当一国国际收支处于失衡状态时，就必然会对国内经济形成冲击，从而影响该国国内就业水平、价格及经济增长。

2. 简述宏观经济政策的作用和影响。

宏观经济政策可分为需求管理政策和供给管理政策，前者包括财政政策和货币政策，后者包括人力政策和收入政策等，但主要是需求管理政策，即财政政策和货币政策。

财政政策是政府变动税收和支出以便影响总需求进而影响就业和国民收入的政策。变动税收是指改变税率和税率结构。例如，经济萧条时，政府采用减税措施，给个人和企业多留些可支配收入，以刺激消费和投资需求从而增加生产和就业。尽管这样做会增加货币需求，使利率上升，削弱减税对增加总需求的作用，但总的说来国民收入还是增加了。再如，高收入者边际消费倾向较低，低收入者边际消费倾向较高，因而改变所得税结构，使高收入者增加些赋税负担，使低收入者减少些负担，同样可起到刺激社会总需求的作用。变动政府支出指改变政府对商品与劳务的购买支出以及转移支付。例如，在经济萧条时，政府扩大商品和劳务的购买，多搞些公共建设，就可以扩大私人企业的商品销路，还可以增加消费，刺激总需求。尽管这样做也会增加对货币的需求，从而使利率上升，影响私人投资，但总的说来，生产和就业还是会增加。政府还可以采用投资税收抵免或加速折旧等办法给私人投资以津贴，直接刺激私人投资，增加生产和就业。以上所有这些措施，都是扩张性的财政政策。当然，在经济高涨、通货膨胀率上升太快时，政府也可以采用增税、减少政府支出等紧缩性财政措施以控制物价上涨。

货币政策是货币当局及中央银行通过银行体系变动货币供给量来调节总需求的政策。例如，在经济萧条时增加货币供给，一方面可降低利息率，刺激私人投资；另一方面货币增加可直接支持企业扩大投资，进而刺激消费，使生产和就业增加。反之，在经济过热、通货膨胀率太高时，可紧缩货币供给量以提高利率，抑制投资和消费，使生产和就业减少些或增长慢一些。前者是扩张性货币政策，后者是紧缩性货币政策。

3. 简要叙述国家预算的功能。

答：国家预算是政府的基本财政收支计划，是政府集中和分配资金、调节社会经济生活的主要财政机制。按照社会主义市场经济的要求，完善和改进我国国家预算制度，是新时期财政体制改革和财政工作的中心内容之一。

国家预算的功能首先是反映政府的财政收支状况。其具体表现如下：

(1) 从形式上看，国家预算就是按一定标准将财政收入和支出分门别类地列入特定的表格，可以使人们清楚地了解政府的财政活动，成为反映政府财政活动的一面镜子。

(2) 从实际经济内容来看，国家预算的编制是政府对财政收支的计划安排，预算的执行是财政收支筹措和使用过程，决算则是国家预算执行的总结。

(3) 国家预算反映政府活动的范围、方向和国家政策。

(4) 由于国家预算要经过国家权力机构的审批方才生效，因而又是国家的重要的立法文件，体现国家权力机构和全体公民对政府活动的制约与监督。

4. 简述中央银行的职能。

中央银行是一国的最高金融当局，它统筹管理全国的金融活动，实施货币政策以影响经济。当今世界除了少数地区和国家，几乎所有已独立的国家和地区都设立了中央银行。它在美国是联邦储备体系，在英国是英格兰银行，在法国是法兰西银行，在德国是德意志银行，在日本是日本银行，在中国是中国人民银行。一般认为，中央银行具有三个职能：

(1) 作为发行的银行，发行国家的货币。

(2) 作为银行的银行，即为商业银行提供贷款（用票据再贴现、抵押贷款等办法），又为商业银行集中保管存款准备金，还为商业银行集中办理全国的结算业务。

(3) 作为国家的银行，第一，它代理国库，一方面根据国库委托代收各种税款和公债价款等收入作为国库的活期存款，另一方面代理国库拨付各项经费，代办各种付款与转账；第二，提供政府所需资金，既用贴现短期国库券等形式为政府提供短期资金，也用帮助政府发行公债或直接购买公债等方式为政府提供长期资金；第三，代表政府与外国发生金融业务关系；第四，执行货币政策；第五，监督、管理全国金融市场活动。

5. 简述收入政策。

收入政策是用来限制垄断企业和工会操纵物价和工资的一种重要政策，即实行以管制工资-物价为主要内容的政策。一般说来，它包括如下不同措施：①“工资-物价”指导线，即由政府当局根据长期劳动生产率增长趋势来确定工资和物价的增长标准，要求企业和工会通过双方协商，自愿把工资和物价的增长率限制在全社会劳动生产率平均增长幅度以内。②对某种具体的较快上涨的工资或者物价形势，由政府进行权威性劝说或者施加压力来扭转局势。③实行工资物价的硬性管制，即由政府颁布法令对工资和物价实施管制，甚至暂时加以冻结。④以税收为基础的收入政策，即政策以税收作为惩罚或者奖励的手段来限制工资增长。如果工资增长率保持在政府规定的界限以下，则以减少个人和公司所得税作为奖励；如果工资增长率超过政府规定的界限，则以增加所得税作为惩罚。

三、论述

1. 试评述凯恩斯的宏观经济理论。

答：第一，突破了传统的就业均衡理论，建立了一种以存在失业为特点的经济均衡理论。传统的新古典经济学以萨伊法则为核心提出了充分就业的假设，认为可以通过价格调节实现资源的充分利用，从而把研究资源利用的宏观经济问题排除在经济学研究的范围之外。《就业、利息和货币通论》（简称《通论》）批判萨伊法则，承认资本主义社会中非自愿失业的存在，正式把资源利用的宏观经济问题提到日程上来。

第二，把国民收入作为宏观经济学研究的中心问题。凯恩斯《通论》的中心是研究总就业量的决定，进而研究失业存在的原因，并认为总就业量和总产量关系密切，而这些正是现代宏观经济学的特点。

第三，用总供给与总需求的均衡来分析国民收入的决定。凯恩斯《通论》中认为有效需求决定总产量和总就业量，又用总供给与总需求函数来说明有效需求的决定。在此基础上，他说明了如何将整个经济的均衡用一组方程式表达出来，如何能通过检验方程组参数的变动对解方程组的影响来说明比较静态的结果。即他总是利用总需求和总供给的均衡关系来说明国民收入的决定和其他宏观经济问题。

第四，建立了以总需求为核心的宏观经济学体系。凯恩斯采用了短期分析，即假设生产设备、资金、技术等是不变的，从而总供给是不变的。在此基础上来分析总需求如何决定国民收入。把存在失业的原因归结为总需求的不足。

第五，对实物经济和货币进行分析的货币理论。传统的经济学家把经济分为实物经济和货币经济两部分，其中，经济理论分析实际变量的决定，而货币理论分析价格的决定，两者之间并没有多大的关系，这就是所谓的二分法。凯恩斯通过总量分析的方法把经济理论和货币理论结合起来，建立了一套生产货币理论。用这种方法分析了货币、利率的关系及其对整个宏观经济的影响，从而把两个理论结合在一起，形成了一套完整的经济理论。

第六，批判了“萨伊法则”，反对放任自流的经济政策，明确提出国家直接干预经济的主张。古典经济学家和新古典经济学家都赞同放任自流的经济政策，而凯恩斯却反对这些，提倡国家直接干预经济。他论证了国家直接干预经济的必要性，提出了比较具体的目标；他的这种以财政政策和货币政策为核心的思想后来成整个宏观经济学的核心，甚至可以说后来的宏观经济学都是建立在凯恩斯的《通论》的基础之上的。

毫无疑问，凯恩斯是一个伟大的经济学家。他敢于打破旧的思想的束缚，承认有非自愿失业的存在，首次提出国家干预经济的主张，对整个宏观经济学的贡献是极大的。

2. 用 *IS-LM* 模型说明为什么凯恩斯主义强调财政政策的作用，而货币主义则强调货币政策的作用。

答：（1）按西方经济学家的观点，由于货币的投机需求与利率成反方向关系，因而 *LM* 曲线向右上方倾斜，但当利率上升到相当高度时，因保留闲置货币而产生的利息损失将变得很大，而利率进一步上升将引起资本损失风险变得很小，这就使货币的投机需求完全消失，为什么呢？这是因为，利率很高，意味着债券价格很低。当债券价格低到正常水平以下时，买进债券不会使本金受到因债券价格下跌的损失，因而手中任何的闲置货币都可用来购买债券而不愿再让它保留在手中，这就是货币投机需求完全消失的意思。由于利率涨到足够高度使货币投机需求完全消失，货币需求是由交易动机而产生，因而 *LM* 曲线就表现为垂直线形状。认为人们的货币需求是由交易动机而产生，只和收入有关，而和利率波动无关，这是古典学派的观点，因此，垂直的 *LM* 曲线区域被认为是古典区域。当 *LM* 呈垂直形状时，变动预算收支的财政政策不可能影响产出和收入，相反，变动货币供给量的古典学派强调货币政策作用的观点和主张就表现为 *IS* 曲线移动（它表现财政政策）在垂直的 *LM* 曲线区域即古典区域移动不会影响产出和收入，而移动 *LM* 曲线（它表现为货币政策）却对产出和收入有很大作用，见图 6–1 和图 6–2。

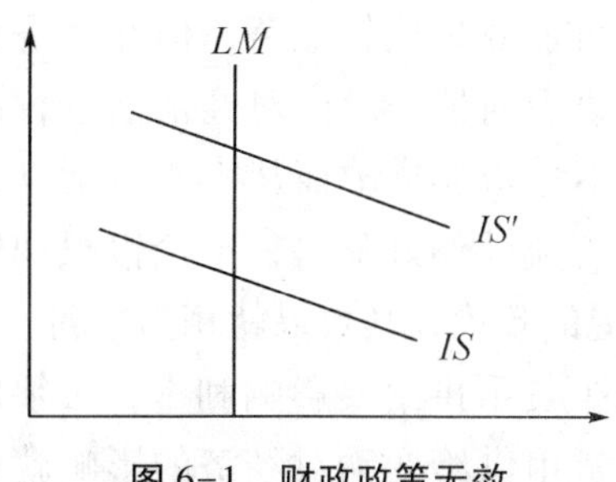

图 6–1　财政政策无效

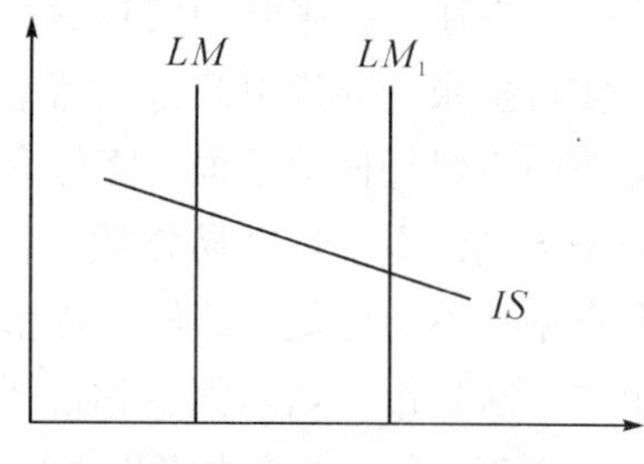

图 6–2　货币政策有效

（2）凯恩斯主义强调财政政策。因为凯恩斯认为，当利率降低到很低水平时，持有货币的利息损失很小，可是如果购买债券的话，由于债券价格异常高（利率极低表示债券价格极高），因而只会跌而不会再涨，从而使购买债券的货币资本损失的风险变得很大，这时，人们即使有闲置货币也不肯去购买债券。这就是说，货币的投机需求变得很大甚至无限大，经济陷入所谓“流动性陷阱”（又称凯恩斯陷阱）状态，这时的货币需求曲线即 *LM* 曲线呈水平状。如果政府增加支出，*IS* 曲线右移，货币需求增加，并不会引起利率上升而发生“挤出效应”，于是财政政策极有效；相反，这时政府如果增加货币供给量，则不可能再使利率进一步下降。因为人们再不肯去用多余的货币购买债券而宁愿让货币保留在手中，因此债券价格不会上升，即利率不会下降。既然如此，想通过增加货币供给使利率下降并增加投资和国民收入就不可能，因此货币政策无效，见图 6–3 和图 6–4。因而凯恩斯主义首先强调财政政策而不是货币政策的作用。

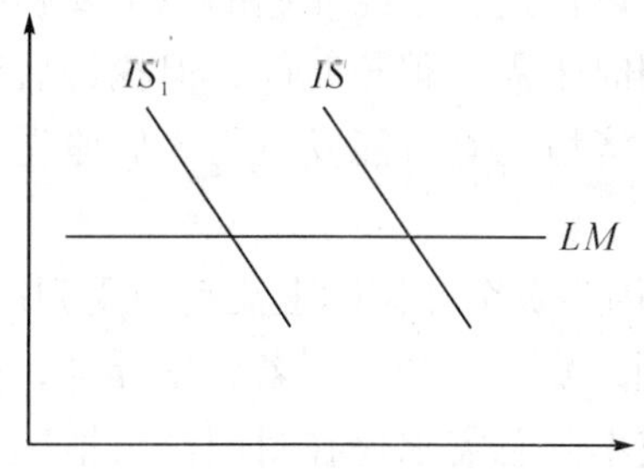

图 6–3　财政政策有效

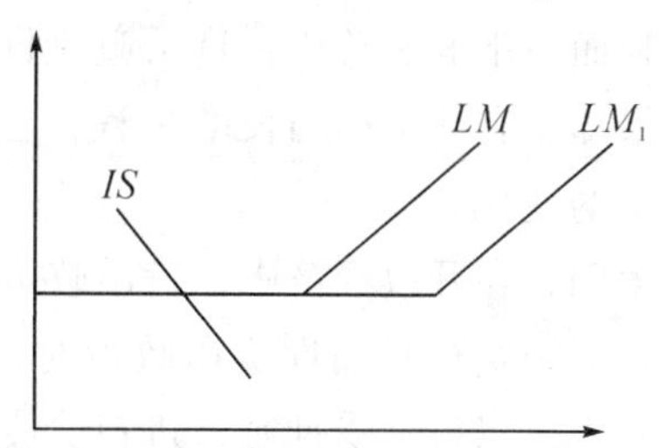

图 6–4　货币政策无效

（3）*LM* 曲线是垂直形状时货币政策极有效而财政政策无效。这是因为，当人们只有交易需求而没有投机需求时，如果政策采用膨胀性货币政策，这些增加的货币将全部用来购买债券，而不愿为投机而持有货币。这样，增加货币供给就会导致债券价格大幅度上升，而利率大幅度下降，使投资和收入大幅度增加，因而货币政策很有效。

相反，实行增加政府支出的政策则完全无效。因为支出增加时，货币需求增加会导致利率大幅度上升（因为货币需求的利率弹性极小，几近于零），从而导致极大的挤出效应，因而使得增加政府支出的财政政策效果极小，所以古典主义者强调货币政策的作用而否定财政政策作用。见图 6-1 和图 6-2。

3. 论述货币政策的局限性。

西方国家实行货币政策，常常是为了稳定经济，减少经济波动，但在实践中货币政策也存在一些局限性。

第一，在通货膨胀时期实行紧缩性的货币政策可能效果比较显著，但在经济衰退时期，实行扩张性的货币政策效果就不明显。经济衰退时期，厂商对经济前景普遍悲观，即使中央银行松动银根，降低利率，投资者也不肯增加贷款而从事投资活动，银行为安全起见，也不肯轻易贷款。特别是由于存在着流动偏好陷阱，不论银根如何松动，利息率都不会减低。这样，货币政策作为反衰退的政策，其效果就相当微弱。

第二，从货币市场均衡的情况看，增加或者减少货币供给要影响利率，必须以货币流通速度不变为前提。如果这一前提并不存在，货币供给变动对经济的影响就要打折扣。在经济繁荣时期，中央银行为抑制通货膨胀需要紧缩货币供给，或者说放慢货币供给的增长率，然而，公众一般会增加支出，而且物价上升时，公众不愿把货币持有在手中，而希望尽快花出去，从而货币流通速度会加快，在一定时期内本来的 1 美元也许可完成 2 美元交易的任务，这无异于在流通领域里增加了 1 倍货币供给量。这时候，即使中央银行把货币供给减少 1 倍，也无法把通货膨胀率给降下来。反过来，在经济衰退时期，货币流通速度下降，这时中央银行增加货币供给对经济的影响也就可能被货币流通速度下降所抵消。

第三，货币政策的外部时滞也会影响政策效果。中央银行变动货币供给量，要通过影响利率来影响投资，然后再影响就业和国民收入，因而，货币政策作用要经过相当长时间才会充分得到发挥。尤其是市场利率变动以后，投资规模并不会很快发生相应变动。利率下降以后，厂商扩大生产规模需要一个过程，利率上升以后，厂商缩小生产规模更不是一件容易的事，已经在建的工程难以停建，已经雇佣的职工要解雇也不是轻而易举的。总之，货币政策即使在开始采用时不需花很长时间，但执行后到产生效果却要有一个相当长的过程，在此过程中，经济情况有可能发生与人们原先预料的相反的变化。

第四，在开放经济中，货币政策的效果好坏要因为资金在国际上流动而受到影响。例如，一国实行紧缩性货币政策时，利率上升，国外资金会流入。若汇率浮动，则本币会升值，出口会受抑制，进口会受刺激，从而使本国总需求比在封闭经济情况下有更大的下降。若实行固定汇率制则中央银行为使本币不升值，势必抛出本币，按固定汇率收购外币，于是货币市场上本国货币供给增加，使原先实行的紧缩性货币政策效果大打折扣。

货币政策在实践中存在的问题远不止这些，但仅从这些方面看，货币政策作为平抑经济波动的手段，作用也是有限的。

四、问题计算

假设货币需求 $L=0.2y-5r$，货币供给 $M=200$，消费 $c=60+0.8y_d$，税收 $t=100$，投资 $i=150-5r$，政府支出 $g=100$。求：

（1）*IS* 和 *LM* 方程及均衡收入、利率和投资；

（2）若其他情况不变，政府支出从 100 增加到 120 时，均衡收入、利率和投资变为多少？

答：（1）由 $c=60+0.8y_d$，$t=100$，$i=150-5r$，$g=100$ 和 $y=c+i+g$ 得 *IS* 曲线为：

$y=c+i+g=60+0.8y_d+150-5r+100$

$=310+0.8(y-100)-5r=230+0.8y-5r$

化简得：　$0.2y=230-5r$

$y=1\ 150-25r$……………………………（*IS* 曲线）

由 $L=0.2y-5r$，$M=200$ 和 $L=M$ 得 *LM* 曲线为：

$0.2y-5r=200$

化简得：　$y=1\ 000+25r$…………………………（*LM* 曲线）

由 *IS*-*LM* 模型联立方程组解得：

均衡收入 $y=1\ 075$，均衡利率 $r=3$，投资 $i=135$

（2）由 $c=60+0.8y_d$，$t=100$，$i=150-5r$，$g=120$ 和 $y=c+i+g$ 得 *IS* 曲线为：

$y=c+i+g=60+0.8y_d+150-5r+120$

$=330+0.8(y-100)-5r$

$=250+0.8y-5r$

化简得：　$0.2y=250-5r$

$y=1\ 250-25r$……………………………（*IS* 曲线）

由 $L=0.2y-5r$，$M=200$ 和 $L=M$ 得 *LM* 曲线为：

$0.2y-5r=200$

化简得：　$y=1\ 000+25r$…………………………（*LM* 曲线）

由 *IS*-*LM* 模型联立解得：

均衡收入 $y=1\ 125$，均衡利率 $r=5$，投资 $i=125$。

【实训活动】

实训活动　观看有关宏观经济政策的影像资料

目的：

掌握宏观经济政策的四大目标及其相互之间的关联性。

内容：

1. 时间：25~30 分钟。
2. 地点：任意。

3. 人数：任课班级学生人数。

4. 合作人数：1~3 人构成的独立小组。

步骤：

第一步：教师选取相关影像资料。

第二步：组织学生随堂观看。

第三步：分若干小组进行解读。

第四步：以小组为单位对解读结果进行交流，同时对各小组的解读结果给出评价。

问题研讨：

1. 宏观经济的四大目标。

2. 各国在实现四大目标时的不同政策选择。

3. 四大目标之间的关联性。

实训点评：

通过观看影像资料，学生能够直观地理解国家制定宏观经济政策时所采用的相机抉择措施，同时对宏观目标之间的矛盾之处如何处理和把握要做进一步的深入认识。

实训解读材料：

宏观经济政策是指政府有意识、有计划地运用一定的政策工具，调节控制宏观经济运行，以达到一定的政策目标。

宏观经济政策的理论基础是凯恩斯主义经济学的总需求决定国民收入的理论，即 *IS-LM* 模型。该模型说明了商品市场和货币市场同时达到均衡时利息率和国民收入是如何决定的，并且指出了模型中的 *IS* 曲线和 *LM* 曲线的位置变动会对均衡的利息率水平和国民收入水平产生何种影响。该模型是分析财政政策和货币政策效应的工具。

从西方国家战后的实践来看，国家宏观调控的政策目标，一般包括经济增长、充分就业、物价稳定和国际收支平衡等。

经济增长是指在一个特定时期内经济社会所生产的人均产量和人均收入的持续增长。它包括：一是维持一个高经济增长率，二是培育经济持续增长的动力。一般认为，经济增长与就业目标是一致的。经济增长通常用一定时期内实际国民生产总值年均增长率来衡量。经济增长会增加社会福利，但并不是增长率越高越好。这是因为经济增长一方面要受到各种资源条件的限制，不可能无限地增长，尤其是对于经济已相当发达的国家来说更是如此。另一方面，经济增长也要付出代价，如造成环境污染、引起各种社会问题等。因此，经济增长就是实现与本国具体情况相符的适度增长率。

充分就业是指包含劳动在内的一切生产要素都以愿意接受的价格参与生产活动的状态。充分就业包含两种含义：一是指除了摩擦失业和自愿失业之外，所有愿意接受各种现行工资的人都能找到工作的一种经济状态，即消除了非自愿失业就是充分就业。二是指包括劳动在内的各种生产要素，都按其愿意接受的价格，全部用于生产的一种经济状态，即所有资源都得到充分利用。失业意味着稀缺资源的浪费或闲置，从而使经济总产出下降，社会总福利受损。因此，失业的成本是巨大的，降低失业率、实现充分就业就常常成为西方宏观经济政策的首要目标。

物价稳定是指物价总水平的稳定。一般用价格指数来衡量一般价格水平的变化。

价格稳定不是指每种商品价格的固定不变，也不是指价格总水平的固定不变，而是指价格指数的相对稳定。价格指数又分为消费物价指数（CPI）、批发物价指数（PPI）和国民生产总值折算指数（GNP implicit deflator）三种。物价稳定并不是通货膨胀率为零，而是允许保持一个低而稳定的通货膨胀率，所谓低，就是通货膨胀率在1%~3%之间；所谓稳定，就是指在相当时期内能使通货膨胀率维持在大致相等的水平上。这种通货膨胀率能为社会所接受，对经济也不会产生不利的影响。

国际收支平衡具体分为静态平衡与动态平衡、自主平衡与被动平衡。静态平衡，是指一国在一年的年末，国际收支不存在顺差也不存在逆差；动态平衡，不强调一年的国际收支平衡，而是以经济实际运行可能实现的计划期为平衡周期，保持计划期内的国际收支均衡。自主平衡，是指由自主性交易即基于商业动机，为追求利润或其他利益而独立发生的交易实现的收支平衡；被动平衡，是指通过补偿性交易即一国货币当局为弥补自主性交易的不平衡而采取调节性交易而达到的收支平衡。

国际收支平衡的目标要求做到汇率稳定，外汇储备有所增加，进出口平衡。国际收支平衡不是消极地使一国在国际收支账户上经常收支和资本收支相抵，也不是消极地防止汇率变动、外汇储备变动，而是使一国外汇储备有所增加。适度增加外汇储备是改善国际收支的基本标志。同时由于一国国际收支状况不仅反映了这个国家的对外经济交往情况，还反映出该国经济的稳定程度。

以上四大目标相互之间既存在互补关系，也有交替关系。互补关系是指一个目标的实现对另一个目标的实现有促进作用。如为了实现充分就业水平，就要维护必要的经济增长。交替关系是指一个目标的实现对另一个目标有排斥作用。如物价稳定与充分就业之间就存在两难选择。为了实现充分就业，必须刺激总需求，扩大就业量，这一般要实施扩张性的财政和货币政策，由此就会引起物价水平的上升。而为了抑制通货膨胀，就必须紧缩财政和货币，由此又会引起失业率的上升。又如经济增长与物价稳定之间也存在着相互排斥的关系。因为在经济增长过程中，通货膨胀已是难以避免的。再如国内均衡与国际均衡之间存在着交替关系。这里的国内均衡是指充分就业和物价稳定，而国际均衡是指国际收支平衡。为了实现国内均衡，就可能降低本国产品在国际市场上的竞争力，从而不利于国际收支平衡。为了实现国际收支平衡，又可能不利于实现充分就业和稳定物价的目标。

由此，在制定经济政策时，必须对经济政策目标进行价值判断，权衡轻重缓急和利弊得失，确定目标的实现顺序和目标指数高低，同时使各个目标能有最佳的匹配组合，使所选择和确定的目标体系成为一个和谐有机的整体。

材料来源：http://v.youku.com/v_show/id_XMTQyMDU5NDc2OA==.html? from=s1.

【案例研究及案例使用指南】

案例1　中华人民共和国财政部公告

2014年第71号

根据2014年地方政府债券发行安排，经与天津、内蒙古、辽宁、大连、吉林、宁波、安徽、厦门、湖南、海南、西藏、贵州省（区、市）人民政府协商，财政部决定代理发行2014年地方政府债券（十三期）（以下简称本期债券），已完成招标工作。现将有关事项公告如下：

一、本期债券通过全国银行间债券市场和证券交易所债券市场（以下简称各交易场所）面向社会各类投资者发行。

二、本期债券计划发行面值为207亿元，实际发行面值为207亿元。其中天津、内蒙古、辽宁、大连、吉林、宁波、安徽、厦门、湖南、海南、西藏、贵州省（区、市）额度分别为10亿元、25亿元、21亿元、6亿元、25亿元、6亿元、35亿元、4亿元、38亿元、12亿元、3亿元、22亿元。各省（区、市）额度以2014年地方政府债券（十三期）名称合并发行、合并托管上市交易。

三、本期债券期限为7年，经投标确定的票面年利率为4.12%，2014年9月25日开始计息，招标结束后至9月28日进行分销，9月30日起在各交易场所以现券买卖和回购的方式上市交易。

四、本期债券为固定利率附息债，利息按年支付，利息支付日为每年的9月25日（节假日顺延，下同），2021年9月25日偿还本金并支付最后一年利息。本期债券还本付息事宜由财政部代为办理。

五、本期债券采取场内挂牌和场外签订分销合同的方式分销，分销对象为在中国证券登记结算有限责任公司开立股票和基金账户及在中央国债登记结算有限责任公司开立债券账户的各类投资者。通过各交易场所分销部分，由承销机构根据市场情况自定价格。

特此公告。

中华人民共和国财政部

2014年9月24日

案例来源：http://gks. mof. gov. cn/redianzhuanti/guozaiguanli/difangzhengfuzhaiquan/201409/t20140924_1143626.html.

思考题

1. 什么是公债？

2. 政府为什么要发行公债？

3. 如果可以，政府是不是想发行多少公债就可以发行多少？

案例 1 使用指南

第一步：目标设定参考。本案例可以配合本章教学及高鸿业主编《西方经济学（宏观部分·第六版）》的第十七章教学及学习使用。同时，学生应该对于宏观经济政策的发展和演变等内容有所阅读，通过对案例的学习，了解宏观经济政策的含义。

第二步：背景介绍。公债总是与国家的职能紧密联系在一起的。早期的公债主要是财政困难的产物，随着社会经济的向前发展和国家职能的不断扩大，国家对经济的干预已成为各国经济发展不可或缺的内容，而要实现国家干预经济、调节经济的职能，就有必要借助公债这个重要工具。

第三步：理论学习。公债是各级政府借债的统称。中央政府的债务称为中央债，又称国债；地方政府的债务称为地方债。我国地方政府无权以自身名义发行债务，故人们常将公债与国债等同起来。公债是政府收入的一种特殊形式。公债具有有偿性和自愿性特点。除特定时期的某些强制性公债外，公众在是否认购、认购多少等方面，拥有完全自主的权利。公债是政府信用或财政信用的主要形式。政府信用是指政府按照有借有还的商业信用原则，以债务人身份来取得收入或以债权人身份来安排支出，或称为财政信用。公债只是财政信用的一种形式。财政信用的其他形式包括：政府向银行借款、财政支农周转金以及财政部门直接发放的财政性贷款等。公债是政府可以运用的一种重要的宏观调控手段。公债存在和发展的基础：①充裕的闲置资金。只有在商品货币经济发展到一定水平时，社会上才会有充足和稳定的闲置资金，这是发行公债的物质条件；②金融机构的发展和信用制度的完善是发行公债必需的技术条件，否则公债发行便缺乏有效的手段和工具；③公债的存在和发展还必须与商品货币经济下的社会意识观念相适应。公债的性质：①公债是一种虚拟的借贷资本。公债体现了债权人（公债认购者）与债务人（政府）之间的债权债务关系。公债在发行期间是由认购者提供其闲置资金，在偿付阶段是由政府主要以税收收入进行还本付息。公债资本与其他资本存在的区别在于公债资本（用于非生产性开支）并不是现实资本，而只是一种虚拟的资本。用于生产性开支的公债则表现为不能提取的公共设施等国家的现实资本。②公债体现一定的分配关系，是一种“延期的税收”。公债的发行，是政府运用信用方式将一部分已作分配并已有归宿的国民收入集中起来；公债资金的运用，是政府将集中起来的资金，通过财政支出的形式进行再分配；而公债的还本付息，则主要是由国家的经常收入——税收来承担。因此，从一定意义上讲，公债是对国民收入的再分配。

第四步：讨论思考题目。可以选择根据思考题分组讨论，每组学生轮流发言，组内相互补充发言，各组学生代表相互点评。

第五步：学习总结或教师点评。教师对案例研讨中的主要观点进行梳理、归纳和点评，简述本案例的基础理论，在运用基础理论对于案例反映的问题进行深入分析后，辅以适当的框图进行总结。

案例 2　中国财政赤字还可增万亿

赤字率是指政府开支与政府收入之差与当年 GDP 的比。通俗来说就是，每年政府“挣的钱”和每年“花出去的钱”在数量上往往是不一致的，政府一般是挣少花多，那就要借一部分债。这部分债务与当年全国共同创造的财富数量比较一下，能够得到一个比率，用来衡量政府支出总额是不是合理。

今年中央经济工作会议明确提出将逐步提高赤字率，表明中国政府对于经济下行带来的财政收入下行压力，有了充分的估计和相应的准备。随着近几年中国经济增速下降，财政收入增长放缓已经成为一个明显的趋势，而为了保证经济转型升级的推进，企业税负成本需要进一步降低，这必然会加大财政收入压力。

然而，短期内财政支出并不具备快速减小的空间。虽然“供给侧”改革是未来经济工作的重点，但去产能、去杠杆、培育经济增长新动力等都是一个痛苦而漫长的过程，更需要一个稳定的环境。客观来说，我们不能一下子否定对于以往“需求扩张式”发展的路径依赖。未来可预见的一段时期必然会是“供给侧”改革与“需求侧”管理并重的阶段，一个着眼未来，一个保障当下，二者并不矛盾，而积极的财政政策一定会是保证经济发展总体平稳的中坚力量。

2014 年，我国的财政赤字是 1.35 万亿元，赤字率 2.1%。2015 年的计划赤字率是在 2.3%，财政赤字比 2014 年增加 2 700 亿元，这个数字并不高。根据国际上比较通用的欧盟《马斯特里赫特条约》，赤字率在 3%以下都是安全的。当然，完全照搬《马斯特里赫特条约》规定并不合理。依照我国国情，合理赤字率可以适当放开到 3.5%~5.5%。即使按照最低的 3%来计算，我国的赤字率还有 0.7%的增长空间。静态估计可知，这 0.7%对应的财政赤字增长空间将近万亿，而动态来看，这个空间还会更大。因此，在保证财政收支健康平稳的前提下，我国未来几年推动积极财政的空间依旧巨大。

在 2016 年赤字率进一步提高的情况下，我国的财政支出必然还能保证需求端的规模不会急剧减少，我国政府主导的基础设施建设项目还会保证足够的投资规模。而同时，赤字率的提高也可为我国即将推动的减税计划提供基本的资金保障，未来的减税计划将会是促进经济增长结构转型升级的重要力量。

从宏观上看，我国政府已经为保障未来中国经济的可持续发展，促进中国经济“供给侧”改革做好了充分的准备。在未来的道路上，困难是一定会有的，但是中国经济的发展潜力和政策空间更大！现在已经是不宜过分看空中国经济的时候了，只要我们是在稳健、踏实地做事情，中国经济必然能够实现健康、可持续的发展。

案例来源：周济. 中国财政赤字还可增万亿 [N]. 环球时报，2015-12-24 (15).

思考题

1. 财政赤字的含义。

2. 一国在经济发展中出现财政赤字好不好？

3. 对于财政赤字，你是如何认识的？

案例2使用指南

第一步：目标设定参考。本案例可以配合本章教学及高鸿业主编《西方经济学（宏观部分·第六版）》的第十七章教学及学习使用。同时，学生应该对于宏观经济政策的发展和演变等内容有所阅读，通过对案例的学习，了解宏观经济政策的含义。

第二步：背景介绍。赤字多用于财政，意为亏本，因会计上习惯用红字表示财政年度内财政支出大于收入的差额而名。一国之所以会出现财政赤字，有许多原因。有的是为了刺激经济发展而降低税率或增加政府支出，有的则因为政府管理不当，引起大量的逃税或过分浪费。当一个国家财政赤字累积过高时，就好像一间公司背负的债务过多一样，对国家的长期经济发展而言，并不是一件好事，对于该国货币亦属长期的利空，且日后为了要解决财政赤字只有靠减少政府支出或增加税收，这两项措施，对于经济或社会的稳定都有不良的影响。一国财政赤字若加大，该国货币会下跌，反之，若财政赤字缩小，表示该国经济良好，该国货币会上扬。

第三步：理论学习。在我国，财政收支是通过国家预算平衡的，财政赤字通常表现为预算执行结果支出大于收入的差额，故亦称预算赤字。一年的财政收入代表可供国家当年集中掌握支配的一部分社会产品，财政支出大于收入，发生赤字，意味着由这部分支出所形成的社会购买力没有相应的社会产品作为物资保证。为了弥补财政赤字，国家不得已而增发纸币，即增加没有物资保证的货币发行。如果财政赤字过大，财政性货币发行过多，物资供应长期不能满足需要，就会发生通货膨胀，造成物价上涨，致使居民生活水平下降。因而应按照量入为出的原则安排财政支出，保持财政收支平衡。但由于工作失误或发生战争、严重自然灾害等意外事故，也往往会使财政短收或超支，形成赤字，财政赤字是指财政支出超过财政收入的部分，意味着“花”的钱超过了“挣”到的钱。根据《中华人民共和国预算法》，地方财政上不设立赤字，故此通常所称的财政赤字，即是中央财政赤字。

衡量赤字高低的指标是赤字比率，也称为赤字率。赤字率是衡量财政风险的一个重要指标，是指财政赤字占国内生产总值的比重。赤字率表示的是一定时期内财政赤字额与同期国民生产总值之间的比例关系。对于一个国家的财政来说，国债是弥补财政赤字的主要来源，赤字的增长会加大国债的规模，而国债是要还本付息的，反过来又会加大财政赤字。财政就陷入了“赤字—国债—赤字”相互推动增长的困境。如果财政收支没有明显改善，随着赤字和国债的增加，将会对未来的经济发展产生负效应。因此，需要准确掌握赤字率的高低。计算赤字率的公式：赤字率=（政府开支-政府收入）/GDP×100%。举例：以2007年财政收支状况计算，中央财政总支出为30 589.49亿元（中央财政支出29 557.49亿元，另外安排1 032亿元中央预算稳定调节基金），中央财政收入为28 589.49亿元，两者相抵意味着要“花”的钱比“挣”到的钱要多出2 000亿元，即中央财政赤字为2 000亿元，国内生产总值为24.66万亿元，两者比值（赤字率）约为0.81%（=2 000/246 600×100%）。按照国际上通行的《马斯特里赫特条约》标准，赤字率3%一般设为国际安全线。

第四步：讨论思考题目。可以选择根据思考题分组讨论，每组学生轮流发言，组内相互补充发言，各组学生代表相互点评。

第五步：学习总结或教师点评。教师对案例研讨中的主要观点进行梳理、归纳和点评，简述本案例的基础理论，在运用基础理论对案例反映的问题进行深入分析后，辅以适当的框图进行总结。

案例 3　主要国家和地区中央银行货币政策委员会制度

英格兰银行的中央银行研究中心曾做过一项调查，发现在调查的 88 个国家和地区的中央银行中，有 79 个中央银行是由货币政策委员会或类似的机构来制定货币政策。比较有代表性的是美国联邦储备公开市场委员会、欧洲中央银行管理委员会、英格兰银行货币政策委员会和日本银行政策委员会等。本研究主要是从地位和作用、组成人员、会议程序、信息披露等方面介绍上述四家中央银行货币政策委员会制度和运作情况。

一、地位和作用

（1）美国联邦储备公开市场委员会。美国联邦储备体系通过三种方式制定货币政策：公开市场操作、制定贴现率、制定法定准备金率。公开市场业务操作是美国日常货币政策工具，在经济和金融运行中最常用、作用最大。美国联邦储备公开市场委员会作为货币政策的决策机构，实际上担负着制定货币政策、指导和监督公开市场操作的重要职责。

（2）欧洲中央银行管理委员会。管理委员会是欧洲中央银行的最高决策机构，负责制定欧元区的货币政策，并且就涉及货币政策的中介目标、指导利率以及法定准备金等做出决策，同时确定其实施的行动指南。

（3）英格兰银行货币政策委员会。根据 1998 年《英格兰银行法》，英国成立英格兰银行货币政策委员会，负责制定货币政策。货币政策委员会是个相对独立的机构，它根据英格兰银行各部门提供的信息做出决策，再由相关部门执行。

（4）日本银行政策委员会。1949 年，为进一步提高日本银行的自主性，设立日本银行政策委员会，作为日本银行货币政策的决策机构。

二、人员组成

（1）美国联邦储备公开市场委员会。由 12 名成员组成，分别是 7 名联邦储备体系理事会理事、12 位储备银行行长中的 5 位行长。其中，理事及纽约储备银行行长共 8 人为常任委员，剩下的 4 个席位每年在其余的 11 位行长中轮换。美联储理事会主席是联邦公开市场委员会主席，纽约储备银行行长习惯上是委员会的副主席。美联储理事会是美联储的最高管理机关，每一名理事都由总统直接任命，任期为 14 年。理事会主席、副主席由总统提名参议院通过，任期 4 年，美联储理事会的理事一般由专家、学者和名人组成。

（2）欧洲中央银行管理委员会。管理委员会由两部分人组成，一是欧洲中央银行执行理事会的 6 名成员，二是加入欧元区成员国的 12 名央行行长。成员国中央银行行长的任期最少不低于 5 年。每名管理委员会的成员各拥有一票投票权，如果支持与反对双方的票数相等，则欧洲央行行长一票具有决定意义。管理委员会进行表决时至少应达到2/3的规定人数，如不满足这一最低要求，可由欧洲央行行长召集特别会议来做出决定。

（3）英格兰银行货币政策委员会。货币政策委员会有9名成员。包括：英格兰银行的行长和副行长（英格兰银行共有2名副行长）；英格兰银行行长在征求财政大臣意见后任命2名委员，其中一名是行内货币政策分析方面的负责人，另一名是行内货币政策操作的负责人；财政大臣任命4名委员，这4名委员必须要有与委员会职责相关的知识和经历。

（4）日本银行政策委员会。1997年《日本银行法》修改后，日本银行政策委员会成员为9人，包括日本银行行长1人，副行长2人，审议委员6人。审议委员为来自工商业、金融或学术领域的人士，一旦成为审议委员，即成为日本银行的专职人员，与其他机构不再有关系。政策委员会成员由参众两院选举、内阁任命，任期为5年。政策委员会中，行长、副行长、审议委员独立行使职责。政策委员会成员选举产生委员会主席，历史上都是由日本行长担任。

三、会议制度和程序

（1）美国联邦储备公开市场委员会。每年召开8次例会，一般在2月份和7月份的会议上，重点分析货币信贷总量的增长情况，预测实际国民生产总值、通货膨胀、就业率等指标的变化区间。在其他6次会议中，要对长期的货币信贷目标进行回顾。每次会议的具体议程如下：

①批准上一次例会的会议记录；

②外币操作评价，包括上次会议后的操作情况报告、批准上次会议结束后的交易情况；

③国内公开市场操作评价，包括上次会议后操作情况的报告、批准上次会议结束后的交易情况；

④经济形势评价，包括工作人员对经济形势的报告、委员会讨论；

⑤货币政策长期目标（2月和7月会议）评价，包括工作人员评论、委员会对长期目标及行动方案讨论；

⑥当前货币政策和国内政策指令，包括工作人员评述、委员会讨论和制定指令；

⑦确定下次会议的日期。

（2）欧洲中央银行管理委员会。每两周召开一次会议，但隔一次才讨论利率。

（3）英格兰银行货币政策委员会。一月举行一次会议。一般在每个月第一个整周的周三、周四。会议日期安排提前一年公布。但也可以根据需要召开临时会议。

具体程序：

①准备会议。

一般在例会前一个周五召开。由英格兰银行的高层官员向委员汇报上一个月的主要经济金融情况，使委员会能有机会了解上个月的经济运行情况，并提出问题。在此之前，委员们已经得到了许多相关书面资料，包括图表。汇报的内容主要包括：国际环境、货币和金融情况、需求和产出、劳动力市场、英格兰银行分支机构专题汇报、分支机构情况、市场信息、通货膨胀预测。

②委员会例会。

周三下午：

总经济师阐述准备会议后得到的新数据和研究结果。委员们回顾上个月的消息，并讨论这些消息对未来可能产生的影响。主管货币政策的副行长发给委员一张重点讨论问题表，使讨论比较集中。但所有委员都可以自由地提出他们认为与当月决策相关的问题进行讨论。财政部的代表提供政府的有关信息。由英格兰银行的五位高层官员组成的货币政策委员会秘书处在力所能及的情况下可以回答问题，并对有关数据进行说明和分析，但不参与全体讨论。

周四上午：

英格兰银行行长总结前一天的讨论，并指出在分析和重点问题上的所有不同意见。委员们对总结进行评论和补充。

行长就货币政策措施依次征求委员意见。主管货币政策的副行长最先发言，行长最后发言。但其他委员的发言次序不确定。委员们可以对特定的政策措施表示明确的赞成态度，也可以另外提出参考意见供其他委员讨论。其他委员可能会对发言者提出问题。所有委员发言完毕、所有提议经讨论定下来后，行长向委员陈述他认为多数委员均赞同的提议。然后进行正式投票。所有投少数票的委员都会被要求陈述他倾向的利率水平是多少。

决策完成后，委员会讨论是否希望在公布委员会决策的同时发布新闻稿。中午12时，向金融市场和媒体公布决策和新闻稿。

（4）日本银行政策委员会。政策委员会每月召开1次会议，并且只有在至少三分之二的成员出席的情况下才能开会和投票。政策委员会决策采取投票表决的形式，一项决定只有在获得参加会议的成员一半以上票数时才算通过；当支持票数和反对票数相同时，主席有最后决定权。财务大臣（或其代表）、财政经济担当大臣（或其代表）可以参加日本银行政策委员会会议并就货币调控的有关问题提交意见，他们没有投票权，但是可以要求政策委员会推迟表决有关货币调控问题的决议。一旦财务大臣（或其代表）、财政经济担当大臣（或其代表）提出推迟表决的意见，政策委员会可以就此意见进行投票决定是否采纳，投票程序和票数要求如上。政策委员会会议程序具体为：

①日本银行货币政策部门作《经济与金融发展工作报告》，报告内容包括货币市场操作、金融市场最近的发展、海外经济和金融发展、日本的经济和金融发展等；

②政策委员会讨论经济和金融发展；

③政策委员会讨论近期货币政策；

④政府代表对《经济与金融发展工作报告》和讨论进行评价并提出建议；

⑤政策委员会委员进行投票；

⑥对上次会议的会议记录进行批准，并规定其发布时间。

四、会议材料

美国联邦储备公开市场委员会在每次会议之前，要准备有关文件并发给参加会议的有关人员及为这些参加者服务的行内工作人员。文件按其封皮的颜色分为绿皮书、蓝皮书和棕皮书。

绿皮书主要是向美联储理事会成员提供主要经济部门以及金融市场发展趋向的详细评估材料，并概要地展望一下经济增长、物价以及国际部门的情况。附表提供了对当前和下年度一些主要经济金融变量的定量预测。通常情况下，预测要考虑较为长期的货币增长区间，同时还要使用一些结构性的计量模型。通常最终结果依赖于一些高级成员的判断。

蓝皮书主要是为董事会成员提供货币、银行储备和利率的最新发展和展望方面的材料。2 月份会议的蓝皮书中，向成员们提供一年伊始货币增长的蓝图。在 7 月份，蓝皮书对当年的货币等方面的情况加以回顾和展望，并初步讨论下年的形势。2 月和 7 月的蓝皮书还确定听证会所需的有关数据，如货币总量的增长范围。此外，也对货币金融的发展进行分析，以利于委员会重新考虑年初所制定的各项目标。8 本蓝皮书均包括相应会议期间货币与金融的发展概况。委员会通常提出 3 种备选方案，这些方案包括储备水平和货币目标总量 3 个月内的增长率、贴现窗口的贷出数量和短期利率的预期值。并说明各种可能的金融状况及其经济活动的可能影响。过去，委员会拟定 M1、M2、M3 的目标，但由于 20 世纪 80 年代 M1 的需求变化很大，不再把 M1 作为货币政策中介目标。为有助于判断，委员会职员们建立了季度和月度的经济计量模型，对货币需求选行模拟，并对影响货币需求的一些因素进行了专门研究，特别是机构变动、通货膨胀率波动改变了以前的变量关系时，尤为如此。

棕皮书在每次会议即将开始之前公布于众，主要提供 12 个储备区的区域经济状况。棕皮书的内容包括与当地商业巨头的谈话以及该地区的统计报告分析。11 个联邦储备银行的综述报告放在开头。

五、会议记录及信息发表

（1）美国联邦储备公开市场委员会。公开市场委员会会议结束 2 个月之后，公开市场委员会对外发表会议记录。会议记录包括上次会议讨论的主要内容和问题以及结论，还包括参加会议的人员名单以及有表决权人员对一些问题的赞成与否。

（2）欧洲中央银行管理委员会。会后管理委员会的主席立即召开新闻发布会解释管理委员会决策的理由。管理委员会对于经济状况和价格发展态势的看法发布在《欧洲中央银行月报》上，这个月报以欧共体 11 种官方语言发表。

（3）英格兰银行货币政策委员会。

会议结束后立即向金融市场和媒体公布决策和新闻稿。

会议纪要在例会两周后的周三上午 9 点 30 分公布。该会议纪要必须是得到委员们的同意的。主要内容：首先总结委员们对自上次会议以来的经济发展情况的讨论。回顾各种战术上的考虑及支持政策措施的论据，清楚阐述在哪些重点问题、经济分析和决策上存在不同意见。最后是投票情况。会议纪要记录了谁投了什么票，但对于所有的评论和意见则不说明发言人，以鼓励在例会上进行自由和坦诚的讨论。

经货币政策委员会同意后，每季度发布《通货膨胀报告》及相关预测。主要内容：回顾该季度做出的货币政策决策，公布货币政策委员会对通货膨胀和产出的最新预测。该季度召开的例会的会议纪要作为《通货膨胀报告》的附录。

（4）日本银行政策委员会。每次政策委员会会议后，主席需要就会议讨论的问题准备一份提纲式的纪要，并在下一次政策委员会会议批准后公布。每次政策委员会会议后，主席要就委员会就货币调控做出的决策整理出会议内容副本，并根据委员会决定，在会议后适当的时候公布该会议副本。

案例来源：http://finance.sina.com.cn/roll/20060223/13532367317.html.

思考题

中央银行的职能是什么？

案例3 使用指南

第一步：目标设定参考。本案例可以配合本章教学及高鸿业主编《西方经济学（宏观部分·第六版）》的第十七章教学及学习使用。同时，学生应该对于宏观经济政策的发展和演变等内容有所阅读，通过对案例的学习，了解宏观经济政策的含义。

第二步：背景介绍。中央银行，是国家最高的货币金融管理组织机构，在各国金融体系中居于主导地位。国家赋予其制定和执行货币政策、对国民经济进行宏观调控、对其他金融机构乃至金融业进行监督管理的权限，地位非常特殊。中央银行产生于17世纪后半期，形成于19世纪初叶，它产生的经济背景如下：①商品经济的迅速发展。18世纪初，西方国家开始了工业革命，社会生产力的快速发展和商品经济的迅速扩大，促使货币经营业越来越普遍，而且日益有利可图，由此产生了对货币财富进行控制的欲望。②资本主义经济危机的频繁出现。资本主义经济自身的固有矛盾必然导致连续不断的经济危机。面对当时的状况，资产阶级政府开始从货币制度上寻找原因，企图通过发行银行券来控制、避免和挽救频繁的经济危机。③商业银行的普遍设立。伴随着商品经济的快速发展，银行业也逐步兴盛起来。商品经济的迅速发展和资本主义生产方式的兴起在推动欧洲大陆的货币兑换商转变成商业银行的同时也加速了新银行的涌现。④货币信用与经济关系普遍化。资本主义产业革命促使生产力空前提高，生产力的提高又促使资本主义银行信用业蓬勃发展。主要表现为银行经营机构不断增加，以及银行业逐步走向联合、集中和垄断。资本主义商品经济的迅速发展，经济危机的频繁发生，银行信用的普遍化和集中化，既为中央银行的产生奠定了经济基础，又为中央银行的产生提出了客观要求。

第三步：理论学习。中央银行的职能体现在三个方面，分别是发行的银行、银行的银行、国家的银行。

发行的银行是指中央银行垄断货币发行权，是一国或某一货币联盟唯一授权的货币发行机构。首先，中央银行集中与垄断货币发行权的必要性。统一货币发行与流通是货币正常有序流通和币值稳定的保证。在实行金本位制的条件下，货币的发行权主要是指银行券的发行权。要保证银行券的信誉和货币金融的稳定，银行券必须能够随时兑换为金币，存款货币能够顺利地转化为银行券。为此，中央银行须以黄金储备作为支撑银行券发行与流通的信用基础，黄金储备数量成为银行券发行数量的制约因素。银行券的发行量与黄金储备量之间的规定比例成为银行券发行保证制度的最主要内容。在进入20世纪之后，金本位制解体，各国的货币流通均转化为不兑现的纸币流通。不兑现的纸币成为纯粹意义上的国家信用货币。在信用货币流通的情况下，中央银行凭借国家授权，以国家信用为基础而成为垄断货币发行的机构，中央银行按照经济发展的客观需要和货币流通及其管理的要求发行货币。其次，统一货币发行是中央银行根据一定时期的经济发展情况调节货币供应量，保持币值稳定的需要。币值稳定是社会经济健康运行的基本条件，若存在多家货币发行银行，中央银行在调节货币供求总量时可能出现因难以协调各发行银行从而无法适时调节银根的状况。最后，统一货币发行是中央银行实施货币政策的基础。统一货币发行使中央银行通过对发行货币量的控制来调节流通中的基础货币量，并以此调控商业银行创造信用的能力。独占货币发行权是中央银行实施金融宏观调控的必要条件。

银行的银行职能是指中央银行充当商业银行和其他金融机构的最后贷款人。银行的银行这一职能体现了中央银行是特殊金融机构的性质，是中央银行作为金融体系核心的基本条件。中央银行通过这一职能对商业银行和其他金融机构的活动施加影响，以达到调控宏观经济的目的。中央银行作为银行的银行需履行的职责如下：第一，集中商业银行的存款准备金。①为保障存款人的资金安全，以法律的形式规定商业银行和其他存款机构必须按存款的一定比例向中央银行交存存款准备金，以保证商业银行和其他金融机构具备最低限度的支付能力。②有助于中央银行控制商业银行的信用创造能力，从而控制货币供应量。③强化中央银行的资金实力，存款准备金是中央银行的主要资金来源之一。④为商业银行之间进行非现金清算创造条件。第二，充当银行业的最后贷款人。最后贷款人指商业银行无法进行即期支付而面临倒闭时，中央银行及时向商业银行提供贷款支持以增强商业银行的流动性。中央银行主要通过两种途径为商业银行充当最后贷款人：第一种途径为票据再贴现，即商业银行将持有的票据转贴给中央银行以获取资金；第二种途径为票据再抵押，即商业银行将持有的票据抵押给中央银行获取贷款。第三，创建全国银行间清算业务平台。商业银行按规定在中央银行开立存款账户交存存款准备金，各金融机构之间可利用在中央银行的存款账户进行资金清算，这加快了资金流转速度，节约了货币流通成本。于是，中央银行成为银行业的清算中心。第四，外汇头寸调节。中央银行根据外汇供求状况进行外汇买卖，调节商业银行外汇头寸，为商业银行提供外汇资金融通便利，并由此监控国际收支状况。

国家的银行职能是指中央银行为政府提供服务，是政府管理国家金融的专门机构。具体体现在：第一，代理国库。国家财政收支一般不另设机构经办具体业务，而是交由中央银行代理，主要包括按国家预算要求代收国库库款、拨付财政支出、向财政部门反映预算收支执行情况等。第二，代理政府债券发行。中央银行代理发行政府债券，办理债券到期还本付息。第三，为政府融通资金。在政府财政收支出现失衡、收不抵支时，中央银行具有为政府融通资金以解决政府临时资金需要的义务。第四，为国家持有和经营管理国际储备。国际储备包括外汇、黄金、在国际货币基金组织中的储备头寸、国际货币基金组织分配的尚未动用的特别提款权等。第五，代表政府参加国际金融活动，进行金融事务的协调与磋商，积极促进国际金融领域的合作与发展。参与国际金融重大决策，代表本国政府与外国中央银行进行两国金融、贸易事项的谈判、协调与磋商，代表政府签订国际金融协定，管理与本国有关的国际资本流动，办理政府间的金融事务往来及清算，办理外汇收支清算和拨付等国际金融事务。第六，为政府提供经济金融情报和决策建议，向社会公众发布经济金融信息。中央银行处于社会资金运动的核心，能够掌握全国经济金融活动的基本信息，为政府的经济决策提供支持。

第四步：讨论思考题目。可以选择根据思考题分组讨论，每组学生轮流发言，组内相互补充发言，各组学生代表相互点评。

第五步：学习总结或教师点评。教师对案例研讨中的主要观点进行梳理、归纳和点评，简述本案例的基础理论，在运用基础理论对案例反映的问题进行深入分析后，辅以适当的框图进行总结。

案例4　专家解读“有力度”的财政政策和“灵活”的货币政策

中央经济工作会议12月18日至21日在北京举行，会议对2016年的经济工作做出总体部署。针对会议强调的“积极的财政政策要加大力度”和“稳健的货币政策要灵活适度”，清华大学中国与世界经济研究中心研究员冯煦明在接受中国经济网记者采访时表示，积极更有力度的财政政策将沿着“减收”和“增支”两条主线进行，除了常规性的财政政策之外，还将依赖于“准财政”行为，例如地方政府债务置换、发行专项建设债等。在三期叠加的背景下，货币政策既要通过常规工具保持适度充裕的流动性，也要灵活运用结构性工具因势利导。

会议明确，宏观政策要稳，就是要为结构性改革营造稳定的宏观经济环境。积极的财政政策要加大力度，实行减税政策，阶段性提高财政赤字率，在适当增加必要的财政支出和政府投资的同时，主要用于弥补降税带来的财政减收，保障政府应该承担的支出责任。稳健的货币政策要灵活适度，为结构性改革营造适宜的货币金融环境，降低融资成本，保持流动性合理充裕和社会融资总量适度增长，扩大直接融资比重，优化信贷结构，完善汇率形成机制。

冯煦明指出，财政政策延续了去年的定调，即积极的财政政策要加大力度。作为逆周期宏观调控的财政政策，沿着两条主线：一是“减收”，二是“增支”。

“减收”的主要思路是结构性减税：一是针对中小企业、特殊行业的减税、减费；二是在营改增的过程中减税，取决于金融业、建筑业、房地产业和生活服务业四大行业营改增改革的进展情况。在经济下行期，不少企业面临税收负担过重的问题。根据世界银行的统计，中国企业的综合税负在主要经济体中仅低于巴西。税负过重不利于企业渡过难关，但同时也必须注意到，企业税负过重与税制体系设计有关，涉及财税体制改革，而不仅仅是逆周期调控的问题，单独通过全面减税是难以化解的。

“增支”就涉及扩大赤字规模。2015年的预算赤字率是2.3%，明年预计会提高到2.5%~2.8%之间。预算赤字率“破三”的可能性不大，当然，如果年中情况发生变化，也不排除年终实际执行赤字率突破3%的可能。预计2016年的地方债置换额度至少在2.5万亿之上，通过专项建设债带动的投资规模约为2万亿~2.5万亿。

对于货币政策方面，冯煦明认为，这次中央经济工作会议也基本延续了去年的定调，即稳健的货币政策要灵活适度。在三期叠加的特殊背景下，货币政策既要通过降准、降息等常规工具保持适度充裕的流动性和社会融资规模，为稳增长创造条件；也要在货币政策传导机制出现障碍的地方及时灵活运用结构性工具因势利导，加强财政政策与货币政策的配合，促进经济结构调整，促进总供给和总需求的再匹配。

案例来源：http://www.ce.cn/xwxz/gnsz/gdxw/201512/22/t20151222_7729946.shtml.

思考题

财政政策与货币政策如何协调使用?

案例4使用指南

第一步：目标设定参考。本案例可以配合本章教学及高鸿业主编《西方经济学（宏观部分·第六版）》的第十七章教学及学习使用。同时，学生应该对于宏观经济政策的发展和演变等内容有所阅读，通过对案例的学习，了解宏观经济政策的含义。

第二步：背景介绍。宏观经济学新古典综合派的代表人物如萨缪尔森、莫迪利安尼、托宾、索洛等获得了诺贝尔经济学奖。但是，与新古典综合学派主张国家干预的想法相反，强调自由放任的货币主义和理性预期学派的弗里德曼和卢卡斯也分别获得了诺贝尔经济学奖。此外，研究国民收入体系的库兹涅茨和斯通也获得此殊荣。近年来，多位新古典学派的代表人物也获得诺贝尔经济学奖。为什么这些经济学家研究观点完全相反，但都可以获得诺贝尔经济学奖呢?

第三步：理论学习。财政政策与货币政策协调是指能使财政政策与货币政策共同发挥对经济调节作用的最佳结合点。这个因素既可能是货币政策实施的结果，同时又可能是财政政策实施的结果，即二者协调配合的最佳结合点。财政政策与货币政策的最佳结合点应当一头连着财政收支的管理结构，另一头关系到货币供应量的适度调控，有互补互利的作用。因为财政收支状况的变动是财政政策的直接结果，而货币供应量则是中央银行货币政策的主要目标。在市场经济体制下，两大政策的协调有两种方式：一种是各自以自己的调控内容与对方保持某种程度的协调，也就是政策效应的相互呼应；另一种则是两大政策的直接联系，也就是所谓政策操作点的结合。从不同角度分析，财政政策与货币政策的协调配合有不同的方式，主要包括以下四个方面的内容：第一，政策工具的协调配合。我国财政政策工具和货币政策工具协调配合主要表现为财政投资项目中的银行配套贷款。财政政策与货币政策的协调配合还要求国债发行与中央银行公开市场的反向操作结合。也就是说，在财政大量发行国债时，中央银行应同时在公开市场上买进国债以维护国债价格，防止利率水平上升。第二，政策时效的协调配合。在西方经济理论中，通常把政策时滞分两类三种，即认识时滞、行动时滞和外部时滞三种，其中前两种时滞又称为内部时滞。财政政策和货币政策的协调配合也是两种长短不同的政策时效的搭配。财政政策以政策操作力度为特征，有迅速启动投资、拉动经济增长的作用，但容易引起过渡赤字、经济过热和通货膨胀，因而，财政政策发挥的是经济增长引擎作用，只能做短期调整，不能长期大量使用。货币政策则以微调为主，在启动经济增长方面明显滞后，但在抑制经济过热、控制通货膨胀方面具有长期成效。第三，政策功能的协调配合。财政政策与货币政策功能的协调配合还体现在："适当的或积极的货币政策"，应以不违背商业银行的经营原则为前提，这样可以减少扩张性财政政策给商业银行带来的政策性贷款风险。财政政策的投资范围不应与货币政策的投资范围完全重合。基础性和公益性投资项目还是应该以财政政策投资为主，而竞争性投资项目只能是货币政策的投资范围，否则就会形成盲目投资，造成社会资源的极大浪费。第四，调控主体、层次、方式的协调配合。由于财政政策与货币政策调控主体上的差异，决定了两大政策在调控层次上亦有不同，由于货币政策权力的高度集中，货币政策往往只包括两个层次，即宏观层面和中观层面。宏观层面是指货币政策通过对货币供应量、利率等因素的影响，直接调控社会总供求、就业、国民收入等宏观经济变量，中观层面指信贷政策，根据国家产业政策发展需要，调整信贷资金存量和增量结构，促进产业结构的优化和国民经济的协调发展。而财政政策由于政府的多层次性及相对独立的经济利益，形成了多层次的调节体系，可以分为宏观、中观、微观三个层次。宏观层面是国家通过预算、税率等影响宏观经济总量，影响社会总供求关系。中观层面则主要是通过财政的投资性支出、转移性支出等，调整产业结构、区域经济结构，解决公平、协调发展等重大问题。微观层面则是指通过财政补贴、转移性支付中形成的个人收入部分对居民和企业的影响。财政政策与货币政策的协调配合还可以从宏观调控目标、结构调整和需求调节方面的协调配合三方面进行分析。

第四步：讨论思考题目。可以选择根据思考题分组讨论，每组学生轮流发言，组内相互补充发言，各组学生代表相互点评。

第五步：学习总结或教师点评。教师对案例研讨中的主要观点进行梳理、归纳和点评，简述本案例的基础理论，在运用基础理论对案例反映的问题进行深入分析后，辅以适当的框图进行总结。

第七章　开放经济下的短期经济模型

【案例导入】

案例导入一：人民币升值：低技术企业陷困境 高技术企业迎机遇

"6.5、6.4、6.3、6.2、6.19……"这是过去两年中美元对人民币汇率变化的大致走势——很明显，美元一直在贬值，人民币一直在升值。昨天，人民币对美元中间价报6.194 7。

人民币汇率持续走高，国内出口企业的生意也受到影响。不过记者调查发现，出口企业正在出现分化，那些靠低价出口盈利的技术含量不高的企业日益陷入窘境，而注重提高产品技术含金量的"技术流"外贸企业则"逆风飞扬"、表现抢眼。

以数量制胜的，陷被动

在旧宫工业园区一家涂层杯生产厂里，翻着手里的订单，贸易经理李雷（化名）有些愁眉不展。月初接到一笔来自日本大阪一家影像公司200箱涂层杯的订单这两天该交货了，本该高兴的李雷却感到有点悔不当初："做出口怕的就是汇率升高，现在人民币升值得太厉害，可不亏本嘛。"

工厂里有100多名工人，4条生产线，通体白色的涂层杯是工厂最主要的产品。这种涂层杯是热转印行业里的基本材料，通过热转印技术，涂层杯上可以被印上各色图案。

"杯子技术含量并不高，因此利润也不高，一箱里有36个，总价才50元人民币。"李雷告诉记者，用大批量赚差价原本是产品盈利的稳定来源，可最近的汇率走势打乱了这个模式。李雷给记者算了一笔账，因为是和这家日本客户的第一单"试水"生意，月初签合同时也不过是1万元人民币左右的小单成交，结算时用的是日元，在当时是15.7万日元左右。可不到一个月时间里，截至昨天，1元人民币却值16.6日元，15.7万日元也就相当于9 400多元人民币。"本来就是走小单，拿到手的钱只有9 400多元，实在没什么赚头。"

和李雷一样，国内不少中小外贸商最近都体会到了出口生意的不容易。商务部日前公布的抽样调查显示，77.5%的企业1至4月在手合同利润明显下滑，6.6%的企业表示会影响正常履约，73.4%的企业预计今年全年出口利润同比只能持平或者下降。

今年1至4月，人民币对美元汇率中间价已经累计升值逾1%。4月份表现尤其突出，人民币对美元中间价多次创新高，进入5月更是首破6.2关口。而由于日本正实施力度相当大的量化宽松政策，人民币对日元升值幅度更大。商务部数据显示，今年4

月份人民币对日元升值高达6.1%，我国对日出口则同比下降1.2%，比1月回落近7个百分点。

“受人民币快速升值等因素影响，企业普遍对远期经营信心不足，长单不敢接，出口订单多为短单。”商务部发言人沈丹阳表示，近期人民币快速升值虽然有利于改善进口贸易条件，但对企业出口签约和利润产生了比较大的负面影响。

以技术制胜的，迎机遇

面对人民币升值带来的出口环境变得严峻，国内出口商们如何应对？记者走访北京几家外贸企业发现，提高产品“含金量”成为一些企业的“撒手锏”。

“今年以来我们的出口额同比增加了近40%。”北京凯鼎国际科贸公司技术总监吴仕辉喜滋滋地告诉记者。

摩托车配件一度是2002年成立的北京凯鼎公司的“老本行”。2009年之前，作为一家主营出口的外贸公司，凯鼎每个月都有至少5个大集装箱量的摩托车配件销往哥伦比亚、巴西等南美市场。不过，包括LED灯具、LED头盔等技术产品现在成了公司的主营项目。

公司去年研发成功的LED摩托车头盔，成功地为其开拓出了一片新市场。把LED灯安装到头盔上，在头盔上安装有“左向”“右向”“刹车”三种频率的接收器，再在车身的把手、刹车等相应位置安上发射器。“通过无线电子传输设备的指挥，一个动作搭配一个指令，头盔上也分别显示左、右箭头和红色叉号这样的LED标示。”吴仕辉介绍说。

“在哥伦比亚、墨西哥等地，由于山地多，后方汽车中的人员，遇到坡道时不容易看清前方摩托车的转向，容易酿成交通事故。但头盔上有了LED标示后，摩托车后方汽车中的人员，就比较容易看清摩托车情况、提前采取应对措施了。”吴仕辉表示，由于抓准了市场，这一项产品今年就为公司赢得了可观的订单量。

在过去，摩托车头盔只能算是生产线中的“边角料”，在每个月5集装箱的出口量中一般只有集装箱里大型配件重量太大，才会配上一部分头盔来均衡一下。“2008年金融危机让我们有了转型的念头。那时候摩配出口不好做，一个月一单生意没有成了平常事儿，而公司刚刚起步的LED照明还未能打开市场。”吴仕辉回忆，2009年起公司由“贸易公司”改成了“科贸公司”。瞅准南美新兴的LED灯摩托车头盔市场，公司开始转型，着力研发和生产这方面的产品。

如今，凯鼎在南美市场已干得风生水起。“别人不敢接的单我们敢接，尽管人民币升值，单件产品的利润在打折扣，但是由于技术优势，我们的LED头盔还是有利可图，我们能够用大单走货来平衡人民币升值的负面影响。”吴仕辉表示。

专家观点

要增加出口产品附加值

记者从北京其他几家外贸企业了解的情况，与那家涂层杯生产厂和LED摩托车头盔生产厂的情况大同小异——产品技术含量不高的企业受人民币升值影响普遍比较大，现在情况不是很乐观，而那些产品有较高技术含量的企业，日子相对好过一些。

“人民币升值，就意味着美元贬值。”商务部国际贸易经济合作研究院国际市场研究部副主任白明对记者说，我国不少传统出口产品最大的竞争力就是价格，而对外出口则以美元计价。“这样一来，国内采购、生产、人力等成本并没有降低，但国内的外贸企业拿到手的、通常以外币计价的货款却面临着贬值的风险，这让不少企业在接单时有所顾虑。”

白明表示，对国内企业来说，要想从根本上应对这类贸易风险，必须改变以价格取胜的老思路，“我们需要通过增加出口产品的附加值，增强产品本身在国际市场的竞争力，来获取我们的出口优势”。

“从过去传统的服装玩具，到现在越来越多企业向外输出的通信产品、清洁能源等高技术产品，我国的外贸出口结构正在调整，这种调整将有一个过程。国内出口企业都应该认清这种趋势，多研发和制造有技术含金量的产品。”白明说。

案例来源：张倩怡. 人民币升值：低技术企业陷困境 高技术企业迎机遇［N］. 北京日报，2013-05-24.

问题：

人民币升值对我国外贸企业会产生什么样的影响？

案例导入二：中国开放型经济的转型升级之路

伴随着改革开放应运而生的开放型经济支撑了中国经济35年的飞速发展。2008年世界金融危机以来，全球经济格局产生了深刻变革。中国作为当前世界第二大经济体，在世界经济中的地位举足轻重；中国的开放型经济作为经济全球化链条上重要的一环，它所面临的转型升级任务也显得迫在眉睫。

开放型经济的两种模式是“引进来”和“走出去”，那么开放型经济的转型升级，其实也就是如何更好地“引进来”和如何更好地“走出去”的问题。在此用四个方面的“引进来”和“走出去”来解答这个问题。

持续增量引进来。2011年开始，在珠三角、长三角地区，出现了大批工厂倒闭、用工荒、外资撤资的现象，其中大部分的外资企业撤资原因是“成本上升，特别是用工成本上升”。在外资撤离的形势下，我们应该开辟新的引资思路，培育新的外资经济增长点。解决这个难题，最好的办法就是引领外资“西进”，促进区域间的协调发展。例如，江西省在地域上是中国唯一的上承长三角、下接珠三角的省份，与东部沿海地区一衣带水，有着其他中部省份无法比拟的区位优势，拥有沪昆高铁、长江水道、沪昆和赣粤高速等交通基础设施。其次，江西是一个人口大省，劳动力供给充足，用工成本相对较低，可以大大缓解外资企业的成本压力。江西省应该加强政策引导和调节，引导外资企业从东部沿海地区向江西转移，促进江西省工业化、城镇化水平的提高，使外资在这里重焕新生，成为江西省新的经济增长点，持续推动中国经济发展。

过剩存量走出去。中国有两大严重过剩，一是产能严重过剩，二是外汇储备严重过剩。目前，中国的煤炭、钢铁、建材、光伏、电力等诸多行业都出现了不同程度的产能过剩现象，造成的后果就是企业产品库存过多、产品价格大幅下跌、利润严重缩水、大量的资源浪费等，经济危机中推出大规模的财政刺激计划，使得中国的产能利用率已经从危机前的约80%下降到今天的60%左右。另外，到2012年中国已拥有3万多亿美元的外汇储备，折合人民币超过20万亿，是中国政府年度财政总收入的2倍，是中国规模生产总值的1/2，而且每年还在不断递增。截至2014年9月，外汇储备高达3.8万亿美元。另一方面，美元的持续贬值正在掏空中国的外汇储备，据不完全统计，2007—2013年，因美元贬值造成的中国外汇储备损失，高达7 000亿美元。按照一艘“辽宁”号航母的造价35亿美元来计算，过去的6年时间，中国损失了大约200艘“辽宁”号航母！近几年来，全国性的产能过剩导致了原本就开采成本高、安全压力大的煤炭陷入困境，而中美、中欧之间“光伏产品贸易战”的殃及，使得光伏行业也成了产能过剩的“重灾区”。中国巨量的外汇储备对于资源丰富、工业落后的发展中国家是一块大的“蛋糕”。我国已经成立或者拟成立多家区域性和政策性的出口信贷银行、通过资本输出将国内过剩的产能转移至资本短缺的发展中国家。例如，煤炭、光伏行业应该抓住这个政策机遇，利用我们在井工开采煤矿的技术优势和良好的光伏产业基础优势，将目前已经过剩的产能释放“出海”。

优质要素引进来。衡量一个国家经济是否是可持续发展的标准，是各生产要素的配置水平和发达程度，当前我们的产品结构单一、低端，难以融入全球价值链。还是以江西为例，江西也是一个典型的“基本要素强、高级要素弱”的省份。招商引资最直接的目的肯定是发展经济，但如果要实现外资带动产业发展，还要通过外资企业的平台培育一批高端人才、通过结成战略合作伙伴融入他们的全球营销网络，并将他们带来的先进技术、创新思维、科学的管理方法和企业制度转化为自己的生产力。江西山好水好，造就了质量上乘的农产品，但江西的农产品附加值其实是很低的，如果能通过“外资先进技术+管理理念+营销网络”的模式大力发展现代农业，江西的农产品一定能够享誉世界。

优势要素走出去。资本和劳动力依然是我们最大的优势。首先是资本，当前中国内需不足，闲置资本大量囤积，中国每年的储蓄占GDP比例高达40%以上，大约43万亿元，位列世界第一。如果政府能够通过合理的制度安排和机制制定将这些闲置的资本转换为对外投融资运作平台上的资金，将大有可为。其次是劳动力，作为世界上劳动力最充沛的国家，中国的劳务输出还有很大的发展空间。当前欧美发达国家劳动力严重供不应求，是全球吸收外籍劳务人员最多的地区，特别是对于护士、医生、海员、家政服务、妇幼保健、熟练技术工人等工种的需求十分强劲。

集约产业引进来。经济发展方式之粗放已经严重影响到了中国经济未来的可持续发展，美国、日本等发达国家的单位GDP能耗均大大低于中国，绿色、低碳、环保在这些国家已经不仅仅局限于一种产业理念，而是实实在在地成了全产业的共识。目前，欧美等发达国家已经着手征收“碳关税”，首先是中国的高单位能耗产品，有专家预计，一旦“碳关税”实施，中国将有大批高污染、高能耗的出口型制造企业被淘汰。我们在引入外资的取向方面，除了在环境影响、资源消耗方面设立门槛，更应侧重于引进那些掌握了尖端的绿色、低碳、环保、节能、智能技术的企业，除了降低它们自身对资源的消耗、环境的破坏之外，还能带动中国的节能环保产业的发展。

高新产业走出去。高新技术产品也是国际市场上最吃香、附加值最高的产品，中国在航天、超导、纳米等领域掌握着许多世界顶尖技术，如果能及时地将这些技术转化为产业、产品，中国的高新产业将在国际市场上长袖善舞，一改国际市场对中国制造=廉价+低端的印象。中国的高铁技术目前在世界处于领先地位，同时也具有最广阔的市场前景。据国际铁路联盟统计，未来 10 年的海外高铁基建市场容量将达到 3 万亿元。目前我国与多个国家签订了铁路建设合作意向。90 多个国家希望中国能给予高铁技术和建设的支持。当前世界处在产业转型的节点上，新能源、新材料、生物技术将是未来产业发展的新方向。可以说中国与世界都处在新一轮产业竞争的起点上，像江西这样的省份更应该依托特殊的资源优势（如稀土、多晶硅等），在新材料领域打造产融贸、产学研一体化的高新产业链，在新一轮的竞争中实现弯道超车、进位赶超。

结构优化引进来。产业结构是否合理是衡量一个国家综合国力的重要标准，中国的产业结构失衡问题由来已久。在欧美等发达国家，三大产业在 GDP 总量中的比重基本上都保持在第一产业 1%~1.5%、第二产业 20%~30%、第三产业 70%~80%的水平，发展中国家的第三产业比重平均水平为 50%，而中国 2014 年前三季度第三产业占 GDP 比重为 46.7%，低于平均水平，对产业结构进行优化调整，是当前中国经济面临的重大课题之一。目前，外资在我国产业结构占的比重中，第二产业仍然是首选，这反而加剧了中国产业结构的失衡，所以当下的招商引资工作，应与国家产业结构调整方向的一致。要大力引进外资进入农业、有选择性地引进外资进入工业、重点引进外资进入第三产业。此外，旅游业是第三产业中经济带动能力最强的产业之一，具有旅游资源优势的省份，应该开放思路，引入外资带动旅游业的发展。

中小企业走出去。中小企业旺盛的生命力和推动力，在整个国民经济中起到了举足轻重的作用，且已成为我国经济的中坚力量。为什么这么说？我国目前有中小企业 4 200 多万家，它们贡献着约 50%的税收、60%的 GDP、70%的出口和 80%的就业岗位，99.8%的企业属于中小企业。而在走出去的企业中，绝大部分是国有企业。一方面，中小企业大多是民营企业，民营企业“走出去”相对于国有企业其实具备许多体制机制方面的优势，但政府对于民营资本的扶持力度非常有限，民营企业“走出去”获得的政策、金融等支持相对偏少，中小企业宁愿参与国内惨烈无序的竞争，也不愿“孤身出海”。在入围 2013 年 ENR（全球工程建设领域权威杂志）国际最大承包商 250 强的 53 家中国企业中，竟没有一家是民营企业。另一方面，中小企业自身体量小、抗风险能力弱，国际化人才不足，导致在海外市场难以形成规模经济，往往走一种“短平快”“游击战”的模式。中小企业走出去，需要政府和企业的双轮驱动。首先，政府要给予企业必要的资金和政策扶持，提供国外市场的政治、法律、税率、基础设施、项目、风险等方面的市场信息服务。其次，企业自身也可以通过进入国有大型企业的海外产业链（如分包、物流、劳务输出等方式），或者组成多个企业联合体等方式“曲线出海”。如此一来，中国的中小企业在国际舞台上，势必成为一股不可忽视的力量。无论是站在过去、现在、未来的哪个角度看，开放型经济都将长期引领着中国经济的发展。

案例来源：胡立俭. 中国开放经济的转型升级之路 [J]. 中国经济周刊，2014 (49).

问题：

1. “中国的产业结构失衡问题由来已久”，针对此问题，政府在宏观经济政策制定方面做出了怎样的调整？

2. 试概括中小企业在我国国民经济发展中的作用。

【学习目标】

1. 了解汇率及其标价。
2. 掌握汇率种类和汇率制度。
3. 掌握蒙代尔-弗莱明模型。
4. 掌握蒙代尔-弗莱明模型的应用。
5. 理解用对称方法分析南—北关系。

【关键术语】

汇率　直接标价法　间接标价法　固定汇率制　浮动汇率制　名义汇率　实际汇率　蒙代尔-弗莱明模型

【知识精要】

1. 名义汇率是用一国通货交换另一国通货的比率，实际汇率是交换两国生产物品的比率，它表示为名义汇率乘以两国价格水平的比率。

2. 蒙代尔-弗莱明模型是小型开放经济的 *IS-LM* 模型。它把价格水平作为给定的，然后说明引起收入和汇率波动的因素。

3. 蒙代尔-弗莱明模型说明了在浮动汇率下，财政政策不影响总收入，但货币政策能够影响总收入。

4. 蒙代尔-弗莱明模型说明了在固定汇率下，财政政策影响总收入，但货币政策不影响总收入。

【实训作业】

一、名词解释

1. 汇率
2. 直接标价法
3. 间接标价法
4. 固定汇率
5. 浮动汇率

二、简要回答

1. 当一国经济既处于通货膨胀又有国际收支赤字状况时，应当采取什么样的政策措施？

2. 在市场经济中，如何使国际收支自动得到调节？

3. 简述人民币的升、贬值对我国国际收支的影响。

三、论述

1. 说明固定汇率制度的运行。

2. 完全资本流动的含义是什么？在小国和大国模型中，资本完全流动带来的结果有什么不同？

【实训作业答案】

一、名词解释

1. 汇率：指一个国家的货币折算成另一个国家货币的比率，它表示的是两个国家货币之间的互换关系。

2. 直接标价法：指用以单位的外国货币作为标准，折算成一定数额的本国货币来表示的汇率。

3. 间接标价法：指用以单位的本国货币作为标准，折算为一定数额的外国货币来表示的汇率。

4. 固定汇率：指一国货币同他国货币的汇率基本固定，其波动限于一定的幅度之内。

5. 浮动汇率：指一国不规定本国货币与他国货币的官方汇率，听任汇率由外汇市场的供求关系自发地决定。

二、简要回答

1. 当一国经济既处于通货膨胀又有国际收支赤字状况时，应当采取什么样的政策措施？

答：在开放经济中，政府宏观经济政策的最终目标应该是实现宏观经济的均衡和内外均衡，即使宏观经济处于充分就业的水平上，并且没有通货膨胀的压力，经济均衡增长，国际收支平衡。如果一国经济出现国内非均衡或国外非均衡，则可以采取相应的财政、货币、对外贸易政策的组合，使宏观经济趋向既定的目标。

当一国处于通货膨胀和国际收支赤字状况时，政府应当采取如下的政策组合：

（1）紧缩性的货币政策，如出售债券回笼货币、提高存款准备金和再贴现率等。紧缩性的货币政策使国内利息率上升，一方面可以使投资下降，压缩总需求，有利于物价水平下降，减轻通货膨胀压力；另一方面进口量亦随收入水平的下降而减少，使国际收支赤字减少。同时，较高的利息率可以减少国内资本的外流，并吸收更多的国外资本流入，改善国际收支状况。

（2）紧缩性的财政政策，如削减财政支出、提高税率等紧缩性的财政政策可以抑制总需求，以配合紧缩性货币政策的影响。

（3）贸易保护性政策，如提高进口关税、进口许可证与进口配额、非关税壁垒等；外汇管制政策，如制定限制外汇流出、促进外汇流入的政策等。贸易保护性政策和外汇管制政策可以促进资本流入，有效地改善国际收支状况，但会影响与本国经济往来密切的国家的利益，因此，需要考虑对方的反映，以免采取报复措施。

总之，一国处于国内外均衡时，应当根据具体情况将各种经济政策加以适当的配合。一般来说，财政政策的作用对国内经济活动的调节效果比较直接；外贸、外汇调节国际收支效果比较显著，但同时又会影响多边贸易关系，而货币政策是通过利息率来间接地调节国内总需求水平及国际收支状况的。在实际运用中，应考虑各种政策对经济总量的不同影响，相互配合、相互补充，以有利于宏观经济，同时实现国内外的均衡。

2. 在市场经济中，如何使国际收支自动得到调节？

答：在市场经济中，当一国国际收支失衡时，主要是通过价格、收入、汇率等的变化，使国际收支自动得到调节，趋向平衡。历史上在金本位制度下，如果一国发生了国际收支逆差，外汇供不应求，汇率就要上升，这时该国就要输出黄金，于是货币发行量及存款都要收缩，物价就会下降，这样出口增加，进口减少，国际收支状况得到改善。反之，则会发生相反的过程。这样，国际收支的不平衡就会通过黄金流通机制自动得到调节。金本位制被纸币本位制取代后，这种经济中的自动调节作用是通过影响国民收入、物价水平及资本流动等各方面的变化，使国际收支自动得到调节的。例如，一国发生国际收支顺差时，国内金融机构持有的国外资产增加，使银行信用扩张，银根松弛，利率下降，由此使：

（1）国内消费和投资都增加，国民收入水平提高，进口增加，缩小了原来的国际收支顺差。

（2）国内总需求增加，物价上涨，从而削弱本国商品在国际市场上的竞争能力，出口下降，进口增加，缩小了原来的国际收支顺差。

（3）资本外流，外国资本流入受阻，也缩小了贸易顺差。

（4）对外汇的供给大于需求，汇率下降，本国货币升值，出口减少，进口增加，减少了贸易顺差。

反之，如果出现国际收支逆差，则能通过相反的调节过程，使国际收支状况自动得到改善。

总之，在市场经济中，国际收支推移会影响利率、收入、汇率水平在市场作用下发生相应变化，从而自动调节国际收支状况。这种自动调节机制尤其为古典主义所强调。

3. 简述人民币的升、贬值对我国国际收支的影响。

答：一国货币汇率的变动对其国际收支的影响是多方面的。汇率的升值与贬值是一个问题的两个方面，它们方向相反，作用也正好相反。现以汇率贬值为例，从一般理论到实际情况，分析人民币汇率的变动对我国国际收支的影响。

（1）人民币贬值对贸易收支的影响。一国汇率变化对其国际收支的一个最为直接也是最为重要的影响是对贸易收支的影响。这一影响一般表现为，在满足马歇尔-勒纳条件并且存在闲置资源的条件下，一国货币贬值能够促进本国商品的出口，并能自动抑制外国商品的进口，从而能够起到改善本国贸易收支差额的作用。

对出口而言，人民币贬值后，一方面，等值人民币的出口商品在国际市场上能够比贬值前折合更少的外币，使我国商品在国际市场的销售价格下降，竞争力增强，出口扩大；另一方面，如果我国出口商品在国际市场上的外币价格保持不变，则人民币贬值会使等值外币收入兑换成比贬值前更多的人民币收入，使我国出口商的出口利润增加，从而使其出口积极性提高，出口生产扩大。

对进口而言，其作用与出口正好相反。人民币贬值后，一方面，以外币计价的进口商品在我国销售时能够折合的人民币价格比贬值前提高了，导致我国进口商成本增加、利润减少，从而引起进口数量相应减少；另一方面，如果维持原有的人民币售价，则需要压低进口品的外币价格，这势必会招致国外出口商的反对，从而降低我国进口商的积极性，减少进口。因此，本币贬值会自动地抑制商品的进口，并促使部分对进口品的需求转向本国的进口替代品。

从人民币贬值的实际效果来看，通常贬值能够对我国的贸易收支起到一定的推动作用。这主要是由贬值之后出口品（主要是中低档劳动密集型商品）的增长引起的。但由于我国对进口品的需求弹性较低，并且受到结构性因素的制约，进口对于贸易收支的改善作用并不明显。

（2）人民币贬值对非贸易收支的影响。货币贬值对一国经常账户也可能起到改善作用。因为，贬值之后，外国货币的购买力相对提高，贬值国的国内服务变得相对低廉，因而增加了一国旅游和无形贸易对外国居民的吸引力，促进了本国对外非贸易收入的增加；另一方面，贬值后，国外的旅游和其他劳务开支对本国居民的吸引力相对减弱，从而抑制了本国对外的非贸易支出。但是，贬值对一国的单方面转移收支却可能因为贬值而产生不利影响。以外国侨民赡家汇款收入为例，贬值后，一单位外币所能换到的人民币增加，对侨民而言，一定的以人民币表示的赡家费用就只需要用较少的外币来支付。这就意味着我国的外币侨汇数量将会下降。

（3）人民币贬值对国际资本流动的影响。人民币贬值后，1 单位外币可以折合更多的人民币，一般而言，这会促使外国资本流入增加，国内资本流出减少，使一国资本账户得到改善。但是贬值对我国资本账户收支的具体影响，还应取决于人们对人民币走势的预期。如果人民币贬值后，人们认为贬值的幅度还不够，汇率的进一步贬值将不可避免，即贬值引起了进一步的贬值预期，那么人们会将资本从我国转移到其他国家，以避免损失；如果人们认为贬值已使得人民币汇率处于均衡水平，那些原先因人民币定值过高而外逃的资金就会流回我国；如果人们认为贬值已经过头，即人民币价格已低于正常的均衡水平，其后必然出现向上反弹，那么，就会将资金从其他国家调拨到我国，以从中牟利。

（4）人民币贬值对外汇储备的影响。当今，大多数国家采用了多元化的外汇储备管理办法。由于储备货币的多元化，汇率变化对外汇储备的影响也复杂化了。本国货币对某一货币的贬值究竟会在多大程度上对本国的外汇储备产生影响，需要从多方面加以分析：①要明确我国外汇储备的币种结构；②要计算各储备货币的升贬值幅度；③根据外汇储备构成中不同币种的权重，结合各货币的升贬值幅度，衡量出一定时期内储备币种汇率变化对一国外汇储备的综合影响；④要考虑储备货币中软硬币的利率差异，与汇率涨跌相比较，从而得出一定时期内不同货币汇率变化及利率变化对一国外汇储备总体影响的分析结论。

三、论述

1. 说明固定汇率制度的运行。

答：在固定汇率制下，一国中央银行随时准备按事先承诺的价格从事本币与外币的买卖。以美国为例，假定美联储宣布，它把汇率固定在每1美元兑换100日元。为了有效实行这种政策，美联储要有美元储备和日元储备。

一般地说，固定汇率的运行是会影响一国货币供给的。仍以美国为例，假定美联储宣布将把汇率固定在1美元兑换100日元，但由于某种原因，外汇市场均衡汇率是1美元兑换150日元。在这种情况下，市场上的套利者发现有获利机会：他们可以在外汇市场上用2美元购买300日元，然后将300日元卖给美联储，从中获利1美元。当美联储从套利者手中购买这些日元时，向他们支付的美元自动地增加了美国的货币供给。货币供给以这种方式继续增加直到均衡汇率降到美联储所发布的水平。

如果外汇市场均衡汇率为1美元兑换50日元，则市场的套利者通过用1美元向美联储购买100日元，然后在外汇市场上以2美元卖出这些日元而获利。而当美联储卖出这些日元时，它所得到的1美元就自动地减少了美国的货币供给。货币供给以这种方式继续下降直到均衡汇率上升到美联储所宣布的水平时为止。

2. 完全资本流动的含义是什么？在小国和大国模型中，资本完全流动带来的结果有什么不同？

答：完全资本流动是指一国居民可以完全进入世界金融市场，该国政府不阻止国际借贷。这意味着，该国在世界金融市场上想借入或借出多少就可以借入或借出多少。

小国模型中的“小国”是指该国只是世界市场的一小部分，从而其本身对世界利率的影响微不足道。在小国模型中，资本完全流动带来的结果是，该国的利率必定等于世界利率，即等于世界金融市场上的利率。

大国模型中的“大国”则是指该国经济对世界经济有不可忽视的重要影响，特别是该国经济足以影响世界金融市场。对于大国模型，资本完全流动带来的结果是，该国的利率通常不由世界利率固定。其原因在于该国大到足以影响世界金融市场。该国给国外的贷款越多，世界经济中贷款的供给就越大，从而全世界的利率就越低。反之，该国从国外借款越多，世界利率就会越高。

【实训活动】

实训活动 政府文件解读

目的：

认识开放经济下的短期经济模型。

内容：

1. 时间：90 分钟。

2. 地点：多媒体教室。

3. 人数：任课班级学生人数。

步骤：

第一步：教师选择与教学内容相关的、播放时长约为 45 分钟的影像资料。

第二步：组织学生观看并提示学生在观看资料的同时注意提炼影像资料中关于开放经济国家经济增长的原因。

第三步：教师提出引导性问题，并请学生作答。为了更好地调动学生回答问题的积极性，可以将学生的回答内容作为平时成绩予以记录，最终作为期末综合考评成绩的一部分。

第四步：教师针对教学效果做总结。

问题研讨：

1. 是什么原因使一个“小国家”脱颖而出，跃居世界经济大国前列？

2. 开放是否会引起一国外汇储备的增加？

3. 影响一国外贸的重要因素有哪些？

实训点评：

主要是通过观看影像资料，让学生了解开放型经济的国家经济发展模式。

实训材料：http://v.youku.com/v_show/id_XMzMyMzYwNDcy.html? spm = a2h0j.8191423.item_XMzMyMzYwNDcy.A.

【案例研究及案例使用指南】

案例 1 汇率调整利好出口

企业：“东莞制造”出口竞争力增强，但传导效果不会立竿见影

继前日人民币兑美元汇率下调 2%后，昨日人民币兑美元中间价再走低，较前一日下调 1.6%，为 2012 年 10 月 11 日以来的新低。

在出口企业遍地开花的“世界工厂”东莞，人民币贬值无疑是最令企业主们兴奋的消息，因为人民币贬值意味着对于欧美客户而言，“东莞制造”的价格更便宜了，相应的东莞出口产品的国际竞争力也有所增强。

不过，也有企业主表示，人民币贬值对东莞出口企业而言虽然是利好消息，提振

了企业的信心，但实际作用不可能立竿见影，而具体作用有多大，还要看人民币后市走向。

影响：传统制造业出口竞争力增强

前日，人民币兑美元汇率贬值近 2%，昨日继续下调 1 000 多个基点，报 6.33。"这对东莞的制造业，尤其是出口企业而言，无疑是重大利好消息。"东莞市纺织服务行业协会名誉会长陈耀华指出，一直以来国内的人力成本持续增长，加上人民币升值等因素，中国的出口商品相对东南亚和印度，在价格上占了劣势；而人民币贬值后，东莞外贸企业的国际竞争力增强，尤其是对在国内采购原料的传统制造业而言，如纺织、制鞋、玩具等。

东莞哈一代玩具董事长肖森林举例说，原本 61 万元人民币的商品，欧美客户需要花 10 万美元，而现在则 9 万多美元就够了，"对欧美客户而言，会感觉中国商品更便宜了；对东莞出口企业而言，产品的国际竞争力就增强了"。

而从事纺织行业 20 多年、原东莞永嘉盛针织发展部经理罗庆华也告诉记者，人民币贬值，东莞出口型企业直接受益，而对东莞大量贸易公司而言也是好事。"产品价格优势明显了、竞争力强了，我们接单也容易了。"

企业：传导效应至少要 2 个月后才会显现

东莞哈一代玩具目前是内销和出口各占一半比例，对于人民币贬值的消息，虽然肖森林和其他外贸企业主一样兴奋，但他表现得十分理性。"这个利好消息带来的更多的是信心的提振，至于真正的效果，是不可能立竿见影的，传导效应至少要 2 个月后才会显现，而且最终效果有多大，还要看人民币接下来的走势。"

东莞一家大型鞋厂市场部徐女士告诉记者，外贸出口一般按照订单确定时的汇率计算，或者会事先约定"某段时间内汇率超过某个点，双方再商议"。因此，人民币兑美元短期内变化，并不会对企业经营造成太多实质性影响。

这几年，人民币兑美元的持续升值，使得东莞众多外贸型出口企业在欧美经济不景气、订单锐减的冲击下"雪上加霜"。"人民币升值吞噬了原本就微薄的利润，接单就可能亏本，不接单呢又浪费产能。"位于大朗的一家毛织企业老板刘先生说，去年以来，每逢毛织企业开工淡季（冬季），自己都给工人放假，到旺季才开工。"现在敢接一些单了，一些单也可以去谈了，说不定还能把东南亚一些订单抢回来。"

案例来源：黄江洁. 汇率调整利好出口［N］. 广州日报，2015-08-13（20）.

思考题

汇率变动如何影响一国进出口？

案例 1 使用指南

第一步：目标设定参考。本案例可以配合本章教学及高鸿业主编《西方经济学（宏观部分·第六版）》的第十八章教学及学习使用。同时，学生应该对汇率理论内容有所阅读，通过对案例的学习，了解汇率变动对一国对外贸易的影响。

第二步：背景介绍。"汇率"简称为 ExRate，亦称"外汇牌价""外汇行市"或

“汇价”等。ExRate 是英文的“Exchange Rate”（汇率）的缩写。是一种货币兑换另一种货币的比率，是以一种货币表示另一种货币的价格。由于世界各国（各地区）货币的名称不同，币值不一，所以一种货币对其他国家（或地区）的货币要规定一个兑换率，即汇率。从短期来看，一国（或地区）的汇率由对该国（或地区）货币兑换外币的需求和供给所决定。外国人购买本国商品、在本国投资以及利用本国货币进行投资会影响本国货币的需求。本国居民想购买外国产品、向外国投资以及外汇投机影响本国货币供给。在长期中，影响汇率的主要因素主要有相对价格水平、关税和限额、对本国商品相对于外国商品的偏好以及生产率。

第三步：理论学习。汇率变动会对一国经济产生较大的影响。

第一，对一国国际收支的影响。

（1）对贸易收支的影响。汇率变动会引起进出口商品价格的变化，从而引起一国进出口贸易发生变化，也就引起了贸易收支的变化。如果一国货币的汇率下浮，即本币贬值、外币升值，则有利于该国增加出口，抑制进口。原因有三：①国外对该国商品需求增加。如果该国货币汇率下浮，以外币表示的出口商品价格就会下降，当出口商品具有较大价格需求弹性时，就会诱使国外居民增加对该国出口商品的需求，可能会使出口大幅度增加。②出口商品积极性提高。由于该国货币汇率的下浮，出口同样数量的商品，换回本国货币的数量更多，增加了出口商的利润，从而刺激出口的积极性。③进口受到抑制。如果该国货币汇率下浮，就会使以本币表示的进口商品的价格上涨，使该国商品与进口商品的性能价格比发生变化，购买进口商品变得不经济，从而使该国居民减少对进口商品的需求，达到抑制进口的效果。相反，如果一国货币汇率上浮，即本币升值、外币贬值，则有利于该国减少出口而扩大进口。

（2）对非贸易收支的影响。一国货币汇率下浮或上浮，对该国国际收支经常项目中的旅游和其他劳务收支的状况也会产生一些影响。如果一国货币汇率下浮，外国货币的购买力相对提高，该国的劳务商品价格相对降低，这无疑对外国游客或客户增加了吸引力，扩大了非贸易收入的来源。如果一国货币汇率上浮，外国货币购买力相对下降，该国的劳务商品价格相对提高，就会减少非贸易收入的来源；同时，由于本国货币购买力的相对提高，使外国劳务商品价格相对降低，还会刺激非贸易支出的增加。

第二，对资本流动的影响。

当一国货币汇率存在下浮趋势时，资本所有者担心该国货币汇率下跌造成损失，就会将资本调出国外，一旦该国货币汇率下跌并终止，上述资本外逃停止；相反，该国货币汇率具有上升趋势时，资本所有者为了取得货币汇率上浮带来的收益，就会将资本调入该国，而一旦该国货币汇率上升并终止，资本流入就会停止。

第三，对外汇储备的影响。

汇率变动对外汇储备的影响表现在两个方面：一是汇率变动会引起外汇储备实际价值的变动；二是汇率变动会引起一国国际收支的变动，从而引起外汇储备变动。如果储备货币的汇率上升，会增加外汇储备的折算价值；如果储备货币汇率下跌，则会减少外汇储备的折算价值。此外，如果一国货币汇率下浮后处于偏低的状态，则有利于出口而抑制该国进口，导致贸易顺差，会增加该国外汇储备。由于该国存在贸易顺差，其货币有升值的趋势，就会吸引外资流入，又将导致资本项目的顺差，也会增加该国外汇储备。相反，若一国货币汇率由于上浮处于偏高的状态，则会形成贸易项目和资本项目的双逆差，会减少该国外汇储备。

同时，汇率变动也会对一国国内经济产生影响。第一，对国内物价的影响。在货币发行量一定的情况下，本币汇率上升会引起国内物价水平下降。因为本币汇率上升、外汇汇率下降，就会使以本币表示的进口商品在国内售价相对便宜，刺激进口增加，并带动用进口原料生产的本国产品价格下降。另外，由于本币汇率上升，以外币表示的出口商品在国外市场价格升高，降低了出口商品的竞争力，促使一部分出口商品转内销，增加了国内市场供给量，也会引起国内物价水平的下降。在货币发行量一定的情况下，本币汇率下浮会引起国内物价水平上升。因为本币汇率下浮，一方面有利于本国商品出口，出口商品数量增加会使国内市场供应发生缺口，促使价格上涨。另一方面，进口商品用本币表示的价格因本币汇率下跌而上升，促使进口的生产资料价格提高，导致以此为原料的国产商品价格上涨，同时，进口的消费资料也因本币汇率的下浮而价格上涨，进口商品数量减少，国内市场商品供应相对减少，引起国内物价总水平上涨。第二，对国内利率水平的影响。在货币发行量一定条件下，本国货币汇率上升，使国内利率总水平上升。因为本币汇率上升会对商品出口和资本流入产生不利的影响，而对商品进口和资本流出产生有利的影响，引起本国外汇收入减少、外汇支出增加，从而使国内资金总供给减少，引起国内利率总水平上升。相反，本国货币汇率下降，有利于增加本国外汇收入，国内资金供应增加，导致国内利率总水平下降。因此，凡是货币汇率高估而有逆差的国家，其国内利率水平必偏高；凡是货币汇率低估而有顺差的国家，其国内利率水平必偏低。第三，对国内就业和国民收入的影响。在其他条件不变时，本币汇率下跌，有利于出口而不利于进口，从而有利于本国第一产业、第二产业和第三产业的发展，促进国内就业岗位增多和国民收入增加；反之，由于本国货币汇率上升，不利于出口而有利于进口，限制了本国经济的发展，必然减少国内就业量和国民收入。在经济进入相对过剩、国内就业压力日益加大的情况下，许多国家不时采用各种措施降低本国货币汇率，以达到增加国民收入和充分就业的目的。

第四步：讨论思考题目。可以选择根据思考题分组讨论，每组学生轮流发言，组内相互补充发言，各组学生代表相互点评。

第五步：学习总结或教师点评。教师对案例研讨中的主要观点进行梳理、归纳和点评，简述本案例的基础理论，在运用基础理论对案例反映的问题进行深入分析后，辅以适当的框图进行总结。

案例备注说明：该案例对于初学者比较困难，可以在结束学期教学或在通读《西方经济学（宏观部分·第六版）》完毕以后，使用更佳。当然对于自学能力比较强的学生而言可以直接使用。

案例 2　从外储骤降看“不可能三角”难题咋解

央行 9 月 7 日公布的官方储备资产情况显示，8 月末中国外汇储备的余额为

35 573.81 亿美元，较 7 月下降 939.29 亿美元，创历史最大单月降幅。8 月 11 日，央行宣布新一轮汇改，人民币汇率中间价将更紧密地与前一日的收盘现货汇率相一致。在放任人民币在随后的三个交易日内贬值 4%之后，央行官员表示“人民币调整已经基本完成”。

但此次调整，仅仅是纠正了在岸外汇市场中间价和收盘价的偏离，在岸和离岸人民币汇率仍有 1 000 点左右的汇差，较汇改之前分歧加大，贬值预期加重。人民币对美元中间价形成机制改革首月，外汇储备出现骤降，这是中国在平衡“不可能三角”过程中所付出的代价。

“不可能三角”的理论解释

1963 年，蒙代尔发表论文首次分析了开放经济中货币政策和财政政策的短期效果。在开放的经济体中，假定资本高度流动，这样国外利率和国内利率完全一致（如果不一致，资本套利行为会让其最终趋于一致）。

分两种情况，第一种是固定汇率制，中央银行必须无条件满足公众在这个特定汇率水平下的外汇需求，并因此投放相应的本币数量，从而丧失对货币供应量的控制。换个更容易理解的逻辑，当利率和汇率都被固定住之后，一国的货币政策当然就失去了用武之地。这时，财政政策优势突显，因为政府支出的增加不会导致利率的上涨，从而避免了对私人投资形成挤出，最终有效地对国民收入和国内经济活动施加影响。第二种是浮动汇率制，中央银行不再干预外汇市场。当政府支出增加的时候，利率有上升的趋势，资本加速流入，本国汇率因此升值，出口形势开始恶化，从而抵消了政府增加支出对于拉动经济增长的效果。此时，财政政策无效。但货币政策异军突起，增加货币供应量将降低本国利率，导致资本外流和汇率贬值，净出口改善再反过来刺激经济增长。这时，货币政策就成为影响经济活动强有力的工具。

经济学上的“蒙代尔-弗莱明模型”与这篇论文有着密切的关系，论文分析简洁，结论却丰富、清晰而有力：在开放的经济体中，货币政策在固定汇率制下对刺激经济毫无效果，在浮动汇率制下则效果显著；财政政策在固定汇率制下对刺激经济效果显著，在浮动汇率制下则效果甚微或毫无效果。

1999 年，美国麻省理工学院教授克鲁格曼在蒙代尔-弗莱明模型的基础上，结合对亚洲金融危机的实证分析，提出了“不可能三角”。“不可能三角”原则选出模型的一部分结论指出，一国不可能同时实现货币政策独立性、汇率稳定以及资本自由流动三大金融目标，只能同时选择其中的两个。如果三者都想实现，就会像亚洲金融危机时的泰国，最终陷入混乱。

外汇储备骤降是维护汇率稳定的代价

中国似乎是个突破“不可能三角”的特例。在过去 30 年里，中国一直在奋力同时实现这三者，而且绝大多数时间都能维持其货币政策独立性，并对人民币的汇率实施有效管理。人们自然而然地推断中国对资本流动给予了严格管制。但事实上，中国资本项目的开放度不低。根据外管局资料，在 7 大类 40 项资本交易项目中，只有 10 项不可兑换，除个人直接跨境投资、衍生品交易外，主要跨境资本交易都有正规渠道。

中国的资本管制主要是对短期跨境资本流动进行管理，即通过 QDII（合格境内机构投资者）和 QFII（合格境外机构投资者）等限额体系对短期跨境资本的投资主体和投资额度进行控制。2015 年 4 月，央行行长周小川明确提出“中国将努力在今年实现人民币资本项目可兑换”，可见中国资本项目的开放已完成大半。而且，模型里面关于资本自由流动的概念和我们由此联想到的“资本项目的开放”并不是一回事。在模型中，但凡因为逐利所引发的资本进出国境都算是资本流动，并不仅限于资本项目。如果考虑到伪造贸易背景的经常项目下的资金流动和地下钱庄运作的非法资金流动，中国的跨境资本流动程度将更高。

那么中国是如何突围“不可能三角”原则的？其中一个解释是“不可能三角”理论只考虑了极端的情况，并没有论及中间情况。为什么不可以将三个政策目标各放弃一半，从而实现另外一半的政策效果呢？

2001 年，我国经济学者易纲，在“不可能三角”基础上提出了扩展三角理论框架，并提出简明的 $X+Y+M=2$ 公式。其中 X 为汇率，Y 代表货币政策，M 代表资本流动状态。三个变量变动范围均在 0 到 1 之间，分别代表各项政策目标的全然无效和全然实现，其余中间值表示中间状态。观察过去 10 年中国经济的运行，资本项目的有限开放、人民币汇率的渐进式升值以及货币政策在掣肘中内外兼顾，难道不正是在中间地带的艰难平衡吗？

在此过程中，货币政策主要为冲销干预所掣肘。在开放经济体的固定汇率制下，当本国货币面临币值变动的压力时，中央银行被动买进或售出外汇，货币供应量将相应增加或减少。冲销政策的目的是抵消货币供应量的变化：当中央银行买进外汇的同时，卖出等量证券；卖出外汇的同时，买进等量证券。因此，冲销干预事实上是央行外汇资产和债券资产的互换。

然而冲销干预的成本是昂贵的。人民银行在 2003 年就已售罄之前积累下来的政府债券，随后开始出售新发行的中央银行票据。由于销售这些央票所支付的利息要高于以外国债券形式持有的外汇储备的资产收益，央行的资产负债表受到冲击。于是另一个廉价的冲销工具——存款准备金率被重用，一度被提到 21.5%的全球古今罕见的高水平，相当于对商业银行课以重税。

与升值不同的是，在贬值周期中冲销干预最大的成本就是消耗一国长期积攒的外汇储备。当一国货币面临贬值压力时，企业和居民持有外币的意愿上升，央行根据需求的上升增加外汇储备的供给，否则将导致本币加速贬值。而如此做的代价当然是消耗一国的外汇储备。在东南亚金融危机中，泰国就是因为外汇储备损耗殆尽而宣布放弃固定汇率制，导致泰铢大幅贬值，从而触发危机。从 2014 年 6 月至 2015 年 7 月，中国外汇储备从 3.99 万亿美元的高点降到了 3.65 万亿美元，大约降了 3 000 亿美元。

在人民币对美元中间价形成机制改革首月 8 月份，外汇储备出现骤降，较 7 月下降 939.29 亿美元，创历史最大单月降幅。主要的影响因素有三方面：一是央行在外汇市场进行操作，向市场提供外汇流动性，即在市场上投放美元储备以防止人民币贬值；二是外汇储备委托贷款项目在 8 月份进行了一些资金提款；三是 8 月份国际市场一些主要金融资产价格出现不同程度回调，造成外汇储备相关部分缩水。

上述金额从外汇储备中做了相应扣减，其中前两项外汇储备的下降在很大程度上反映为境内其他主体持有外汇资产的增加：一方面企业和个人外汇存款持续增加，其中8月份较7月份又增加了270亿美元；另一方面金融机构外汇流动性也十分充裕。其他境内主体持有外汇资产的增加意味着企业、居民和金融机构的资产配置更加丰富，这是我国“藏汇于民”战略的效果。但同时，“藏汇于民”也意味着中国民间持有美元的意愿上升，如果央行不投放美元储备，人民币在市场上将加速贬值。所以这939.29亿美元基本可以视作防止人民币贬值的维系成本。

更重要的是，蒙代尔在20世纪60年代初就曾指出，冲销干预不可行，因为冲销干预具有内在逻辑上的矛盾，会将经济拖入更加不确定的状态。本币升值往往伴随着经济过热，中央银行买进外汇卖出证券，卖出证券的行为回笼了资金量，在此过程中，固然利率上升能够起到给经济降温的作用，但由此导致的资本加速流入却加重了原有的本币升值压力。反之亦然。8月26日，人民银行宣布下调存款准备金率和存贷款基准利率。此次双降无疑会强化人民币贬值预期，加剧当前的资本外流，受到了一些舆论的诟病。但是在经济下行和人民币贬值的双重压力下，作为冲销政策一部分的双降，必然会面临政策内在的逻辑矛盾，必然需要两害相权取其轻。

当前中国面临的货币汇率形势

2011年开始，中国的GDP开始进入下行的通道，GDP从10%的高位回落到7%的水平。伴随着经济增速下降的是全社会投资回报率的下降，2013年已经跌到历史最低值。进入21世纪以来，中国经济一直保持较高的无风险收益率水平，从而对外资流入形成很大的吸引力。最初是对房地产的投资奠定了中国较高的无风险收益率，以至于海外的华人、留学生都将这十年称为“失去的十年”。

在房地产市场的引擎熄火之后，地方政府融资平台继续提供较高的无风险收益率，因为筹资方对资金本息的偿还并不完全依赖于投资的回报，地方政府的税收和土地收入都使其在偿还贷款时拥有很大的腾挪余地，大大增强了其支付高额利息的能力。债务置换之后，融资平台中属于政府的债务被纳入预算，这块无风险收益率被行政力量强行打压下来，变成市政债券的低利率。然而，这时的中国又适时出现了一块新的无风险收益，即股市收益。股市的红火从2014年下半年开始，持续了一年的时间。但2015年6月发生异常波动，从此股市一路下行，中国经济就此没有了突出的无风险收益的领域。

国内经济数据疲弱和投资回报率的下降使得外商直接投资保持谨慎；“一带一路”走出去的政策鼓励境外投资加速；再加上美国经济的强劲复苏和对美联储加息的预期，多重因素导致资金开始流出中国。我国国际收支从1999年以来持续的“双顺差”，逐渐转变为“经常项目顺差、资本和金融项目逆差”的新格局。根据外汇管理局公布的数据，2015年二季度我国经常项目顺差4 687亿元人民币，资本和金融项目逆差4 687亿元人民币。至此，我国已连续五个季度呈现“经常项目顺差、资本项目逆差”的状况。

2012年是一个分界点，我国跨境资金流动呈双向变动，流入减少、流出增加，人民币升贬值预期也是在这一年出现反转，人民币出现贬值预期，并从2014年下半年开始愈演愈烈。2015年6月以来，中国经济增长乏力、人民币贬值预期加重以及金融市场的动荡令形势愈发复杂。对于下一阶段的汇率和货币形势，笔者预计央行将和往常一样继续在三角的中间地带艰难平衡，和升值周期不同的仅仅是，操作的方向是相反的。在经济减速和货币贬值的背景下，海外资金开始流出中国。

首先，稳定人民币汇率预期是央行必保的首要任务。比贬值更可怕的是持续的贬值预期，不要自得于3.6万亿的外汇储备，仅8月当月，外汇储备就消耗掉939.29亿美元。目前境内人民币各项存款余额134万亿元，只要其中15%左右的存款需要兑换成美元，就能将外汇储备消耗殆尽。在本次股市的动荡中，“国家队”的救市给汇率政策提示预警，那就是不宜和趋势作对。遏制人民币贬值预期有两种选择——大贬或小贬，但成败的关键在于之后能否在适当的位置上稳定住。一次性贬值20%，能够彻底消灭贬值预期，节约外汇储备，提升出口竞争力，这在技术层面是最有效的方式，也是很多专家学者所呼吁的。但汇率问题从来就不仅仅是技术层面的问题，大幅度的贬值对于国家在世界上的形象，对于民众在全世界范围内的优越感都有较大的挫伤，并非上策。所以央行会继续动用外汇储备干预市场，保持汇率稳定。预计今年下半年人民币兑美元汇率将以6.4~6.5的水平为中轴，上下波动，回到类固定汇率的轨道上，外汇储备将继续消耗。在这里需要特别强调的是，切不可走渐进式升值的老路，进行渐进式贬值，对于贬值预期而言这不是在释放而是在饲养。

其次，下调存款准备金率将成为一个常规性操作。在人民币升值的周期里，上调存款准备金率曾被作为常规性的冲销干预手段被频繁使用，那么反之亦然。预计央行将逐步下调存款准备金率，在2015年剩下的几个月里，存款准备金率仍有2~3次下调的可能。这是保证货币供应量不因干预行为而变化的对冲操作，甚至不能算是宽松的货币政策。而且在商业银行利润增长乏力的背景下，下调存款准备金率将给商业银行减负，增强其在经济下行期支持实体经济的能力。

最后，减缓资本项目的开放速度可以给汇率和货币政策更大的空间。资本项目自由化曾被许多人奉为圭臬，理由是资本的自由流动可以促进资源在世界范围内实现效率最大化，从而改善民众的福祉。要素的自由流动固然可以带来资源的优化配置，但是人，这个最基本的要素永远也不可能实现在全球范围内的自由流动。那么，当资本被允许自由进出国境的时候，资本的持有者却只能被迫留在资本流出的国家，束以待毙，这未尝不是一项灾难。

所以中国应该庆幸股市暴跌发生在资本项目尚未开放的今天。亚洲金融危机后，各国政府和经济学界纷纷反思资本项目自由化的理念和实践，资本项目自由化也被请下了经济学神坛。近日公安部在全国组织开展打击地下钱庄集中统一行动，央行也发布紧急通知，要求办理代客远期售汇的银行交存20%的无息风险保证金。预计近期将会有更多强有力的措施出台，限制资金跨境流动，资本项目开放的速度也将随之放缓。固然人民币国际化进程的推进需要资本项目开放予以配合，但在远虑和近忧之间，还是要优先解决近忧。

案例来源：赵幼力.从外储骤降看“不可能三角”难题咋解［N］.上海证券报，2015-09-16（A03）.

思考题

阐述“不可能三角”的含义。

案例2使用指南

第一步：目标设定参考。本案例可以配合本章教学及高鸿业主编《西方经济学（宏观部分·第六版）》的第十八章教学及学习使用。同时，学生应该对汇率理论内容有所阅读，通过对案例的学习，了解汇率变动对一国对外贸易的影响。

第二步：背景介绍。第二次世界大战后首先对固定汇率制提出异议的是米尔顿·弗里德曼（Milton Friedman）。他在1950年发表的《浮动汇率论》一文中指出，固定汇率制会传递通货膨胀，引发金融危机，只有实行浮动汇率制才有助于国际收支平衡的调节。接着，英国经济学家詹姆斯·米德（James Meade）在1951年写成的《国际经济政策理论》第一卷《国际收支》一书中也提出，固定汇率制度与资本自由流动是矛盾的。他认为，实行固定汇率制就必须实施资本管制，控制资本尤其是短期资本的自由流动。该理论被称为米德“二元冲突”或“米德难题”。罗伯特·蒙代尔（Robert Mundell）在研究了20世纪50年代国际经济情况以后，提出了支持固定汇率制度的观点。20世纪60年代，蒙代尔和J. 马库斯·弗莱明（J. Marcus Fleming）提出的蒙代尔-弗莱明模型（Mundell-Fleming model）对开放经济下的*IS-LM*模型进行了分析，堪称固定汇率制下使用货币政策的经典分析。该模型指出，在没有资本流动的情况下，货币政策在固定汇率下在影响与改变一国的收入方面是有效的，在浮动汇率下则更为有效；在资本有限流动情况下，整个调整结构与政策效应与没有资本流动时基本一样；而在资本完全可流动情况下，货币政策在固定汇率下在影响与改变一国的收入方面是完全无能为力的，但在浮动汇率下，则是有效的。由此得出了著名的“蒙代尔三角”理论，即货币政策独立性、资本自由流动与汇率稳定这三个政策目标不可能同时达到。1999年，美国经济学家保罗·克鲁格曼（Paul Krugman）根据上述原理画出了一个三角形，他称其为“永恒的三角形”，清晰地展示了“蒙代尔三角”的内在原理。在这个三角形中，a顶点表示选择货币政策自主权，b顶点表示选择固定汇率，c顶点表示资本自由流动。这三个目标之间不可调和，最多只能实现其中的两个，也就是实现三角形一边的两个目标就必然远离另外一个顶点。这就是著名的“三元悖论”。

第三步：理论学习。“蒙代尔三角”形象地说明了“三元悖论”，即在资本流动、货币政策的有效性和汇率制度三者之间只能进行以下三种选择：①保持本国货币政策的独立性和资本的完全流动性，必须牺牲汇率的稳定性，实行浮动汇率制。这是由于在资本完全流动条件下，频繁出入的国内外资金带来了国际收支状况的不稳定，如果本国的货币当局进行干预，即保持货币政策的独立性，那么本币汇率必然会随着资金供求的变化而频繁波动。②保持本国货币政策的独立性和汇率稳定，必须牺牲资本的完全流动性，实行资本管制。在金融危机的严重冲击下，在汇率贬值无效的情况下，唯一的选择是实行资本管制，实际上是政府以牺牲资本的完全流动性来维护汇率的稳定性和货币政策的独立性。③维持资本的完全流动性和汇率的稳定性，必须放弃本国货币政策的独立性。依据开放经济条件下进行宏观经济分析的蒙代尔-弗莱明模型，在固定汇率制下，如果资本自由流动，则一国不可能执行独立的货币政策，任何企图通过增减货币量来影响国内利率以实现政策目标的努力都将被巨额资本的迅速流动及央行保持固定汇率的承诺所抵消。因为，国内市场上的利率是由国际利率水平和外汇汇率的预期变动率决定的；国内货币市场和商品市场正是在这一利率水平的自发作用下实现均衡的。“三元悖论”原则的理论内涵经历了“米德二元冲突—M-F 模型—三元悖论”这样一个发展历程。现在，“三元悖论”原则已经成为国际经济学中的一个著名论断。但是，该理论是高度抽象的，只考虑了极端的情况，即完全的货币政策独立、完全的固定汇率和完全的资本自由流动，并没有论及中间情况。正如弗兰克尔指出的，“并没有令人信服的证据说明，为什么不可以在货币政策独立性和汇率稳定两个目标的抉择中各放弃一半，从而实现一半的汇率稳定和一半的货币政策独立性”。这不能不说是“三元悖论”理论在具体目标选择问题分析方面的局限。

第四步：讨论思考题目。可以选择根据思考题分组讨论，每组学生轮流发言，组内相互补充发言，各组学生代表相互点评。

第五步：学习总结或教师点评。教师对案例研讨中的主要观点进行梳理、归纳和点评，简述本案例的基础理论，在运用基础理论对案例反映的问题进行深入分析后，辅以适当的框图进行总结。

案例备注说明：该案例对于初学者比较困难，可以在结束学期教学或在通读《西方经济学（宏观部分·第六版）》完毕以后使用更佳。当然对于自学能力比较强的学生而言可以直接使用。

第八章　经济增长

【案例导入】

案例导入一：全球经济增长的前景分析

30 多年的快速增长，大大增强了中国整体经济实力，使得中国成功迈入了上中等收入国家的行列。中国经济的崛起和快速发展促使了全球经济重心的东移；入世使得中国经济与全球经济更加深度融合。回顾中国经济发展的历程，长期高速增长不仅离不开内部不断改革所激发的动力，也离不开对外开放所带来全球市场融入和全球产业转移的机遇。随着中国经济规模的不断扩大和与全球经济的深度融合，外部环境的变化和波动将密切影响中国经济的走势，因此有必要深入分析全球经济增长的前景。

经济全球化使得全球经济增长越来越复杂，影响全球经济增长及格局变化的因素也越来越多。这里主要从经济周期、人口结构、全球化趋势、能源环境约束以及科技进步等方面出发，对影响未来 10~20 年全球经济增长状况的主要因素进行趋势性分析。

从经济增长的长周期来看，全球经济正处在经济增长长周期中的衰退和调整阶段。过去 200 年，全球经济发展已经经历了以蒸汽机、铁路、电力、汽车以及信息技术革命为阶段性标志的 5 个长周期。20 世纪 80 年代中期开始的计算机应用和信息技术革命使得世界经济维持了多年的高速增长，全球经济年均增长速度达到 3. 5%。但是 2008 年爆发的国际金融危机终结了全球经济增长的上升趋势。从经济增长的长周期来看，全球经济可能正处在经济增长两个长周期之中的衰退和调整阶段。过去的经济增长史证明，每一次周期性的经济上升都得益于新技术的推广和大规模应用，但是当新技术对生产力推动的潜力逐渐耗尽之后，世界经济将进入衰退和调整阶段。因而世界经济的全面复苏并重新进入长期增长的上升通道将依赖于新一轮革命性技术的出现和广泛应用。

全球人口总量继续增加，增速不断放缓；老龄人口比例明显上升，人口总抚养比将出现拐点。根据联合国预测，全球人口将由 2010 年的近 70 亿增长至 2020 年的 76. 6 亿和 2030 年的 83. 2 亿。虽然全球人口总量仍将继续增长，但是人口增长的速度自 20 世纪 80 年代以来一直在不断下降。未来 20 年间全球人口增长速度将由过去 30 年的 1. 5%左右逐渐下滑到年均 1%以下。在增速不断下降的同时，全球人口的年龄结构也在发生着巨大的变化。全球老龄人口比重将由 2010 年的 9%左右上升到 2030 年的 13. 8%。同时人口总抚养比也将由 2010 年的 52. 4%下降到 2015 年的近 40 年来的最低点 51. 6%，然后一改过去 40 年来的下降趋势开始逐步上升，到 2030 年将上升到 53%。

从总体来看，未来 20 年全球人口总量继续增加，但人口增长的速度将不断趋缓，人口老龄化不断加剧，人口总抚养比将出现转折性变化，转为逐步上升。

国际金融危机加剧了贸易摩擦和竞争，经济全球化进程陷入调整期，但经济全球化仍然是长期趋势。全球化一直是全球经济发展的大趋势。但国际金融危机的爆发使得各国热衷于通过加强贸易保护来进行经济自救，贸易摩擦出现频率不断升高；同时也使发达国家加强金融监管，发达国家金融业的发展速度放慢降低了国际资本流动的动力，发展中国家开放金融市场的态度也变得更加谨慎。不仅如此，国际金融危机还使围绕国际金融体系的改革呼声不断。经济全球化的进程会因国际金融危机而陷入调整期。但从长期来看，新技术的发展将进一步深化全球产业分工，信息技术的普及将改变全球贸易方式，跨国公司的扩张将继续推动国际贸易的发展，全球治理体系的改革将重塑全球经贸联系，经济全球化将是不可逆转的趋势，也将是促进全球经济增长不可或缺的重要推动力量。

新能源技术的发展将改变全球能源和经济格局，日益严峻的气候变化问题将加速全球经济增长模式的改变。能源、资源是经济社会发展的基本要素。长期以来，传统能源的分布和经济发展水平的空间分布不一致导致能源供求的不平衡，致使能源问题一直是影响全球经济、政治稳定的重要因素。然而，能源技术的最新进展向人们展示了新能源技术将可能改变未来全球的能源和经济格局。最近掀起的一场“页岩气革命”就是一个典型的例子。页岩气技术飞速进步使得美国天然气产量超过俄罗斯，成为世界第一大天然气生产国。可以预计，页岩气技术的发展和扩散不仅将变革全球天然气市场格局，甚至将影响全球制造业的生产布局。

全球科技发展正朝着多极化的方向发展，各国围绕科技的竞争将日趋激烈。创新与技术进步是全球财富创造最重要的动力源泉。这些年来，世界科技发展正不断朝多极化方向发展。资料显示，最近 10 年，新兴经济体的科技研发费用正在迅速上升，1995—2005 年，中国、南非、俄罗斯等 9 个非 OECD 国家的年均研发费用增长率达到 15.5%，比 OECD 国家整体的增长率高了近 10 个百分点。技术的追赶将继续成为新兴经济体实现经济赶超的重要动力。此外，国际金融危机发生后，欧美等国家更加重视新能源、生物技术、信息等新技术产业的发展，加大力度支持新兴产业的发展，为经济发展寻找新空间，为增加就业创造机会。可见，围绕科技的竞争将日趋激烈，也将对全球经济增长格局造成深远的影响。

这里我们采用世界银行开发的全球可计算一般均衡模型，结合前面对影响全球经济增长的因素分析，从中长期的角度给出未来 20 年全球经济增长的一个趋势性结果。

全球经济进入一个长期波动和低速增长期将是大概率事件。短期来看，全球经济仍然深陷国际金融危机的泥潭之中。但从中长期来看，这并不会改变未来 10 年至 20 年全球经济增长的趋势。未来 10 年至 20 年，全球经济增长的速度将低于过去 20 年的增长水平，预计年均为 2.9%，而且长期来看将呈现趋势性下降。

案例来源：国务院发展研究中心课题组. 全球经济增长的前景分析［N］. 经济日报，2012-12-24（11）.

问题：

1. 经济增长的源泉是什么？

2. 说明经济增长与经济发展的关系。

案例导入二：樊纲：技术进步和制度改革是增长的关键

中国经济 50 人论坛、新浪财经和清华经管学院联合举办的新浪·长安讲坛第 264 期日前召开。论坛学术委员会成员、中国经济体制改革研究会副会长、中国经济改革研究基金会国民经济研究所所长樊纲发表了题为“中国的发展潜力、增长要素与风险管理”的主题演讲。樊纲表示，进入 21 世纪第二个 10 年，中国经济的潜在增长率确实有所下降，但是变化并不会太大，预计“十三五”期间仍会在 7%以上，位于 7%到 7.5%的区间以内。在促进增长的四大要素中，劳动、制度的贡献率可能略有下降，但是资本和知识的贡献率肯定会有所增长。当然，实际增长情况还要看能否将潜在增长率充分发挥出来，这需要一系列的改革和政策调整。

十三五潜在增长率应在 7%以上

好的正常增长，是指充分利用了潜力而且没有通货紧缩的增长率。2016 年到 2020 年，中国的潜在增长率大约是 7%到 7.5%。中国对美国的追赶指数只有 13%，差距巨大，潜力也巨大。

樊纲从十二五规划评估和十三五规划制定谈起。

他说，现在有人认为中国经济增长速度好像偏低，只有 7%多一点，一个通常说法是中国经济告别了两位数的高增长时代，进入一个比较低的增长时代。对这个说法，我一直有不同的看法，尤其是不同意那句话：中国经济告别了两位数的高增长时代。

樊纲认为，这句话有两个问题。第一，中国过去 30 多年，绝大多数时候不是两位数增长。看看统计数据，过去 10 年中国有两次两位数增长，一次是 2004 年到 2007 年，一次是 2009 年到 2010 年。第二，过去 20 年，中国经济增长速度超过 9%一定通货膨胀，超过 10%，一定既通货膨胀又资产价格膨胀。两位数增长从来就是过热增长，从来是中国政府要防的。

什么是好的正常增长呢？经济学有个术语叫潜在增长率，是指充分利用了潜力而且没有通货紧缩的增长率。如果实际的增长速度和潜在增长速度基本吻合，就没有产能过度利用和通货膨胀。分析潜在增长率有两个基本的方法，一个是要素分解法，另一个比较直观的方法是滤波法。总说中国过去 30 多年是高增长，但是如果把价格因素引起的通货膨胀去掉，也就是 7%到 9%之间，潜在增长率从来不是 10%以上。

所以现在中国经济其实是回归正常，并不是到了低增长阶段。

研究未来的增长潜力，也是研究未来要将增长目标稳定在什么地方。这就得先看看中国未来潜在的增长率是什么。这里就要用到要素分析法。基本的结论是，2016 年到 2020 年中国的潜在增长率至少在 7%以上，很难有个具体的数，只能大概有一个区间，7%到 7.5%。

现在国内一个重要观点是中国劳动力短缺，因此到了“十三五”期间潜在增长率可能到6.4%。但是樊纲表示，他们仔细研究了得出这一结论的模型，认为这些模型都犯了一个重要的错误，就是没有计算人力资本，没有考虑到学校教育的正面影响。

樊纲认为，现在研究增长的模型通常已经不仅仅用劳动力作为一个变量，而是用人力资本作为一个变量。人力资本是根据劳动力受教育的年限进行折算出来的，是经过技术加工之后的劳动力，相当于资本的概念，里面包含着技术的含量。现在所谓的内生增长理论，其实就是因为包含知识的因素在里边。所以最近这几十年，计算增长模型必须用人力资本的概念替代劳动力的概念。

还有一个用来分析中国经济目前状态和今后增长潜力的因素，就是看它和发达国家的差距。发展经济学一个基本的原理就是差距产生动力，发展的过程最终就是趋同的过程，人均收入水平趋同，经济发展水平趋同。用另一句话说就是赶超。中国现在在世界上的水平还是相当低的，人均 GDP 去年年底是6 700美元，今年大概是7 400美元左右，说起来已经接近高中等收入国家，但是其实比起发达国家差距还十分大。世界人均 GDP 最高的是挪威，10 万美元，瑞士也有 8 万美元。美国、日本的人均 GDP 也都在 5 万美元左右。

按去年年底算，中国对美国的追赶指数只有 13%，也就是说把美国作为标杆算，中国的人均 GDP 只有美国人均 GDP 的 13%。差距巨大，因此潜力也巨大。同一个指数，韩国 1979 年达到 13%，之后又高速增长了 20 年，可见增长的潜力还是比较大的。30%是很重要的一个指标，战后 60 年，很少有发展中国家追赶指数超过 30%。按 PPP（购买力平价）算，有些国家人均 GDP 早年比美国高，但是由于一次又一次危机，陷入中等收入陷阱，最近这些年很多国家没有超过 30%，巴西说是很高，但也只有 20%左右，墨西哥、智利还更高一点。东南亚国家也没有超过 30%，印度和印度尼西亚现在还低于 10%。四小虎都没有过 30%，过 30%的只有四小龙。新加坡几乎和美国持平了，我国香港和西欧持平，在 70%左右，韩国和我国台湾这些年持续不断增长，现在在 60%以上。

首先一个坎是超越 30%，第二个坎是进入 60%、70%的团队，但是受到的压力很不一样。越过 30%这个坎是世界经济学界普遍认为比较难的，20%的时候可能是面对中等收入陷阱的时候，也就是容易出事的时候。真正过了 30%，进入高收入阶段，很多问题就会不一样。中国现在正处在这个坎上，不仅仅是“十三五”期间，可能再多一些时间才能迈过去。

知识与资本是未来增长的主要要素

增长要素四大方面，劳动力和制度改革的贡献也许比过去小，但仍然有贡献。知识进步和资本这两项可能贡献比过去大。综合加在一块比过去可能低了一点，但是 7%左右的潜在增长率是有的。

樊纲表示，中国经济和发达国家的差距，既是潜力，又是挑战。横向历史比较，西方起飞的时间大概是 1780 年前后，瓦特蒸汽机工业革命开始的时候。中国则大概是在 1980 年，起飞相差 200 年。西方随后又经过 70 年，发生了第二次法国大革命，争取权利、民主，反特权，要求建立社保制度。中国发生这类事情大概是在起飞后 30 年，2010 年这些问题开始暴露了，中国有西方的经验教训，搞了社保制度，政府也很重视，于是社会问题还能应对，不至于发生革命。这是大的历史画面。

谈到中国经济增长的要素，樊纲表示，按照现在的发展经济学归纳，增长一般有四个大的要素：劳动、资本、知识、制度。其中，知识、制度是软性的，不是硬件；资本很大程度上也属于软件，比如金融资本也是资本组成的一部分，但是它需要一部分虚拟资本和实体资本相配合，这样才能够有资本市场，资本市场才能起到作用。经济越往前发展，增长的要素越不是硬件本身，而是软件。比如说制度，讲的是人与人之间的关系，但是制度创造价值，因为制度改善效益。最直观的例子是农村承包改革，人还是那些人，地还是那些地，技术还是那个技术，但是实行联产承包责任制，三年时间就解决了粮食短缺问题。然后是知识。人类财富增长的根源就是技术进步。因为技术的发展，原来的废石头现在变成了铁矿，从里面能炼出铁来作为生产原材料，这就是知识和技术创造的价值。

相当早的时候，增长模型就把生产力的提高、技术进步带来的增长当作一种增长的要素。后来又加进了制度，现在研究劳动和资本之外就是研究知识和制度。劳动力变成人力资本，资源变成资本，里面都包含着知识的要素。

当年有一个著名的悖论，那时候大家分析说美国有那么多资本，输出的产品一定是资本密集型的。结果，研究来研究去，发现美国出口的产品当中，劳动力工资成本占大头，是劳动密集型的。后来通过仔细研究包括理论的进步，发现原来美国的出口不是劳动密集型，是知识密集型，是人力资本密集型的。它出口的都是由大学毕业生生产出的东西，是人力资本生产出的东西，这就和附着在人身上的知识对应了起来。

从这个角度看，中国今后确实还存在增长潜力。

第一，现在都说劳动力供给减少了，人口红利没了。樊纲表示，劳动力是一个被很多人用错的概念。中国劳动力总量再有 5 到 6 年就可能停止增长，中国的老龄化也逐步在提高，但是也有两个因素会抵消劳动力总量增长放缓的趋势。

首先，中国还有 30%甚至更多的劳动力是农业劳动力。他们的转移还远远没有完成。中国现在劳动力短缺，工资迅速上涨，不是因为劳动力转移完了，是因为制度上有缺陷阻碍了劳动力的转移。如果下一阶段中国能够真正重视农民工进城的问题，所谓的劳动力短缺就会得到缓解，而且能够基本保证我们未来 10 年、20 年的劳动力供给。其次，中国这些年教育水平有了长足的进步，教育条件有改善，尤其是硬件，改善得挺快。

第二，再讲资本。中国现在有点资本过剩，中国的储蓄比起可以用的投资来显得太多了，整个 GDP 的 50%都被储蓄了起来。这个储蓄主要不是家庭储蓄，而是企业储蓄和政府储蓄。储蓄起来就得投资，不投资就会变成外汇储备投到外国去。所以现在中国鼓励企业走出去，允许个人、企业利用更多的外汇到国外投资。

关键的问题还是技术进步和制度改革。中国过去 30 年没什么创新，这个很正常，西方发展 200 年了，中国刚开始，最初 20~30 年就是学习、引进、消化、吸收、模仿。中国没有经过一定实际积累不可能有创新的能力。但是现在经过 20 到 30 年，中国越来越多的企业走进前沿或者接近前沿了，各个行业逐步开始具备创新能力。

这里特别要说的一点是，创新是一个很广义的概念，既包含科技创新，又包含其他方方面面的创新，特别是商业模式的创新、管理方法的创新、产品品牌的创新或者是销售渠道的创新。

然后是制度改革。总的来说，也许制度红利不像过去那么大，但是潜力仍然巨大。

综合四大方面，劳动力和制度改革的贡献也许比过去小，但仍然有贡献。知识进步和资本这两项可能贡献比过去大。综合加在一块比过去可能低了一点，但是7%左右也是符合这种要素分析的。

只有做对事情才能发挥潜在增长率

樊纲说，还要强调的是，尽管中国有潜力，但是要想让潜力发挥出来，实现潜在增长率，保持稳定增长，那还要做各种正确的事情。比如说，社会要稳定不能出大乱子，就要建立社会保障体系，缓解居民收入差距，反腐败；还要努力发展教育，搞城市化，调整结构，减少污染，保持宏观经济基本稳定，别过热，别出大的危机。不要像拉美那样，金融危机、经济危机、社会危机再加上政治动乱，一次一次打断增长。

最后一部分，他讲到了“十三五”期间面临的各种挑战和风险。

第一是经济结构、产业结构要转型。不是说转产，而是提升它的结构，提升它的生产力。政府有选择地支持鼓励某些产业发展的政策叫产业政策。樊纲表示，“十二五”一个重大的教训就是，政府对所选择的产业实施的鼓励其发展的政策有非常大的负面效果，结果导致光伏、LED产能严重过剩。“十二五”产业政策方向当然对，但是中央政府在五年规划中提出来，上下都当作重点，全国28个省将这两个作为战略新型产业，各级政府给补贴，资本市场也凑热闹，然后就出现一窝蜂。政府鼓励发展不能用这种方式，要更多让市场选择，因此我们提出一个普惠式的产业政策。

普惠式的产业政策就是鼓励各行各业应用新技术，对所有中小企业进行减税或者是某种激励政策，不要有选择地鼓励某些产业，而是让各行各业提高竞争力。这样，各行各业劳动成本提高了，竞争激烈了，但是用不着转产放弃原来的产业，而是要努力提高生产力进行技术升级，其他的让市场去选。

第二，如何进行创新驱动和科技发展。“十二五”的又一个重大的教训，是科技发展政策不成功。巨大的投入没有产出多少真正的新技术，这是科技界、教育界公认的。而且大量的投入，加上大量的补贴，扭曲了人们的动机，反倒使创新动力不足。很多大学教授忙着填表申请经费，没工夫做科研；企业为了争当科技创新企业，弄了一些垃圾专利，就是为了申请政府补贴。政府的资源应该集中在基础科研领域，而鼓励市场创新的资源可以通过风险投资的方式。风险投资不是政府一家单独搞，而是政府选择风险投资项目。这样政府就可以不再去花冤枉钱，也不再担心补贴扭曲市场。

然后是城市化，农民进城的问题。在这方面，樊纲认为，眼光不要老盯着户籍制度，应该逐步淡化户籍制度，强化人均公共服务供给的概念。农民进城可以没有户口，但是可以渐进地与原来有户口的人获得平等的公共服务供给。这样从长远来讲，没户口的人能享受到的公共服务越来越多，社会逐步趋于平等，原来的户籍制度也就可以逐步淡出。

还有，在“十三五”期间，新型城市化一定要大力提上日程。要推进农村土地制度改革，推进农民进城城市化的进程，增进人力资本，提高教育水平，提高竞争力，为日后进入高收入阶段创造条件。

此外，现在中国之所以穷，是因为70%左右的人没有受过初中或高中教育。樊纲说，现在我们提出一个想法，“十三五”期间能不能开始在有条件的地方逐步推行十二年义务教育制度。这样使我们基础劳动力水平能够提高，从而收入能够提高，生产力可以提高，如此，我们就真正进入了高收入阶段。

生态平衡和可持续发展，“十三五”期间是关键时刻，从现在开始到“十三五”期间也是一个好的窗口。“十三五”期间最好发展新型可再生能源和清洁可再生能源。这需要很多政策，主要应该在需求方采取政策，鼓励使用消费，并通过需求方传导到供给方的方式发展新能源产业，而不是一个劲地鼓励生产忘记了消费。

化解金融风险、避免经济波动，是宏观经济问题。过去10年中，两次经济过热遗留下大量的后遗症。产能过剩、债务问题、影子银行、地方融资平台这些都悬在我们头上，尽管可控，但是毕竟导致了投资增速偏低，让大家感觉风险比较大。今后还需要一段时间处理。

问与答

问：您提到打破部门格局，请问具体有什么建议？

樊纲：政府部门之间相互有利益冲突，有利益的时候就去争利益，没利益的时候就躲着，这是政府部门的问题，说明政府关系没调节好。还有重合的地方，有些方面利益冲突还很大。这应该是政府体制要加强改革的问题。比如进一步确定发改委的作用、职能。这个也有一些讨论，怎么能够加强它的协调机制而弱化它的执行功能。但现在最缺的是协调，国务院必须要有日常的协调。

问：很多学者认为中国应该越快转成消费拉动经济越好，但是政府部门的声音似乎总是强调投资还是非常重要的，对投资和消费关系的调整您怎么看？

樊纲：人人都知道中国应该增加消费，但是增加消费不是政府政策能解决的，不是光靠政府补贴能解决的，这涉及一系列的问题，涉及70%的人收入比较低这一问题。这70%里面，一半是农民工一半是农民，这两部分人群这两年收入增长还是比较快的，但是绝对水平仍然比较低。这些人的收入不能提高消费就不能提高。只有通过长期努力提高底层收入水平才能真正提高消费水平。简单搞个新农合、新农保那也没有多少钱，提高不了多少消费。根本问题还是要全国逐步统筹整个社保体制，这也是一个历史进程。背后的特殊问题，说句实在话，是因为中国人太多了，实现充分就业这个历程太长了。这是中国的一个特殊问题，揭示了发展经济学的一些基本原理，这个不是一时半会儿能解决的。

反过来讲，政府有些部门说的话不是完全没有道理，储蓄率那么高的时候，你不投资，剩下那块干嘛去，不投就变成外汇储备，就会产生外汇储备的问题。所以我们还得投，只好多投点基础设施，利用这个机会为未来打一个好的基础。但这样一来，效率自然低下，腐败又容易产生。这是一个历史性难题，要努力去解决。我们也不指望它一天就能解决，一年调整一个百分点已经是一个成就了。

问：您提到要化解金融风险，避免经济波动，您对防范债务风险的方法有什么建议？

樊纲：债务风险说起就话长了。现在地方债务比较严重，企业生产能力过剩，导致那些债务到现在还起来也比较难，这个恐怕要经过兼并重组。企业多搞一些直接融资，出让一些产权，实现兼并重组化解风险，这个也需要一定的时间。而且有一些就是坏账。比如刚才说的那些光伏产业，一个企业200多亿坏账，就得通过各种方法来消化。

地方融资平台的问题主要是机制错配。修高铁、修地铁都是长期的项目，结果用的是银行贷款，五年、十年这样的短期贷款，那一定是有问题的，五年的贷款到期了可能项目还没有建成。机制错配问题怎么解决呢？赶快用一些长期的融资办法，或者是PPP（公共私营合作制）投资，或者是投资股份制。西方的很多铁路是用股份制，然后是长期的政府债券，这样达到机制相互适应，搞长期建设不能用短期贷款进行融资。地方这些项目，多数还是好项目，但短期来讲就可能是坏账。

以前预算法没有改的时候，中央政府应该多替地方发债，现在预算法改了，地方可以多发点债，但是前提条件是地方融资平台借了钱，要把它纳入正规，把它的机制改变。这里面的余地还是很大的。中央政府的财政赤字每年只有1.9%，今年年初有人提了一个观点，说3%又怎么了？如果地方融资平台借款能够被替代一部分的话，整个政府债务和GDP的比例关系就可以下降，市场上马上就会认识到这件事是收敛的而不是发散的，它就有希望解决。这样就可以逐步把问题清理，为今后的发展打下一个比较好的基础。

案例来源：方烨．技术进步和制度改革是增长的关键［N］．经济参考报，2014-12-15（8）．

问题：

1. 认真阅读案例，充分理解我国的增长潜力。
2. 如何认识城市化过程中农民进城的问题？

【学习目标】

1. 了解国民收入长期趋势和波动。
2. 理解经济增长和经济发展。
3. 掌握增长核算。
4. 掌握新古典增长模型及其应用。
5. 理解促进经济增长的政策。

【关键术语】

经济增长　经济发展　新古典增长模型　稳态

【知识精要】

1. 在宏观经济学中，经济增长通常被定义为产量的增加，产量既可以表示为经济的总产量，也可以表示为人均产量。经济增长的程度可以用增长率来描述。

2. 从广义的意义上说，经济发展不仅包括经济增长，而且还包括国民的生活质量，以及整个社会经济结构和制度结构的总体进步。总之，经济发展是反映一个经济社会总体发展水平的综合性概念，而宏观经济学所着重研究的却是经济增长。

3. 在新古典增长模型的稳定状态下，人均收入增长率仅仅由外生的技术进步率决定。

4. 在新古典增长模型中，储蓄率的增加不能影响稳态增长率，但确实能提高收入的稳态水平。

5. 资本的黄金律水平是指使稳态人均消费量达到最大化的资本量。其条件是资本的边际产品等于劳动的增长率。

6. 内生增长理论试图解释在新古典增长模型中作为外生变量的技术进步变量。有关的模型试图解释通过研究与开发创造知识的决策。

【实训作业】

一、名词解释

1. 经济增长
2. 经济发展
3. 稳态

二、简要回答

1. 简述经济增长的黄金分割律。
2. 什么是新古典模型的基本公式，它有什么含义？

三、论述

1. 评述新古典增长理论。
2. 试论西方学者关于经济增长因素分析的主要内容和观点。你认为其中有哪些可供我们注意和借鉴的地方？

四、问题计算

1. 设一个经济的人均生产函数为 $y=k^{0.5}$。如果储蓄率为28%，人口增长率1%，技术进步速度为2%，折旧率为4%，那么，该经济的稳态产出为多少？如果储蓄率下降到10%，而人口增长率上升到4%，这时该经济的稳态产出为多少？

2. 在新古典增长模型中，已知生产函数为 $y=2k-0.5k^2$，y 为人均产出，k 为人均资本，储蓄率 $s=0.1$，人口增长率 $n=0.05$，资本折旧率 $\delta=0.05$。试求：

（1）稳态时人均资本和人均产量；

（2）稳态时人均储蓄和人均消费。

【实训作业答案】

一、名词解释

1. 经济增长：一般地，在宏观经济学中，经济增长被定义为产量的增加。其中，产量既可以表示为经济的总产量（GDP 总量），也可以表示为人均产量（人均 GDP）。

2. 经济发展：反映一个经济社会总体发展水平的综合性概念，不仅包括经济增长，而且包括国民的生活质量，以及整个社会各个不同方面的总体进步。

3. 稳态：指包括资本存量和产出在内的有关内生变量将不会随时间的推移而变化的一种状态。

二、简要回答

1. 简述经济增长的黄金分割律。

答：经济增长的黄金分割律是经济增长理论中的一个重要结论。是由经济学家费尔普斯运用新古典增长模型分析得出的，他认为如果使资本-劳动比率达到使得资本的边际产品等于劳动的增长率这样一个数值则可以实现社会人均消费的最大化。假定经济可以毫无代价地获得它今天所需要的任何数量的资本，但将来它不得不生产出更多的资本存量。黄金分割律的内容是，欲使每个工人的消费达到最大，则对每个工人的资本量的选择应使资本的边际产品等于劳动的增长率。如果目标是走上使每个工人的消费最大化的稳定增长道路，黄金分割律决定的数量是一个经济一开始应该选择的每个工人的资本量。

2. 什么是新古典模型的基本公式，它有什么含义。

答：新古典模型的基本公式是 $sf(k)=k+nk$，式中 $k=K/L$，表示资本与劳动之比，即一年中按人口平均的资本增量。n 为人口增长率，s 为储蓄率，$f(k)=Y/L$，表示每个劳动力的平均产量或人均收入。那么，相应的 $sf(k)$ 指人均储蓄。

公式表明，一个社会的人均储蓄被用于两个部分：一部分为人均资本的增加 k，即为每个人配备更多的资本设备，这可称为资本的深化；另一部分为每一个增加的人口配备的资本设备 nk，这可以称为资本的广化。在新古典增长模型中，稳定增长的条件为人均资本不发生变化，或者说每人使用的资本不变，这就要使人均储蓄正好等于资本的广化。在公式中就是 $k=0$，$sf(k)=nk$。

三、论述

1. 评述新古典增长理论。

答：（1）新古典增长理论放弃了哈罗德-多马模型中关于资本和劳动不可替代的假设。模型的假设前提大致是：①全社会只生产一种产品；②储蓄函数为 $S=sY$，s 是作为参数的储蓄，且 $0<s<1$；③不存在技术进步，也不存在资本折旧；④生产的规模报酬不变；⑤劳动力按一个不变的比率 n 增长。

索罗推导出新古典增长模型的基本方程为：$sf(k)=k+nk$，其中，$k=K/L$=资本/劳动力，大致为每一个劳动力所能分摊到的（或按人口平均的）资本设备；$K=dk/dt$=每单位时间 k 的增加量，即按人口平均的资本增加量；$f(k)=y=Y/L$=每个劳动力的平均生产量，大致为按人口平均的产量；s 为储蓄比例，n 为人口增长率。

这一基本方程式说明，一社会的人均储蓄可以被用于两个部分：一部分为人均资本的增加 k，即为每一个人配备更多的资本设备，这被称为资本的深化。另一部分是为每一增加的人口配备每人平均应得的资本设备 nk，这被称为资本的广化。大致意思是说，在一个社会全部产品中减去被消费掉的部分（c）以后，剩下来的便是储蓄；在投资等于储蓄的条件下，整个社会的储蓄可以被用于两个部分：一部分用于给每个人增添更多的资本设备（即资本深化），另一部分则为新生的每一人口提供平均数量的资本设备（即资本的广化）。

（2）新古典增长理论的四个关键性结论：

①稳态中的产量增长率是外生的。在上面的模型中为 n，它独立于储蓄率 s。

②尽管储蓄率的增加没有影响到稳态增长率，但是通过增加资本-产量比率，它确定提高了收入的稳态水平。

③产量的稳态增长率保持外生。人均收入的稳态增长率决定了技术进步率，总产量的稳定增长率是技术进步率与人口增长率之和。

④如果两个国家有着相同的人口增长率、相同的储蓄率和相同的生产函数，那么它们最终会达到相同的收入水平。如果两个国家有着不同的储蓄率，那么它们会在稳态中达到不同的收入水平，但如果它们的技术进步率和人口增长率相同，那么它们的稳态增长率也将相同。

（3）新古典增长理论稳定增长的条件及其政策含义

对应于既定的人均资本量 K，$f(k)$ 是人均产出量，这些产出减去消费后的储蓄量为 $sf(k)$。如果 $sf(k)>nk$ 社会的人均储蓄量在用于为新增人口配备人均资本所需要的资本量 nk 后仍有余额，则意味着每个人都可以继续增加人均资本量，即 $K>0$。这表明，人均资本量将会进一步增加，从而缩小储蓄与新增人口配备资本的需要量之间的差距。相反，如果 $sf(k)<nk$，意味着现在的储蓄不够为新增人口配备资本，从而人均资本倾向于下降。因此，当 $K=0$ 时，经济实现稳定增长。在稳定增长状态下，人均产量保持不变，因而经济将会以人口增长率增长。

从新古典增长模型中可以得出结论，经济可以以人口增长率实现稳定增长。

此外，模型也包含着促进人均收入增加的政策含义。事实上，实现人均产出量增加有三种途径：一是提高总产量，即提高技术水平，二是提高储蓄率，三是降低人口出生率。这对发展中国家尤为重要。

（4）新古典增长理论的缺陷及其发展。

①理论方面。首先，模型中不包含社会的目标，因而并不能说明稳定增长的福利特征。其次，新古典增长理论假定经济中的生产函数具有规模报酬不变的性质，即投入增加一倍，产出也相应增加一倍。这一假定往往和事实不相符。对大多数工业化国家来说，由于这些国家的生产资料配置比较合理，整个经济各部门间相互协调能力较

强，再加上信息传递较为准确有效，所以生产资源的总体利用效率高，其结果就是少量的生产投入有可能带来大量的产出。而一些发展中国家由于不具备工业化国家的生产条件，再加上一些其他的因素，就可能导致规模报酬递减。最后，在新古典增长模型中，稳态增长率是外生的，这样该模型就无法对劳动力增长率和技术进步率做出解释。从而也就不能对控制人口增长率、提高技术进步速度提出有意义的政策建议，而事实上，这两个参数对许多发展中国家是相当重要的。

②实践方面。首先，从新古典增长模型中得到一个重要的结论，就是不同国家的经济增长有着趋同性，即有着相同基数和人口增长率的国家最终会接近于相同的稳态增长率（尽管收入的稳态水平可能各异）。但是据统计，在不同的国家之间往往存在着增长率的较大差异，这显然与新古典增长理论的趋同论相悖。其次，在模型中，生产技术水平、人口增长率以及储蓄率都被假定为不变，这在一定程度上限制了模型的应用。最后，规模收益不变不是生产的一般特征。

针对上述问题，西方经济学家们在20世纪80年代中期以后再次掀起一股增长理论热，并对新古典增长模型进行了扩展。扩展主要包括：把效用函数作为目标引入增长模型之中；利用人力资本说明技术进步；把人口增长和储蓄率看成是经济当事人最优化选择的结果；利用知识投资的外在性说明生产的规模收益递增等。其中，增长理论的新发展主要表现为把传统理论中某些变量内生化，故这些发展也被称为内生经济增长理论或新增长理论。

2. 试论西方学者关于经济增长因素分析的主要内容和观点。你认为其中有哪些可供我们注意和借鉴的地方？

答：经济增长是一个复杂的经济和社会现象。影响经济增长的因素很多，正确地认识和估计这些因素增长的贡献，对于理解和认识现实的经济增长和制定促进经济增长的政策都是至关重要的。因此，经济增长因素分析就成为现代经济增长理论的重要研究部分，很多西方学者都投入到这一研究中来。下面介绍两位美国经济学家丹尼森和库兹涅茨对经济增长因素的分析。

（1）丹尼森对经济增长因素的分析。

在经济增长因素分析中首先遇到的问题是经济增长因素的分类。丹尼森把经济增长因素分为两大类：生产要素投入量和生产要素生产率。关于生产要素投入量，丹尼森把经济增长看成是劳动、资本和土地投入的结果，其中土地可以看成是不变的，其他两个则是可变的。关于要素生产率，丹尼森把它看成是产量与投入量之比，即单位投入量的产出量。要素生产率主要取决于资源配置状况、规模经济和知识进展。具体而言，丹尼森把影响经济增长的因素归结为六个：①劳动；②资本存量的规模；③资源配置状况；④规模经济；⑤知识进展；⑥其他影响单位投入产量的因素。

丹尼森进行经济增长因素分析的目的，就是通过量的测定，把产量增长率按照各个增长因素所做的贡献分配到各个增长因素上去，分配的结果用来比较长期经济增长中各个因素的相对重要性。

丹尼森的结论是，知识进展是发达资本主义国家最重要的增长因素。丹尼森所说的知识进展包括的范围很广。它包括技术知识、管理知识的进步和由于采用新的知识而产生的结构和设备的更有效的设计，还包括从国内外的有组织的研究、个别研究人员和发明家简单的观察和经验中得来的知识。丹尼森所谓的技术知识是，关于物品的具体性质和如何具体地制造、组合以及使用它们的知识。他认为，技术进步对经济增长的贡献是明显的，但是只把生产率的增长看成大部分是采用新的技术知识的结果则是错误的。他强调管理知识的重要性。管理知识就是，广义的管理技术和企业组织方面的知识。在丹尼森看来，管理和组织知识方面的进步更可能降低生产成本，增加国民收入，因此它对国民收入的贡献比对改善产品物理特性的影响更大。总之，丹尼森认为，技术知识和管理知识进步的重要性是相同的，不能只重视前者而忽视后者。

（2）库兹涅茨对经济增长因素的分析。

库兹涅茨对经济增长因素的分析运用的是统计分析方法，通过对国民总收入及其组成部分的长期估量、分析与研究各国经济增长的比较，从各国经济增长的差异中探索影响经济增长的因素。他认为经济增长的因素主要是知识存量的增长、劳动生产率的提高和结构方面的变化。

知识存量的增长。库兹涅茨认为，随着社会的发展和进步，人类社会迅速增加了技术知识和社会知识的存量，当这种存量被利用的时候，它就成为现代经济高比率的总量增长和迅速的结构变化的源泉。但知识本身不是直接生产力，由知识转化为现实的生产力要经过科学发现、发明、革新、改良等一系列中间环节。在知识的转化过程中需要一系列中介因素，这些中介因素是：对物质资本和劳动力的训练进行大量的投资；企业家要有能力克服一系列从未遇到的障碍；知识的使用者要对技术是否适宜运用做出准确的判断等。在这些中介因素作用下，经过一系列知识的转化过程，知识最终会变为现实的生产力。

劳动生产率的提高。库兹涅茨认为，现代经济增长的特征是人均产值的高增长率。为了弄清什么导致了人均产值的高增长率，库兹涅茨对劳动投入和资本投入对经济增长的贡献进行了长期分析。他得出的结论是，以人均产值高增长率为特征的现代经济增长的主要原因是劳动生产率的提高。

结构变化。库兹涅茨认为，发达的资本主义国家在它们经济增长的历史过程中，经济结构转变迅速。从部门来看，先是从农业活动转向非农业活动，后又从工业活动转移到服务性行业。从生产单位的平均规模来看，是从家庭企业或独资企业发展到全国性甚至跨国性的大公司。从劳动力在农业和非农业生产部门的分配来看，以前要把农业劳动力降低50个百分点，需要经过许多世纪的时间，现在在一个世纪中，由于迅速的结构变化，农业劳动力占全部劳动的百分比能够减少30到40个百分点。库兹涅茨强调，发达国家经济增长时期的总体增长率和生产结构的转变速度都比它们在现代化以前高得多。库兹涅茨把知识力量因素和生产因素与结构因素相联系起来，以强调结构因素对经济增长的影响。制造业结构不能满足现代经济增长对它提出的要求，需求结构变化缓慢、消费水平低，不能形成对经济增长的强有力刺激。

（3）西方学者关于经济增长因素分析借鉴之处。

丹尼森经济增长因素的分析和库兹涅茨对经济增长因素的分析，在一定程度上描述了资本主义经济发展的事实，因而为我们研究西方经济提供了可供参考的资料。它对社会经济问题采取综合分析的方法，对我们也有一定的启示，特别是它强调了知识进步在经济增长中的重要作用，对于我们认识现代化生产的特点，尤其是对于发展中国家制定正确的经济发展战略，都具有重要的借鉴意义。

四、问题计算

1. 设一个经济的人均生产函数为 $y=k^{0.5}$。如果储蓄率为28%，人口增长率1%，技术进步速度为2%，折旧率为4%，那么，该经济的稳态产出为多少？如果储蓄率下降到10%，而人口增长率上升到4%，这时该经济的稳态产出为多少？

答：稳态条件为：$sf(k)=(n+g+\delta)k$，

代入数值得 $0.28k^{0.5}=(0.01+0.02+0.04)k$，得：$k=16$，

从而，$y=4$

如果 $s=0.1$，$n=0.04$，则：$k=1$，$y=1$

2. 在新古典增长模型中，已知生产函数为 $y=2k-0.5k^2$，y 为人均产出，k 为人均资本，储蓄率 $s=0.1$。人口增长率 $n=0.05$，资本折旧率 $\delta=0.05$。试求：

（1）稳态时人均资本和人均产量；

（2）稳态时人均储蓄和人均消费。

答：（1）新古典增长模型的稳态条件为：$sy=(n+\delta)k$

将有关关系式及变量数值代入上式，得：

$0.1(2k-0.5k^2)=(0.05+0.05)k$

$0.1k(2-0.5k)=0.1k$

$2-0.5k=1$

$k=2$

将 $k=2$ 代入生产函数，得相应的人均产出为：

$y=2\times2-0.5\times2^2=4-0.5\times4=2$

（2）相应地，人均储蓄函数为：$sy=0.1\times2=0.2$

人均消费为：$c=(1-s)y=(1-0.1)\times2=1.8$

【实训活动】

实训活动　政府文件解读

目的：

认识经济增长。

内容：

1. 时间：25~30 分钟。

2. 地点：任意。

3. 人数：任课班级学生人数。

4. 合作人数：根据班级人数分成若干小组。

步骤：

第一步：教师选取有关经济增长的文献资料。

第二步：组织学生观看并运用相关知识分析影像资料中的开放经济条件下国家经济的增长。

第三步：请各小组根据资料内容进行问题的提炼，同时组织小组同学进行问题讨论，并形成论文文稿。

第四步：提交论文。

问题研讨：

开放经济条件下的经济增长。

实训点评：

主要是通过阅读政府文件报告，让学生了解一国经济增长的内涵及其影响因素。

实训材料：http://news.xinhuanet.com/fortune/2016-03/05/c_128775704.htm.

【案例研究及案例使用指南】

案例 1　吴敬琏：中国经济增长的关键驱动力

2015 年 10 月 25 日上午，清华大学产业发展与环境治理研究中心（CIDEG）成立十周年庆典暨学术研讨会在清华大学主楼接待厅隆重举行。会上国务院发展研究中心吴敬琏研究员做了题为“中国经济增长的关键驱动力”的报告。

吴敬琏首先表示，中国经济增长从 2011 年就走上了一个降速的下行的通道，同时存在着的一系列经济矛盾开始显露出来。因此，对于中国当前碰到的问题，以及在未来的发展路径上需要采取什么样的方向、政策，中国经济增长的主要动力是什么？就变成现在不管是学术界还是政界讨论的一个核心的问题。由此，吴敬琏认为，对这个问题的分析有两种分析框架，并引出了不同的方略，不同的对策。

吴敬琏称：“第一种分析方法，就是从需求侧进行分析，在中国大家把它叫作‘三驾马车’的分析方法。为什么中国经济增长走入了一个下行的通道？是因为需求乏力。总需求由三个部分组成，就是所谓‘三驾马车’——投资、消费和净出口。这种分析方法源自于凯恩斯主义的短期分析框架。就是说产出是由需求决定的，而需求按照凯恩斯主义的短期分析框架是由四个项目组成的，即投资、消费、净出口和财政赤字。在中国把它简略为‘三驾马车’，就是投资、消费和出口。”

吴敬琏表示：“中国的经济增长进入下行通道，是因为需求不足，这三驾马车的力量不够。所以由这种分析得出的结论，就是要使得中国经济增长保持一个比较高的速度，解决办法就是增加需求。寻找各种增加需求的办法都试过了，最后落脚到投资，即通过增加投资来提高经济增长的速度。这种分析方法用的对策，在我看来，在理论上存在一个很大的问题，就是它用了凯恩斯主义的短期的分析方法，去研究中国的个长期增长的问题，当然对于凯恩斯主义的经济学他的基本判断是不是对，在我们这里是有争论的。但是不管是对还是不对，用一个短期的分析方法去研究一个长期的问题，在理论上恐怕是有很大的问题的。另外从实际的表现来说，中国其实用这种方法来应对 GDP 增速下降已经有很长的时间了，特别是全球金融危机发生以后，在 2009 年采取了非常强的刺激政策，想提高经济增长速度。在 2009—2010 年很短的时期内，经济增长速度从年增长 6%左右提高到 8%以上，甚至到了 10%，但是很短暂，到了 2010 年的年末又开始进入了下行的通道。从 2010 年到现在，几乎每年或者隔一年就会采用这个强刺激的方法。”

但是这样做的结果是什么呢？吴敬琏认为产生了两个负面的结果。“一个负面的结果就是投资的拉动效果越来越差，因为在这个能够支持增长的中低速中，如果你只是靠其中一个因素，比如靠投资去拉动经济增长的话，它的结果一定会发生所谓投资的回报递减这样一个倾向，特别到了最近两年，这个刺激的作用几乎等于零。就是说投资的刺激已经越来越缺乏效果了，这是一个方面。另一方面，过度的投资使得我们国民的资产负债表的负债率，也就是所谓杠杆率变得越来越高，从各种研究机构的研究来看，中国现在各级政府的资产负债表、企业的资产负债表，再加上居民的资产负债表，整个资产负债表的杠杆率是 GDP 的 250%～300%，显然它已经造成了很大的债务积累，威胁到我们的整个资产负债表的安全，蕴藏着出现系统性风险的可能性。因为，我们在实际上也不可能把增加投资作为提高经济增长速度的主要的手段。”

吴敬琏指出，许多经济学家都认为前一种分析方法和由此引出的政策方向是有问题的，并且都认为应该主要从供给侧的各种因素去分析中国经济增长的驱动力量在哪里。从供给侧的因素去分析，经济增长是由三个因素决定的。“一个因素就是新增的劳动力，一个因素是新增的资本投资，另外一个因素就是效率的提高，或者说 TFP，就是全要素生产率的提高。”这样一种分析的框架，用来解释过去三十年中国经济之所以能够取得高速的增长是很有说服力的，并且用这个分析方法去寻找中国今后能够稳定增长的动力也是很有效的。

吴敬琏指出，今年 3 月 25 号，青木昌彦教授特别对比了中国和日本，中国和韩国。他指出很重要的一点，就是由于劳动力从低效部门向高效部门转移，库兹涅茨曲线在中国已经进入了一个转折点。他根据日本和韩国的增长的变化过程，认为当农村劳动力只占全部劳动力的 20%左右时，库兹涅茨曲线就进入一个转折，在这以后，城市化过程就变得非常平缓，速度就降低，也就是说，库兹涅茨进程在这个时候就进入了末期。所以靠这样一个因素来推动经济增长已经乏力了，必须要找到新的经济增长的驱动力量。“那么这个驱动力量是什么？归根到底一句话，就是要增加索罗余量，也就是要提升全要素生产率。所以得出结论：中国今后要保持持续稳定增长，主要的驱动力量应该是转变经济增长方式，从主要依靠投资、靠投入资源，转到主要依靠技术进步、靠效率提高，一句话，就是转变经济增长的模式。”

对于经济模式的转变，中国已经倡导多年。吴敬琏表示，2015 年是中国官方正式提出需要转变经济增长方式的第二十年，1995 年在制定第九个五年计划的时候，中国领导就提出中国经济增长模式太粗放，要在九五计划就是 1996 到 2000 年的五年中间实现经济增长模式的转变。“但是问题是这个过程进行得非常缓慢，特别是第十个五年计划期间，经济增长依旧更多地依靠了投资，依靠了海量的投资，所以在制定十一五计划，就是2005、2006年的时候就研究了这个问题，为什么五年计划规定了要转变经济增长的模式，但是一直没有得到转变呢？学术界和政府部门做了很多的研究，最后得出了一个结论——这个结论是对的——就是因为存在体制性障碍，'体制性障碍'是从2003年中共中央一个关于完善社会主义市场经济的决定里面提出的。经济增长模式的转变之所以不顺利，当时做了很多研究，最后得出的结论跟这个决定上的这句话是一致的，就是因为存在体制性障碍。"

吴敬琏认为，如果是体制性障碍使得经济增长模式的转变不顺利，那么唯一的出路就是推进改革，通过改革消除这些体制性的障碍。

案例来源：http://business.sohu.com/20151026/n424177557.shtml.

思考题

1. 什么是供给侧？
2. 关于供给侧改革，你知道多少？

案例1使用指南

第一步：目标设定参考。本案例可以配合本章教学及高鸿业主编《西方经济学（宏观部分·第六版）》的第十九章教学及学习使用。同时，学生应该对经济增长理论的发展和演变等内容有所阅读，通过对案例的学习，理解宏观经济学中关于经济增长理论的内容。

第二步：背景介绍。供给与需求，是市场经济的一对矛盾统一体，两者互为表里，同生并存。理论上讲，在任何一个时期，都要既重视供给侧，也重视需求侧。但就某一个特定的阶段而言，由于要素禀赋不一、外部环境条件不一、施政目标不一，宏观经济管理上往往需要选择着重在供给侧发力还是在需求侧发力。1997年亚洲金融危机以来，我国宏观调控总体而言是以需求侧管理为主的。

需求侧管理的理论基础来自于凯恩斯理论中的国民收入均衡分析。简言之，凯恩斯认为经济增长主要源于投资、消费与净出口这"三驾马车"的拉动，用公式表示为：

$$Y=C+I+G+NX$$

其中，Y代表总产出，C是消费，I是投资，G是政府支出，NX是净出口。

当经济出现下滑时，需求侧理论认为这主要是由于有效需求不足所致，因此对策就是千方百计地提高有效需求。在政策层面，需求侧管理的主要政策工具是财政政策与货币政策的协调配合，其中，货币政策侧重于总量调节，财政政策侧重于结构调整。依情况不同，共有紧财政-紧货币、紧财政-松货币、松财政-紧货币、松财政-松货币四种政策组合方式。

改革开放以来，我国推动计划经济体制向市场经济体制转轨的同时，十分重视需求管理。比如，改革开放之初，在沿海一带主要依靠"三来一补"，借力的是海外需求。在国内，由于基础设施匮乏，长期依靠的是以政府投资为主进行的数轮基础设施建设。在1997年亚洲金融危机和2008年全球经济危机以后，先后都采用了"积极财政政策"与"稳健货币政策"的搭配。多年以来，无论是中央还是地方，政府拉动经济增长均主要在投资与出口两个方向上用力。可以这样说，需求侧管理已成为过去一个时期我国政府在推动经济增长中使用得最多、最为得心应手的方法。

需求侧管理对推动中国经济增长曾发挥了重大的作用。但是，随着时间的推移，需求侧管理所产生的副作用正日渐明显。2015 年 11 月，习近平总书记在中央财经工作领导小组第十一次会议上强调，要着力加强供给侧结构性改革，引发各界高度关注，被认为是高层经济思路上的重大变化。

结合党的十八届五中全会“释放新需求，创造新供给”的表述以及习总书记讲话精神，当前中国推进供给侧结构性改革的主要含义，是从“需求管理”到“供给管理”的重大调整。

第三步：理论学习。供给侧的含义：如果用一个公式来描述“供给侧改革”，那就是“供给侧+结构性+改革”。其含义是用改革的办法推进结构调整，减少无效和低端供给，扩大有效和中高端供给，增强供给结构对需求变化的适应性和灵活性，提高全要素生产率，使供给体系更好地适应需求结构变化。改革五大任务“去产能、去库存、去杠杆、降成本、补短板”，这 15 个字构成当前供给侧改革重点任务，其中包括处置僵尸企业，化解房地产库存，防控金融风险，降低企业成本和补充供给短板等具体方面。供给侧改革实质：①供给方式。供给侧改革实质上就是改革政府公共政策的供给方式，也就是改革公共政策的产生、输出、执行以及修正和调整方式，更好地与市场导向相协调，充分发挥市场在配置资源中的决定性作用。说到底，供给侧改革，就是按照市场导向的要求来规范政府的权力。离开市场在配置资源中的决定性作用谈供给侧改革，以有形之手抑制无形之手，不仅不会有助于经济结构调整和产业结构调整，还会损害已有的市场化改革成果。②供给结构。从中国中央政府“推动供给侧结构性改革，着力改善供给体系的供给效率和质量”等明确表示看，供给侧改革就是以市场化为导向、以市场所需供给约束为标准的政府改革。从供给侧改革的阶段性任务看，无论是削平市场准入门槛、真正实现国民待遇均等化，还是降低垄断程度、放松行政管制；无论是降低融资成本、减税让利民众，还是减少对土地、劳动、技术、资金、管理等生产要素的供给限制，实际上都是政府改革的内容。③改革角度从中国政府改革的角度看，供给侧改革可谓中国改革开放近 40 年时间里最深刻的一次政府功能转变。经济结构调整、产业结构调整，要求政府在公共政策的制定和执行上，多方面降低对中国经济的供给约束，使产业、企业的自然活力不受限于作为公共政策供给方的政府的约束。

第四步：讨论思考题目。可以选择根据思考题分组讨论，每组学生轮流发言，组内相互补充发言，各组学生代表相互点评。

第五步：学习总结或教师点评。教师对案例研讨中的主要观点进行梳理、归纳和点评，简述本案例的基础理论，在运用基础理论对案例反映的问题进行深入分析后，辅以适当的框图进行总结。

案例备注说明：该案例对于初学者比较困难，可以在结束学期教学或在通读《西方经济学（宏观部分·第六版）》完毕以后使用更佳。当然对于自学能力比较强的学生而言可以直接使用。

案例 2　中国经济增长未来以何驱动

我要讲的题目是“经济环境与战略”。经济环境现在称“新常态”，什么是新常态？是不是比如说我们过去是高速增长，现在是中高速？假如真是这样，我认为跟企业家就基本没关系了。因为就算是高速增长也不能保证每个企业都高速增长，照样有那么多企业垮掉，中高速在全球那就是了不起的高速。降速实际上对每个行业、每个企业的影响微乎其微。

这个话题为什么有意义？我担心咱们不是从高速增长到中高速甚至是中速，而是到低速，没准来一个大起大落，这是国际国内都关心的问题。如果出现那样的情况，确实对企业家是很大的挑战，这是整个经济环境发生的特别大的剧烈变化。

比如像 2008 年美国的金融危机对全球的冲击，如果你在温州，赶上温州这几年，又赶上地产的冲击，你经营得很好，担保方、交易方都垮了，跟你赖账那就麻烦了。所以最应该关心的是经济环境会不会出现大的波动，如果出现大的波动，政府就有应对，如果应对得很好大家日子就好过。如果手忙脚乱应对错了，我们的麻烦就更大了。我想经济环境的核心恐怕在这方面。

中国经济已经增长了 30 多年，未来的增长前景，我个人总体上是比较乐观的。说到中国经济，我赞同林毅夫等经济学家所说的“有潜力”。但是潜力不是现实，潜力发挥不出来的太多了，印度经济也非常有潜力。有潜力的地方很多，但是最后能不能实现，取决于太多因素。应该说我们目前的挑战，是非常尖锐的。因为这个挑战并非今天才存在，改革开放 30 余年一直都存在。尤其 2008 年金融危机到现在，转眼 6 年过去了。改革开放 10 年的时候，我们就写过一篇文章。末尾就是中国面临三个前景：第一个是高速增长的前景，第二个是出现动乱的前景，第三个是长期停滞的前景。改革开放 30 年的时候我们又写了一篇，最主要的是分析过去支撑中国高速增长的因素，都已经发生了变化。原来的因素不仅支撑不了高速增长，恐怕也支撑不了中高速增长。

中国经济增长的四轮驱动

当时的分析是，中国经济过去几十年的增长有四大因素在支撑，或者叫“四轮驱动”。

第一是改革开放。我的观点就是对外廾放对于中国的意义完全不亚于改革的意义。如果我们关起门来搞改革，我们今天恐怕还没走多远。中国一直处在大变革的时代，从开放当中获益，我们依靠后发优势，大大缩短了和发达国家的距离。现在的麻烦是，一开始我们改革开放的时候美国人没认为有大变革，认为撒下一点面包渣你愿意怎么捡就怎么捡，捡了 30 年之后美国认为不一样了，现在从某种意义上说，中国与美国在很多领域成了对手，大差距的好处在慢慢地消失，反过来人家开始把中国作为竞争对手进行防范、博弈、围追堵截。对外开放这些年来实际上已经产生变化，这是改革开放 30 年分析的一个问题。我们过去主要靠开放，靠后发优势，尽管这点优势今天还有，但已经大大缩小了，而且负面的因素在不断增加。

第二是市场化。一方面通过双轨制，通过引进市场因素，逐步使得整个经济市场化；另一方面发展民营经济，引进外资，对国企进行改造，这个产生了巨大的推动力。

30年以后，问题也大了，市场化的好处有了，市场化存在的问题也逐步暴露出来。企业改革这一块更是这样，我们的国企改革，经过了几十年，有很大的进展，但是应该说30年前提的第一步还没有迈出来。35年前开始就说“政企分开”，现在国企、央企根本都没有“政企分开”。

第三是靠农村，农村的联产承包责任制，也就是分田到户，提供了经济发展的第一支火箭式推动力。1984年以前最大的就是“包产到户”，令农村焕发了活力，给中国领导人以信心。因为过去从来吃不饱饭，在那个信心的前提下进行城市的改革。但邓小平没想到乡村的发展，更没想到几亿农民到城里打工，这些因素带来的变化推动了我们后来的发展和增长，但这些因素的推动力正在消失，相关问题也在出现。每家两三亩地的种植显然束缚了农业的规模经济，农民进城打工给中国成为世界工厂提供了最强有力的基础。所以我们有廉价的劳动力，但是现在问题也开始暴露出来了。就是长期的候鸟式迁移，经济发展了，各方面的成本上升了。但是中国劳动力、人力成本的提升非常有限。农村人普遍读到初中毕业就开始辍学了。所以现在是中国经济需要提升的时候，人不提升，下面的增长就会遇到瓶颈。

第四，跟地方竞争有关系。中国国家大，靠财政承包和地方经济推动了经济发展。我觉得中国做企业的人可能都有一个机会，各个地方竞相用更优惠的力度吸引投资。对这种使得中国经济迅速发展的做法，尽管中国很不满意，但是在别人看起来，比如印度就觉得中国的投资环境已经是天堂了。

经济增长靠结构变化

因此原来的推动力都开始在衰减，中国要想继续增长靠什么？现在经常讲到靠技术进步，靠教育，靠创新，这些只能保证一般的增长。中国的技术创新比不上美国，中国的人力资本也比不上美国，中国一天两天也改不成美国那种有利于创新的体制。这些因素，美国每年增长2%就感觉很好了。如果中国把自己的目标定在2%~3%，刚才讲的那些因素就足够了。但是如果说中国“新常态”只不过从10%降到5%左右，这样一般化的因素是支撑不了的，因为全球都没有。中国经济在这个阶段，为什么还有比较高的潜在生产力？技术创新这些都是对的，但解决不了问题。在“金砖四国”里中国也是在最顶端，什么才能支撑这个？实际上只有靠中国在这个阶段的结构转换了。最大的结构就是农民从低产的农业中走出来，到高产出的工业和第三产业。因为现在农民一般在土地上的产值也就1 000元人民币，但如果他们出来到城里当小工，马上产出就变成好几万。所以我个人觉得，这个收益是支撑今后20年左右中国经济还能够在一个较高水平上增长的主要原因。中国现在户籍人口城镇占35%左右，65%是农村户口。农民工进来了两个多亿，但是中国基本上是候鸟式的，到40岁左右就开始回流。家属绝大部分还不在身边，还有几千万的儿童是留守的。

经济增长要达到5%，主要还要靠结构变化。这个结构是所有的发达国家所具备的潜力，所有的企事业都是这样，在这个转换当中除了正常的技术进步、创新，最主要的是因为中国处在这个阶段，有大量的人口，总人口当中很大比例从低产的农业部门转向高产出的工业部门和服务业部门，这是他们带来的。而这种转变同时跟另外一个转变也是一致的，就是在从农村这种规模经济比较差的、集聚度比较低的地方进入城市。城市是高度集聚的，上班时间缩短，交流、沟通的成本降低，包括这么多企业，同样是互联网企业挤在一起，同样是金融企业在一条街上从低产出的产业向高产出的产业转移。另外也是规模不那么集聚向规模集聚的地方转移。这两个比较大的变化，才是中国有可能继续维持高速增长的动力。

但是实现这个增长需要对中国的政策进行重大调整。我们看到这几年来中国已经开始提出城市化和新型城镇化。但中国目前所采取的行动是不够的……经济环境，恐怕最主要的取决于我们的政府、社会怎么样来回应我们这个时代的挑战。

下面我讲讲企业战略与经济环境的关联。这也是老生常谈。企业经营有一句话，我觉得还是很有深意的——做正确的事，比把事做正确要重要十倍。做事情本身跟未来的方向不一样，你很辛苦很努力，但是仍然挣扎得很凄惨，最后不成功对不起周围的一大批人。所以我觉得所谓企业的战略，作为企业的主要领导人，就是要选对正确的事情去做。

案例来源：华生. 中国经济增长未来以何驱动［N］. 经济观察报，2014-11-24（46）.

思考题

经济增长的决定因素是什么？

案例 2 使用指南

第一步：目标设定参考。本案例可以配合本章教学及高鸿业主编《西方经济学（宏观部分·第六版）》的第十九章教学及学习使用。同时，学生应该对经济增长理论的发展、演变等内容有所阅读，通过对案例的学习，理解宏观经济学中关于经济增长理论的内容。

第二步：背景介绍。200 余年的发展历史其实就是经济学 200 多年的发展史。以拉姆齐 1928 年的经典论文为分水岭，经济增长理论可以分为两个阶段。

第一阶段：1928 年以前的经济增长理论的奠基阶段，这一阶段的增长理论被称为古典增长理论（为了与新古典增长理论的称呼相一致）；1928 年以后是经济增长理论的成熟阶段，这一阶段的增长理论包括新古典增长理论和内生增长理论。

增长理论的奠基阶段（古典增长理论）：亚当·斯密、拉姆齐。从经济学的发展角度看，古典增长理论先后跨越了古典经济学、新古典经济学两个范式，所以古典经济增长理论其实包括了很多特征完全不同的增长理论。亚当·斯密《国富论》中的“分工促进经济增长”的理论、马尔萨斯《人口原理》中的人口理论、马克思《资本论》中的两部门再生产理论（或马克思再生产图式），都是属于古典经济学范式的增长理论。而熊彼特《经济发展理论》中的“创新理论”、阿伦·杨格《递增的报酬和经济进步》中的“斯密定理”则可以归入新古典经济学范式的增长理论。古典增长理论是一个丰富多彩的思想库，而这些思想或理论又有着不同的分析框架、不同的研究思路。在现代经济学家看来，作为古典经济学家的亚当·斯密、马尔萨斯、马克思等人是将经济理论与增长理论完全结合起来的一代人。如果经济增长研究的是“为什么有的国家远远富于其他国家”“如何解释真实收入随时间的大幅度提高”的话，那么，古典经济学家无疑是真正的增长理论家，古典经济学是经济增长理论发展的第一个高潮时期。

第二阶段：增长理论的成熟阶段，主要是以现代经济增长理论为代表。

（1）现代经济增长理论的起点。通常认为，现代经济增长理论的起点是哈罗德-多马模型的出现。如果从研究的内容上看，哈罗德-多马模型确实可以作为现代经济增长理论的起点。因为哈罗德-多马模型是将凯恩斯的思想动态化的典型例子，它试图在凯恩斯的短期分析中整合进经济增长的长期因素，并强调资本积累在经济增长中的重要性。但是，如果从方法上具备了研究动态问题的角度来说，那么，现代经济增长理论的真正起点开始于1928年的拉姆齐。这一年，英国经济学家弗兰克·拉姆齐在《经济学期刊》上发表了一篇题为“储蓄的一个数理理论”的经典论文。所以，新古典方法论上的起点最早可以前推到拉姆齐。20世纪60~70年代卡斯和库普曼斯的工作主要是运用拉姆齐的思想对索罗模型进行新古典式的改造。

（2）现代经济增长理论发展的三个高潮。现代经济增长理论经历的第一个高潮阶段是20世纪40年代，这一阶段的工作主要是由哈罗德、多马开创的，他们是凯恩斯主义经济学家，致力于将凯恩斯的短期分析动态化。第二阶段是20世纪50年代中期，索罗和斯旺建立的新古典增长模型推动了一个持续更久、规模更大的兴趣浪潮。这次浪潮在1970年到1986年间经过一段相对被忽视的时期后又重新兴起。第三次浪潮开始于20世纪80年代，主要是因罗默和卢卡斯的研究工作而兴起的。这次浪潮引发了内生增长理论的发展，而内生增长理论是针对新古典模型中理论上、实证上的缺陷而产生的。

（3）现代经济增长理论的特征。现代经济增长理论最核心的特点不是体现在研究结果上，而是体现在研究方法上。在古典增长理论阶段，研究经济增长问题并没有一个固定的研究方法，这就使得经济增长理论呈现出研究方法与研究结论丰富多彩的特征。现代经济增长理论则是通过不断采用标准化、主流化的研究方法，形成对经济增长问题的系统研究成果。现代经济增长理论的研究方法可以简单地概括为两个方面：新古典的分析框架——代理人的最优化决策与动态时间序列方法。

现代经济增长理论的另一个特点体现在研究结论上。与古典增长理论丰富多彩的结论不同，现代经济增长理论的结论显示了良好的可比性、扩展性，它对经济增长源泉的不同解释都可以放到生产函数中加以比较。从这个意义上说，不同的增长理论可以很容易地比较彼此之间的差异，同时也有利于经济增长理论在现有基础上的进一步发展。

第三步：理论学习。经济增长问题实质上是讨论经济社会潜在生产能力的长期变化趋势，这种趋势可以用一套长期产出增长的趋势线来表示。产出在长期中究竟按什么规律变化？在宏观经济学中，对此问题的回答有两个互为补充的分析方法。一是增长理论，它把增长过程中要素供给、技术进步、储蓄和投资的互动关系模型化。二是增长核算，它试图把产量增长的不同决定因素的贡献程度数量化。

（1）多马经济增长模型。哈罗德和多马为研究经济增长而建立的理论模型，是当代增长经济学中的第一个广为流行的经济增长模型，通常称为哈罗德-多马经济增长模型。他们的出发点都是凯恩斯的“有效需求原理”。

（2）哈罗德模型。哈罗德模型有这样一些假定：①社会的全部产品只有一种，这意味着，全社会所有产品不是用作消费品就是用作投资品，故称为一个部门的增长模型；②规模报酬不变；③资本-产量比率（K/Y）、劳动-产量比率（L/Y）以及资本-劳动比率（K/L）在增长过程中始终保持不变；④不存在技术进步，资本存量为 K 且没有折旧。

哈罗德模型包括形式相似但含义迥然不同的三个方程，论述了实现稳定状态均衡增长和充分就业状态均衡增长所需具备的条件，以及加速数与乘数相互使用所引起的经济周期繁荣阶段的累积性扩张与衰退阶段的累积性紧缩。

经济增长受以下几方面的制约：

（1）资源约束。包括自然条件、劳动力素质、资本数额等方面。

（2）技术约束。技术水平直接影响生产效率。

（3）体制约束。体制规定了人们的劳动方式、劳动组织、物质和商品流通、收入分配等内容，规定了人们经济行为的边界。

关于经济增长问题的研究大致有两类：一类纯粹考虑经济增长，一般建立所谓一般增长模式；另一类引入制度因素来研究经济增长问题。前一类以哈罗德-多马增长模型为主要代表，后一类以匈牙利经济学家科尔奈增长论为主要代表。

第四步：讨论思考题目。可以选择根据思考题分组讨论，每组学生轮流发言，组内相互补充发言，各组学生代表相互点评。

第五步：学习总结或教师点评。教师对案例研讨中的主要观点进行梳理、归纳和点评，简述本案例的基础理论，在运用基础理论对案例反映的问题进行深入分析后，辅以适当的框图进行总结。

案例备注说明：该案例对于初学者比较困难，可以在结束学期教学或在通读《西方经济学（宏观部分·第六版）》完毕以后使用更佳。当然对于自学能力比较强的学生而言可以直接使用。

案例 3 世界经济增长与新科技革命

2015 年新年的钟声已经响过月余，但是世界经济并没有一元复始、万象更新，不知春大何以廾启。确实，与以往危机不同，本轮金融危机发生至今已历 7 年，从最初的次贷危机到国际金融危机，这种多米诺模式，引起全球经济前所未有的分化，而且到目前为止，世界经济仍难以摆脱危机影响。从历史规律看，科技进步在经济周期转换中发挥着至关重要的作用，每次危机之后的真正恢复与新的增长支撑形成，有待于科学技术水平、生产组织模式和效率等经济基础发生革命性突破。

第一，2014 年世界经济发展继续分化，除美国外主要经济体多显疲态。从世界银行统计的数据来看，2013 年全球 GDP 增长率为 2.25%，这一数字自 21 世纪以来仅高于 2001、2002、2008、2009 这 4 个年份，而这 4 年均是近两次经济或金融危机形成的谷底。从发达国家来看，2014 年美国可能是唯一恢复较好的大型经济体；欧元区经济增长预计为 0.8%，欧洲经济仍挣扎于零增长边缘，2014 年三季度整体 GDP 增速环比折年率仅 0.2%，法、意等国失业率都在 10%以上，欧元区“火车头”德国也未能延续此前表现出的较强增长势头；日本经济高开低走，2014年二季度GDP环比折年率一度下滑7%，三季度继续技术性下滑，尽管日本连续推出量化宽松举措，但是国内生产总值仍然连续两个季度出现收缩。澳大利亚受大宗商品价格下滑影响，失业率一直在6%，国内生产总值增长率低于3%。新兴经济体表现也不尽如人意。俄罗斯受到油价下滑和欧美制裁影响步入寒冬，全年卢布汇率下跌超过50%，通胀直逼10%，经济增长约1%。巴西、南非、印度尼西亚等新兴经济体也不同程度减速，甚至衰退。这一切都表明，全球经济原有运行模式难以为继，主要经济体之间始终未能形成历史上的“趋势一致性”增长局面，相反的是各国此起彼伏地出现问题。

在全球经济运行格局出现明显分化的同时，最近区域性冲突不断爆发。在全球经济增速放缓的情况下，社会不稳定会进一步推升全球避险情绪，进一步阻碍经济复苏进程。

展望2015年，IMF（国际货币基金组织）认为世界经济面临强劲逆流，大幅下调全球经济增长预期，除美国外，全球各地的增长预期几乎全都下调。IMF认为全球2015年经济增长率仅为3.5%（去年10月预计为4%），其中，日本陷入技术性衰退，2015年经济增长率为0.6%，欧元区为1.2%，中国为6.8%，美国则达到3.6%。因此，包括欧元区、日本、俄罗斯、印度在内的经济体增速都将出现减缓，OPEC（石油输出国组织）的贸易活动有所减少，长期增长放缓将对需求造成严重不利影响。

第二，观察人类社会经济发展史，波浪式前行、螺旋式上升并形成一个又一个社会经济台阶，应该是一般规律。社会经济迈上一个新台阶之前，往往会出现较长时期的经济停滞甚至衰退，习惯上称为“发展陷阱”，而突破“发展陷阱”有待于经济革命。关于经济革命，目前虽然缺乏权威性的定义和共识，但应该是指由于经济基础的根本性变化，带来经济增长质的飞跃和经济规模持续扩张。由于推动经济革命的关键因素是科技，我们习惯于把人类历史上的巨大变化称为科技革命，也称为工业革命，但其实质和结果都是经济革命。观察近250年来人类经历的三次科技革命和经济周期，不难得出这样的结论：经济上行期的长度取决于经济基础中最重要的技术进步所释放的推动力能够维持多久，技术进步越具有革命的性质，推动的经济上行期就越长；同样，经济下行衰退期的长度也取决于新的具有革命性的技术进步酝酿时间的长短。

从历史规律来看，经济危机往往是孕育诞生重大科技突破的黄金时期。一方面，投机走到尽头，创新动力开始激发；另一方面，科技创新所需的各项要素成本降低，新科技应用于工业生产所需的资源，包括金属、能源、各种物资等，也都不断降低价格。1825年经济危机带来了蒸汽动力火车；1857年经济危机孕育了能量守恒定律和细胞学等，随后带来电力的发明以及现代生物医药产业；1929年至1933年大萧条孕育了原子能、空间技术和电子计算机；20世纪70年代的经济低潮则催生了互联网信息技术的大发展。当前正处于本轮国际金融危机的后期，很有可能孕育突破性的科学技术成果，包括中国在内的全球各国应积极地为此创造条件。

未来经济革命性突破会发生在哪些领域？我们可以从以往科技革命的共性特征和演变趋势上找到一些线索：每一次科技革命都建立在上一次基础之上，而新的科技突破也必然延续这样的趋势，建立在既有成果上，解决当前束缚人类生产生活进一步提升的突出问题。第一次是用机器生产代替了人力，第二次使人类社会电力化，第三次则带来了通信方式及生产效率的全方位变革。机器的应用引发了对电力能源的需求，而信息技术革命的基础又是电力革命。每次科技革命都伴随生产力及生活方式的跨越性变化。此外，科技革命越来越表现出“技术群”的特点。第一次主要是蒸汽机，第二次涉及电力、汽车、现代医药等，而到第三次更是分布到信息技术、航天、原子能、生物技术、新材料等众多领域。原因在于人类生产活动越来越复杂，各领域之间必须高度交叉融合、相互支撑。综合技术进步和产业发展的历史规律以及近年来发达国家政府部门和大型财团的战略动向，材料创新、能源利用、智能经济以及效率革命将共同构成未来经济基础的革命性突破方向。

第三，虽然对于现在处于第几次产业革命，以及德国工业 4.0 算不算工业革命，存在不同的理解，但是各个发达国家开始重新重视先进制造业的发展确实是个不争的事实。这里我们先审视一下发达国家的“再工业化”浪潮，重点看一看德国、美国和日本。

德国向来以高质量制造和贸易强国著称。为保障核心竞争力，2012 年底，德国产业经济联盟向德国联邦政府提交《确保德国未来的工业基地地位——未来计划“工业 4.0”实施建议》。工业 4.0 是利用信息与通信技术和生产制造技术的深度融合，通过信息物理系统技术建设与服务联网，在产品、设备、人和组织之间实现无缝集成及合作。德国认为近十年来企业核心竞争力发生进化，企业的核心竞争力已经从产品质量控制转移到了客户价值创造，这种变化对企业的能力提出了前所未有的要求。在工业 4.0 时代，消费者可以直接向智能工厂定制商品且价格更低，淘宝这样的电子商城也将面临极大压力。过去企业出售的商品主要是产品，消费者使用后才会产生价值，比如纺织品、食品、家具、车辆等，现在企业向客户提供的则是价值，以及各种系统和基于系统的服务。为客户创造价值意味着企业需要能够生产更复杂、更先进的产品和系统。德国正在坚定地推进工业 4.0，当前德国经济仍然保持增长与此不无关系。

再看一下美国。2009 年初，美国开始调整经济发展战略，同年 12 月，公布《重振美国制造业框架》，2011 年 6 月和 2012 年 2 月，相继启动《先进制造业伙伴计划》和《先进制造业国家战略计划》，实施“再工业化”。这些计划促进了美国先进制造业的发展。美国的“再工业化”，包括调整、提升传统制造业结构及竞争力和发展高新技术产业两条主线。比如，3D 打印技术产业已成为美国“十大增长最快的工业”之一。美国政府提出“再工业化”旨在达到“一石数鸟”效果：短期刺激经济复苏、缓解严重失业、缓和社会矛盾；中期结构调整，培育新的增长动力，促进经济再平衡；长期目标是抓住新一轮产业革命之机，谋划战略主导权，重塑国家竞争优势。美国“再工业化”与“制造业回归”是奥巴马上台以来大力推动并已初见成效的一项经济战略，跨国公司海外制造业已出现回归美国的初步迹象。

最后看看近邻日本。虽然其 2014 年 GDP 只有我国的一半，但是日本安倍政府高度重视高端制造业的发展，大规模编制技术战略图。首先，政府加大了开发企业 3D 打印机等尖端技术的财政投入。其次，快速更新制造技术，提高产品制造竞争力。近年日本制造业出现了 3 个新现象。一是采用“小生产线”的企业增多：本田公司通过采取新技术减少喷漆次数、减少热处理工序等措施把生产线缩短了40%，并通过改变车身结构设计把焊接生产线由18道工序减少为9道，建成了世界上最短的高端车型生产线。二是采用小型设备的企业增多：日本电装公司对铝压铸件的生产设备、工艺进行改革，使得铸造线生产成本降低了30%，设备面积减少80%，能源消耗降低50%。三是通过机器人、无人搬运机、无人工厂、“细胞生产方式”等突破成本瓶颈：佳能公司从“细胞生产方式”到“机械细胞方式”，再到世界首个数码照相机无人工厂，大幅度提高了成本竞争力。

无论是从工业增加值指标，还是从经常贸易账户余额来看，美欧发达国家在国际金融危机以来推行的“再工业化”发展战略已取得了初步成效。

当前应该是我们实现中华民族伟大复兴面临的难得历史契机。为了抓住新科技革命机遇，我国需要加快工业设备更新升级，发展“精细工业化”，打造世界工厂2.0版。要推进工业固定资产全面更新，尤其是先进装备制造业技术更新、普通加工工业设备升级，抓住这期间创造出的巨大投资机会。要瞄准高端制造产业目标，通过产业升级实现核心技术自主化、高端产品国产化、出口产品高附加值化。发展高端制造产业，一方面要瞄准全球生产体系的高端，大力发展具有较高附加值和技术含量的高端装备制造产业和战略性新兴产业；另一方面，要立足制造业现有基础，着力推动钢铁、有色、石化、汽车、纺织等传统制造业由加工制造向价值链高端延伸。打造高端制造业高地，要以结构调整为主线，以自主创新为动力，以转变方式为途径，以提高质量和效益为目标，通过高端化、高质化、高新化、集约化和绿色化的路径来实现。

案例来源：黄志凌. 世界经济增长与新科技革命［N］. 经济日报，2015-03-03（14）.

思考题

促进经济增长的政策有哪些？

案例3使用指南

第一步：目标设定参考。本案例可以配合本章教学及高鸿业主编《西方经济学（宏观部分·第六版）》的第十九章教学及学习使用。同时，学生应该对经济增长理论的发展和演变等内容有所阅读，通过对案例的学习，理解宏观经济学中关于经济增长理论的内容。

第二步：背景介绍。2015年，我国研发支出为14 220亿元，研发投入强度（研发支出与GDP之比）为2.1%；创新绩效在全球40个主要国家中排名第11位。目前我国科技创新正努力从“跟踪、并行、领跑”并存，“跟踪”为主，向“并行”“领跑”为主转变，随着科技创新能力的持续提升，研发支出对我国经济发展的促进作用渐增，其资本属性愈加明显。尽管我国研发支出总量持续稳居世界第二，且仍以高于我国GDP增速的水平逐年增长，但R&D经费的累积投入量与主要创新型国家差距较大。1991—2014年，中国24年来的R&D经费累计投入量不及美国近3年、日本近6年和德国近10年的R&D投入。中国的研发支出需要持续保持快速增长态势，科技创新才能尽快补上过去的短板，从而加快缩小与欧美发达国家的差距。“十三五”期间，我国将切实加强财政研发投入，建立完善多元投入机制，促进全社会研发投入持续较快增长，保障到2020年研发投入强度达到2.5%。

第三步：理论学习。新经济增长理论：①理论含义：在20世纪80年代中期，以罗默、卢卡斯等人为代表的一批经济学家，在新古典增长理论重新思考的基础上，讨论了经济增长的可能前景，它全力解决经济增长根本原因这个问题。新经济增长理论强调经济增长不是外部力量，而是经济体系内部力量作用的产物。它重视对知识外溢、人力资本投资研究和开发、收益递增、劳动分工专业化、边干边学、开放经济等问题的研究。新经济增长理论的“新”是区别于新古典增长理论而言，将经济增长源泉完全内生化，因此，这一理论又被称为“内生经济增长理论”。②理论发展：20世纪40年代以来，英国经济学家哈罗德和美国经济学家多马根据凯恩斯收入决定论的思想，将凯恩斯理论动态化和长期化，推演出“哈罗德-多马”模型。这个模型突出了“资本积累”在经济增长中的决定性作用。假定资本-产出比不变，则经济增长决定于储蓄率，即资本积累率，从而为经济增长找到了一种似乎合理的持久动力和源泉。该模型的重大作用是指出了发展中国家经济匮乏从而阻碍经济增长这一要害，也指明了只要资本持续形成，经济便会持续增长。但这一模型存在不少缺陷，受到后来很多经济学家的批评：首先，资本-产出比不变是不可能的，这意味着资本和劳动的不可替代性。其次，该模型过分强调“资本积累”作为经济增长的决定性因素，却忽略了技术进步的作用，且具有“刀锋”性质，即经济增长是不稳定的，因此不被认为是经济增长的正统模型。由于它的不足，后由索罗、斯旺等经济学家从理论和实证方面，不断修改前人的经济模型，20世纪50年代掀起了新古典增长理论大潮。新古典增长理论描述了一个完全竞争的经济、资本和劳动投入的增长引起产出的增长，新古典生产函数决定了在劳动供给不变时资本的边际产出递减。新古典增长理论模型强调资源的稀缺性，强调单纯物质资本积累带来的增长极限，却无法解释经济长期增长问题，它以收益递减为前提，而长期增长必然以收益递增为前提，虽然引入了技术进步，但技术进步本身是外生决定的、不确定的资源，难以对经济长期增长做出合理而有说服力的解释。并且由于新古典增长理论假设市场是完全竞争的，要素报酬递减和规模收益不变，这意味着市场信息充分，产品同质，不存在技术壁垒、知识产权等问题。但是这种过于理想的市场环境却不能带来理想的收益。③理论完善：由于索罗模型的缺陷，罗默、卢卡斯等人建立了在收益递增和不完全竞争假设上的新经济增长理论。罗默的知识积累增长模型把知识作为一个独立的新要素引入生产函数中，认为知识积累是经济增长的主要源泉，提高经济增长率即努力增加研究与开发部门的资源投入以提高知识积累率。卢卡斯的专业化人力资本增长模型认为专业化人力资本积累才是经济增长的真正来源。新经济增长理论在许多方面都有重大突破，它的技术内生化表明经济增长源于厂商极大化的投资努力，较好地说明了经济长期增长的源泉和动力，将人力资本和知识引入经济增长模型，突破了传统的收益递减理论。新经济增长理论较好地解释了不同国家和地区经济增长和人均收入拉大的原因，即越发达的国家，人力资本、知识积累和技术进步越多，产生越多的收益，吸引了大量发展中国家的资本，从而差距不断拉大。同时，新经济增长理论也为知识产权保护提供了大量依据，认为知识发现或技术创新需要某种垄断权力且这种权力很有用，可以使这些思想发明者愿意将自己的资源用到生产新思想上。

对于我国现存的东西部差距问题，新经济增长理论给予了我们很好的启示。在改革开放的三十几年里，东西部在经济发展中形成了太大的差距。那么西部怎样才能逐渐缩小与东部沿海城市的差距呢？西部可充分发挥其后发优势和比较战略优势，积极引入人力资本、知识进步，抛弃传统的过分强调物质资本的旧观念，逐步发展成一个从“模仿”东部发展战略到“创新”的经济体制。西部缺少的更多的是知识、技术等“创造性资源”。全球化条件下提出了更多更新颖的经济要素如知识、信息、创新能力、核心技术等，这些将成为提高经济效益的主要源泉。因此，启示就是加快西部人力资源培育和开发步伐，不断创造和完善有利于推进技术进步，充分发挥人力资本作用的制度环境，努力进行制度改革创新等。

第四步：讨论思考题目。可以选择根据思考题分组讨论，每组学生轮流发言，组内相互补充发言，各组学生代表相互点评。

第五步：学习总结或教师点评。教师对案例研讨中的主要观点进行梳理、归纳和点评，简述本案例的基础理论，在运用基础理论对案例反映的问题进行深入分析后，辅以适当的框图进行总结。

案例备注说明：该案例对于初学者比较困难，可以在结束学期教学或在通读《西方经济学（宏观部分·第六版）》完毕以后使用更佳。当然对于自学能力比较强的学生而言可以直接使用。

第九章　宏观经济学的微观基础

【案例导入】

案例导入一：外资青睐中国消费市场

我国劳动力成本的上涨，一方面削弱了外资对我国劳动密集型制造业投资的热度；另一方面，我国就业人员工资的增加为国内消费市场的扩大提供了相当的基础支撑，推动外企加码对我国国内消费市场和产品的投资幅度。

据商务部统计，我国2014年全年社会消费品零售总额达26.2万亿元，同比增长12.0%，扣除价格因素，实际增长10.9%。尽管这两项数据比前一年同期分别放缓1.1和0.6个百分点，但全年最终消费对GDP增长的贡献率达到51.2%，比前年提高3个百分点，成为拉动经济增长的主引擎。澳新银行大中华区首席经济学家刘利刚日前指出，作为世界第二大经济体，中国经济正在转型升级，中国的市场更大了而不是缩小了。根据澳新银行的研究，到2020年，中国消费市场潜力将位居世界第二。

正是基于我国消费市场的巨大体量和多年两位数的高增长，一些消费产品类的国际知名企业开始或已经加大了对中国相关市场的投资力度。

2月14日，全球第四大巧克力制造商费列罗宣布，将于2015年上半年建立在我国的首家工厂。费列罗2014年财报显示，费列罗正在中国进行一个总投资额为50亿元的项目，并已经在浙江杭州注册了子公司——费列罗食品（杭州）有限公司。费列罗十分看好中国的巧克力市场。AC尼尔森数据显示，2014年9—11月的3个月里，全球巧克力消费下跌了1.8%，其中欧洲、美国市场下跌2%，亚洲市场则微增1.8%。而同时中国巧克力市场正展现巨大的潜力，中国每年人均巧克力的消费水平为200克，英国每年人均巧克力消费为10千克，是中国的50倍之多。

另外，中国每年庞大的新生儿群体也吸引了国际知名奶粉企业的目光。据乳业专家介绍，中国每年有1 600万~2 000万的新生人口，0~5岁的婴幼儿有0.8亿~1亿，2014年中国奶粉市场将突破850亿元。目前，跨国奶粉集团惠氏、美赞臣、多美滋和雀巢在中国国内奶粉市场的份额分别约为12.2%、12.1%、7.5%和4.3%，然而，中国市场对高端奶粉的需求依然十分旺盛。这吸引着越来越多的国际奶粉品牌来参与中国高端奶粉市场的竞争。去年底，法国知名婴幼儿奶粉品牌法瑞康悄然登陆中国市场。法国FrilabSA集团在中国的战略合作伙伴惠州市百吉瑞医药公司相关负责人表示，法瑞康的生产工厂拥有全球排名第三的实力，目前其婴幼儿配方奶粉二段和三段已经陆续在广东、北京、河北、河南、四川、广西、辽宁、新疆等地销售。

复星集团副董事长兼CEO梁信军认为，储蓄下降导致消费能力上升，特别是和中国中产阶层相关联的消费行业将是市场的投资热点。

商务部新闻发言人沈丹阳日前介绍说，“经济发展新常态下，我国利用外资领域也将出现一些趋势性变化”。其中一个变化是，外资的“兴奋点”将向国内消费市场转变。过去，很多外商来华投资都是集中在加工贸易行业，产品主要是出口国际市场。今后，随着我国内需潜力凸显，外资投资的“兴奋点”将向国内市场转变，更加看重消费市场这块“蛋糕”。国家发改委对外经济研究所国际合作室主任张建平表示，在中国，消费对经济增长的贡献开始超越投资，成为对经济增长拉动最大的三驾马车之一。从这个角度来讲，对于拓展中国市场的外资而言，中国市场的吸引力非常大。

案例来源：路虹．外资青睐中国消费市场［N］．国际商报，2015-03-03（A7）．

问题：

1．查阅资料并结合案例，说说怎样理解案例中提及的“经济发展新常态”。

2．概括消费对我国经济发展的影响。

案例导入二：2015年中国消费大数据统计盘点

据统计，在2015年全年中国社会消费品零售总额30.1万亿元中，限额以上单位消费品零售额14.26万亿元，增长7.8%。按经营单位所在地分，2015年全年，城镇消费品零售额25.9万亿元，比上年增长10.5%；乡村消费品零售额4.19万亿元，增长11.8%。按消费类型分，餐饮收入3.23万亿元，比上年增长11.7%；商品零售26.86万亿元，增长10.6%。

而限额以上企业商品零售额达13.39万亿元，比上年增长7.9%；其中，粮油、食品、饮料、烟酒类零售额比上年增长14.6%，服装、鞋帽、针纺织品类增长9.8%，化妆品类增长8.8%，金银珠宝类增长7.3%，日用品类增长12.3%，家用电器和音像器材类增长11.4%，中西药品类增长14.2%，文化办公用品类增长15.2%，家具类增长16.1%，通信器材类增长29.3%，建筑及装潢材料类增长18.7%，汽车类增长5.3%，石油及制品类下降6.6%。

全年网上零售额3.877万亿元，比上年增长33.3%。其中，实物商品网上零售额3.242万亿元，增长31.6%；非实物商品网上零售额6 349亿元，增长42.4%。在实物商品网上零售额中，吃、穿和用类商品分别增长40.8%、21.4%和36.0%。

2015年全国餐饮收入3.23万亿元，其中限额以下单位餐饮收入2.36万亿元，同比增长20.3%，而限额以上单位餐饮收入0.867万亿元，增速仅7%，表明餐饮业日趋回归大众化消费。

2015年中国居民境外游消费数据

2015年我国出境旅游1.2亿人次，同比增长了12.15%，中国公民境外消费1.2万亿元人民币，出境境外旅游购物消费0.68万亿元（其中自由行游客的消费占比超过80%，多是海外代购及海淘），中国旅游研究院《全球自由行报告2015》显示，2015年中国自由行出境人次达到8 000万，平均消费11 624元，同比增长24.1%。

与此同时，2015 年国内网上零售额 3.877 万亿元中，进口电商市场交易规模 0.9 万亿元，增长率 38.5%，而海淘市场由 2014 年 1 500 亿元猛升至 2 400 亿元，海外奢侈品代购市场规模则由 2014 年的 550~750 亿元下降至 340~500 亿元，以上支出总额已和国内限额以上单位商品零售 13.3 万亿元的总额基本持平，外加不菲的教育医疗房产支出，可见国内居民的消费支出及消费渠道已极为多元化。

2015 年全国重点大型零售企业销售数据

商务部表示，2015 年，国内消费市场运行总体平稳并呈前低后高、小幅回升态势。消费品市场规模首次突破 30 万亿元，在较大基数上实现了稳步增长。从 2012 年突破 20 万亿元增至 30 万亿元只用了 3 年时间，比从 10 万亿元到 20 万亿元加快了 1 年，而此前从 1992 年的 1 万亿元到突破 10 万亿元更是用了 16 年。同时，消费对国民经济增长的贡献率进一步提升至 66.4%，比 2014 年高 15.4 个百分点。

据商务部数据显示，2015 年消费市场的主要亮点为网络零售和综合业态发展较快。其中，网络消费保持高速增长，线上线下加速融合，移动终端购物比例不断提升。全国实物商品网上零售额同比增长 31.6%，占社会消费品零售总额的比重达到 10.8%。而在商务部监测的 5 000 家重点零售企业中，购物中心销售额同比增长 11.8%，增速比超市、百货店、专业店分别高 5、8.4 和 11.5 个百分点。

另据中华全国商业信息中心的统计，2015 年全国 50 家重点大型零售企业商品零售额累计同比下降 0.2%，相比 2015 年前三季度累计增速回落了 0.9 个百分点，但表现好于 2014 年全年（2014 年全年增速为-0.7%）。全年零售额实现累计同比正增长的企业数量为 18 家，较上年增加了 6 家。从各主要商品全年的表现来看，食品、化妆品类零售额分别累计增长 0.2%和 1.6%；服装、日用品、家用电器类零售额分别同比下降 0.4%、1.4%和 3.9%。这五个类别商品增速相比上年全年均呈现不同程度的放缓。受价格持续低迷因素拉动，金银珠宝类全年零售额累计增长 0.5%。

案例来源：http://sanwen8.cn/p/171ygP0.html,有删减.

问题：

1. CPI 的统计范围是什么？
2. 试概括 2015 年我国消费数据特点。

【学习目标】

1. 了解凯恩斯的消费函数。
2. 掌握跨期消费决策。
3. 理解收入变动和实际利率变动对消费的影响。
4. 学习并运用相对收入消费理论、生命周期消费收入理论、永久收入的消费理论投资函数、储蓄和投资的关系、储蓄和投资激励。

【关键术语】

消费　棘轮效应　资本存量　企业固定投资　存货　非意愿存货投资　货币需求

【知识精要】

1. 在跨期消费决策模型中，消费者面临实际预算约束并选择达到一生最高满足水平的现期与未来消费。只要消费者可以储蓄和借贷，消费就取决于消费者一生的资源。

2. 1978 年美国经济学家罗伯特·霍尔首次推导出理性预期对消费行为的影响。他证明了如果永久收入假说是正确的，而且如果消费者能够进行理性预期，那么消费随着时间推移而发生的变动就是不可预测的。这种不可预测的变动被称为随机游走。根据霍尔的观点，持久收入假说与理性预期的结合意味着消费的变动遵循随机游走方式。

3. 资本的边际产量决定了资本的实际租赁价格。实际利率、折旧率、一级资本品的相对价格决定了资本的成本。根据新古典模型，如果租赁价格高于资本的成本，企业就投资，如果租赁价格低于资本的成本，企业就不投资。

4. 住房投资取决于住房的相对价格，住房价格又取决于住房需求和现期固定的住房供给。住房需求的增加，提高了住房价格，并增加了住房投资。

5. 企业出于各种动机持有产品的存货：平稳生产、把它们作为生产要素、避免脱销以及工作过程中产品储备。不支持某一特定动机而作用良好的一个存货模型是加速模型。根据这个模型，存货量取决于 GDP 的水平，存货投资取决于 GDP 的变动。

6. 货币需求的交易理论，例如鲍莫尔-托宾模型，强调了货币作为交换媒介的作用。这些理论预测，货币需求正向地取决于支出，反向地取决于利率。

【实训作业】

一、名词解释

1. 消费
2. 棘轮效应
3. 资本存量
4. 企业固定投资
5. 存货

二、简要回答

1. 简述跨期消费决策。
2. 什么是相对收入消费理论。
3. 简述永久收入消费理论。

4. 分析企业持有存货的原因。

三、论述

1. 简要论述消费理论的几种观点。

2. 假设 A 为高收入集团（城镇居民），B 为低收入集团（乡村居民），在经济增长的城市化进程中，B 转变为城镇居民，与 A 的收入差距大为缩小。分别用绝对收入假说和相对收入假说说明上述情况对消费的影响。

【实训作业答案】

一、名词解释

1. 消费：指一国居民对本国和外国生产的最终产品和服务的支出，是总支出的最大组成部分。

2. 棘轮效应：杜森贝利理论的核心。指消费者易于随收入的提高增加消费，但不易随收入的降低而减少消费，这种特点被称为棘轮效应。

3. 资本存量：企业在生产和服务中使用的机器设备和建筑物构成企业固定投资的存量，或成为资本存量。

4. 企业固定投资：又称企业固定资产投资，是企业购买用于生产的机器设备和建筑物的活动。

5. 存货：是指企业持有的作为储备的产品，包括原材料、在生产过程中的产品（在产品），以及产成品。存货占总支出中很小的一部分，但它在经济周期中的变动很大，成为经济研究的重点。

二、简要回答

1. 简述跨期消费决策。

答：跨期消费决策是 1930 年美国经济学家欧文·费雪提出的消费决策模型，该模型划分了不同时期，说明消费者面临的约束条件及偏好，分析理性的消费者如何在现期消费与未来消费之间做出选择。

为了简化分析，我们假设一个消费者只面临两个时期的消费决策：第一个时期是青年时期，第二个时期是老年时期。在第一个时期消费者取得收入 y_1 并消费 c_1，在第二个时期消费者取得收入 y_2 并消费 c_2。假设没有通货膨胀，并且消费者有机会进行借贷或者储蓄，所以他在任何一个时期的消费都可以大于或小于那一时期的收入。考虑消费者两个时期的收入如何约束这两个时期的消费：在第一个时期，储蓄等于收入减去消费，即 $s=y_1-c_1$，式中，s 为储蓄。在第二个时期，消费等于积累的储蓄，包括储蓄所获得的利息加第二个时期的收入。即 $c_2=(1+r)s+y_2$，式中，r 为实际利率。由于没有第三时期，消费者在第二个时期既不储蓄，也不借贷，只是花光所有积蓄。变量 s 可以代表储蓄，也可以代表借贷。如果第一时期的消费小于收入，消费者储蓄，s 大于零。如果第一时期的消费大于收入，消费者借贷，s 小于零。假定借贷的利率和储蓄的利率相同，则 $c_2=(1+r)(y_1-c_1)+y_2$。经整理，有 $c_1+c_2/(1+r)=y_1+y_2/(1+r)$。把两个时期的消费和两个时期的收入联系在一起，是表示消费者跨期消费预算约束的标准方法。如果利率为0，预算约束表明两个时期的总消费等于两个时期的总收入。在利率大于0的正常情况下，未来消费和未来收入用（$1+r$）这个因子进行了贴现，贴现后的数值被称为现值，贴现产生于储蓄所获得的利息。也就是说，消费者将现期收入存入银行，可以获得一定比例的利息，所以未来收入的价值低于现期收入的价值。同样，未来消费由赚到利息的储蓄支付，所以未来消费的成本低于现期消费的成本。因子 $1/(1+r)$ 是用第一期消费衡量的第二期消费的价格，也是消费者为得到1单位第二期消费所必须放弃的第一期消费的数量。

2. 什么是相对收入消费理论？

答：相对收入消费理论由美国经济学家杜森贝利所提出。他认为消费者会受自己过去的消费习惯以及周围消费水准的影响，从而消费是相对地决定的。他认为，依照人们的习惯，增加消费容易，减少消费则难。因为一向生活在优裕富足的环境中的人，即使收入降低，多半不会马上因此降低消费水平，而会继续维持相当高的消费水准，故消费固然会随收入的增加而增加，但不易随收入的减少而减少。因此，就短期观察，可发现在经济波动过程中，收入增加时低收入者的消费会赶上高收入者的消费，但收入减少时，消费水平的降低相当有限。杜森贝利理论的消费特征被称作“棘轮效应”。同时，杜森贝利相对收入消费理论的另一个方面内容是指消费者的消费行为要受到周围人们消费水准的影响，这就是所谓“示范效应”。如果一个人收入增加了，周围人或与他同一阶层的人收入也同比增加了，则他的消费在收入中的比例并不会变化；而如果别人的收入和消费增加了，他的收入并没有增加，但顾及社会地位，也会刻意提高自己的消费水平。

3. 简述永久收入消费理论。

答：经济学家弗里德曼提出的一种消费函数理论。它指出个人或家庭的消费取决于持久收入。永久收入是指消费者可以预计到的长期收入。弗里德曼的理论认为，在保持财富完整性的同时，个人的消费在其工作和财富的收入流量的现值中占有一个固定的比例。该假说认为，个人的收入和消费都包含一个永久部分和一个暂时部分。永久收入和永久消费分别由一个预计的、有计划的收入成分和消费成分组成；暂时收入和暂时消费则分别由收入方面的意外收益或意外损失以及消费方面的不可预知的变化构成。在长期内，个人消费占有固定比例的永久收入，在短期内，许多家庭或个人在经济周期中会面临一个负值的暂时收入，然而他们的消费与其持久收入相关，因而他们的平均消费倾向增加。由于每个家庭和个人都寻求消费其持久收入的一个固定比例，因而意外的收益或损失将不会影响消费。但在实际运用中，持有收入和消费的价值估计极端困难。弗里德曼的持久收入假说是他的现代货币数量论的重要组成部分。

4. 分析企业持有存货的原因。

答：第一，保证生产的平稳化。商品的市场需求存在波动性，伴随市场需求的波动，企业的产品销量也会经历高涨与低落。由于可以持有一定数量的存货，企业不必随时调整生产以适应销售的波动，减少因频繁调整生产线和产量而造成的损失。企业可以在需求低落，产量高于销量时增加库存；在需求高涨，产量低于销量时，减少存货。

第二，避免脱销。产品的生产需要时间，不可能瞬间完成，企业常常需要在了解顾客需求水平之前做出生产决策，为了避免产品销量意外高涨而脱销，企业需要持有一定数量的存货。

第三，提高经营效率。企业大量订货以持有库存的成本更低一些。

第四，在产品。有些库存是生产过程中不可避免的，因为有的产品在生产中要求多道工序，当一种产品仅仅部分完成时，会被作为企业存货的一部分。

三、论述

1. 简要论述消费理论的几种观点。

答：产出与需求是相关联的，消费又是需求中的重要组成部分。由此，西方的经济学家们提出了不同的消费理论。

（1）绝对收入假说。该理论认为消费是绝对收入水平的函数，随着收入水平的上升，边际消费倾向是递减的。绝对收入假说是凯恩斯理论的重要组成部分。

（2）相对收入假说。杜森贝利提出：人们的消费会相互影响、相互攀比形成“示范效应”，人们的消费不是决定于其绝对的收入水平而是取决于和别人相比的相对收入水平。消费具有习惯性，当期的消费不取决于当期的收入而是取决于过去所达到的最高收入和最高消费，具有不可逆性，这就是“棘轮效应”。

（3）生命周期假说。莫迪利安尼提出：人的一生可以分为两个阶段，前一阶段参加工作挣取收入，第二阶段纯消费而没有收入，靠第一阶段的积蓄维持消费。这样，个人的可支配收入和财富的边际消费倾向取决于该消费者的年龄。它表明在人生的某一年龄段，当收入相对于一生收入高时储蓄也高，当收入相对于一生平均收入低时，储蓄也低。同时，他还指出总储蓄取决于经济增长率和人口的年龄分布等变量。

（4）永久收入假说。弗里德曼提出消费行为与人们的持久收入密切相关，而与当期收入很少有关联。因此，持久收入改变对消费的影响较大，当期收入改变对消费的影响较小。

（5）理性预期学派认为消费者是理性的，是前向预期决策者。消费者利用经验及信息对未来收入进行预测，从而做出消费决策，而不是将过去收入的平均值作为持久收入水平。

理性预期、生命周期和持久收入消费理论结合在一起就是前向预期理论。

2. 假设 A 为高收入集团（城镇居民），B 为低收入集团（乡村居民），在经济增长的城市化进程中，B 转变为城镇居民，与 A 的收入差距大为缩小。分别用绝对收入假说和相对收入假说说明上述情况对消费的影响。

答：（1）绝对收入假说：凯恩斯在《就业、利息和货币通论》中提出，消费支出和收入之间有稳定的函数关系，消费函数若假设为 $C=\alpha+\beta Y$，其中 $\alpha>0$，$0<\beta<l$，C、Y 分别是当期消费和收入，β 为边际消费倾向。凯恩斯认为，边际消费倾向随收入 Y 的增

加而递减。平均消费倾向 C/Y 也随收入的增加而有递减趋势。

相对收入假说：由杜森贝利提出，认为人们的消费会相互影响，有攀比倾向，即“示范效应”，人们的消费不决定于其绝对收入水平，而决定于同别人相比的相对收入水平。同时，消费有习惯性，某期消费不仅受当期收入影响，而且还受过去所达到的最高收入和最高消费的影响。消费具有不可逆性，即所谓“棘轮效应”。

（2）绝对收入假说的说明：城市化使 B 转变为城镇居民。为了适应城镇生活的要求，B 的自发性消费必然提高，导致整个社会自发性消费提高。这样，在收入增加的过程中，消费倾向几乎不变，即消费大致按收入增加的比例增加。

（3）相对收入假说的说明：城市化进程使居民相对收入发生变化，从而引起消费倾向的变化：A 相对收入下降，其消费倾向提高；B 相对收入提高，其消费倾向下降。如果这种变化相互抵消，则全社会的消费倾向不变；如果不能抵消，则会变化。

【实训活动】

实训活动　通过调查活动解读十八大文件

目的：

1. 理解消费对经济增长的影响。
2. 理解消费和投资之间的关系。

内容：

1. 时间：90 分钟。
2. 地点：商场、超市以及批发市场。
3. 人数：任课班级学生人数。
4. 合作人数：每 3 人分成一个小组。

步骤：

第一步：选取所要展开活动的地点，由老师指定具体的商场、超市或者批发市场。

第二步：各小组按照老师分配的调查任务根据预先设置的调查问卷展开对各类型消费品价格、销售量的调查。

第三步：调查结束后进行整理统计工作。

第四步：根据统计结果认识不同类型的消费品消费对各商场、超市以及批发市场的影响。

第五步：撰写小论文。

问题研讨：

1. 商场、超市以及批发市场对同一类型商品是如何定价的？定价机制不一致带来的销量有什么变化？

2. 要促进当地经济发展，在扩大消费能力、提高消费水平方面，地方政府应该制定怎样的政策？

实训点评：

1. 同类商品商场定价较高，超市次之，批发市场最低。定价机制不一样，带来销售量也有所不同。

2. 要通过扩大消费能力、提高消费水平来促进地方经济发展，政府首先应该扩大投资，创造更多的就业岗位，使失业或待业人员就业，形成消费力量；其次应该根据地方消费水平调整工资制度，形成合理的收入分配机制；最后要鼓励生产、销售多样化的商品以供消费者做多元化的选择。

【案例研究及案例使用指南】

案例1 中国居民消费不足的症结何在？

中国经济和世界上其他国家都不同的一大特征就是储蓄率非常高。每年全民所生产的财富中用于消费的只占一半左右，另一半都储蓄起来了。这部分储蓄的财富都用于投资了。低消费、高储蓄、高投资基本上是同一回事的不同结果。想要减少投资必须从根本上提高居民消费着手。

高储蓄和高投资本来都是好事。中国改革开放30多年，由于高投资，全国各地兴建了无数高楼大厦、高速公路、发电厂、制造业工厂、飞机场、桥梁、地铁等，彻底改变了中华大地的面貌。现在的中国真可以当之无愧地称为“新中国”。可是30多年后的今天情况发生了变化。该投资建设的项目差不多都已建成了，值得投资的机会越来越少，产能已经过剩。

用经济学的语言说，就是投资的收益递减。这几乎是大家一致的看法，中国经济的投资太高，不能靠投资来维持商品和服务的购买，要用居民消费的购买替代投资的购买。如果全国人民生产出来的物质和服务卖不掉，产品积压，工厂就不能继续生产。所以必须用更多的消费替代投资，保持总需求的规模。

消费又分政府消费和居民消费。当下要控制政府消费，减少公款吃喝、公款旅游。所以增加消费的唯一出路就是增加居民消费。要求老百姓更多地花钱购买，把生产出来的商品和服务都买下来。可是怎样能让百姓更多地花钱？这可是一个困难的问题。

如果居民没有足够的钱，当然无法增加他们的购买。GDP——中国生产出来的财富总量是百姓的劳动成果，谁生产的财富理应归谁所有。那就不会发生没有钱购买的问题。按照经济学的理论，财富是三要素生产得出的，即劳动、资本和自然资源。如果这三要素都归居民所有，要素所得就成为居民所得。但事实上除了劳动肯定属于居民本身，其他两个生产要素并非都属于居民。

居民的收入低，他们的消费不可能很高。从国家发表的统计数据看也证明这样的分析是对的。全国公有和私有企业职工的工资收入不到GDP的20%。好在中国有大约三分之二的GDP产出是私企生产的，私企的资本收益是归居民中的富有阶层所有。他们的收入中减掉储蓄的部分都用于消费。另外三分之一的国企，他们的资本收益都归了国家。在居民收入中，还要减掉纳税的部分才可能成为他们的购买力。中国的税收

（不包括政府服务所收的费和各种罚款）大约占了 GDP 的 20%，其中包括国有企业所交的税。

从以上的分析可知，中国的居民消费弱的原因和中国的经济制度，特别是所有制有关。公有制为主的结果必定是要素所得大部分归了公。居民收入有限，结果是居民消费不足。

但是居民消费不足还有另外的原因。如果居民有了钱还是不敢消费，而是选择把钱存起来，消费仍然是不足的。不敢花钱的一个主要原因是对自己的经济前途看不清，没有把握，所以要多存钱以保安全。西方社会有较为完善的社会保障制度。老年以后的生活、看病、丧葬如果都有保障的话，就敢花钱。中国的情况恰好是对老年人的社会保障不完善，所以即使今天有钱也不敢花。想要振兴居民消费必须完善社会保障制度。

实行已久的计划生育政策也提高了中国人的储蓄率。孩子少，家庭的负担变轻，就有多余的钱存起来。全社会因之有了大量节余，这种节余大部分变成了储蓄。我们称之为人口红利。现在想要提升居民消费，就得废除计划生育，恢复正常的人口结构，同时也增加家庭养育下一代的开销，也就是增加居民消费。所以，所谓的人口红利实际上是人口欠债，以后是要归还的，不是真正的红利。

中国还有一些强制储蓄的政策，也和振兴居民消费背道而驰。比如企业和员工缴纳的五险一金，就是强迫性的储蓄。这些政策典型地说明微观政策和宏观要求互相抵触。从微观的角度看，每个人都应该有养老储蓄，强制储蓄并不错。但是确实更加大了已经过高的储蓄率，降低了居民的消费能力。

解决这一矛盾的方法是将政府的投资转换成社会公共消费，提高居民的养老服务。这样就可以避免要求居民强制性储蓄。居民中的工薪阶层减轻了五险一金负担，可以增加收入，增加消费。

案例来源：茅于轼．中国居民消费不足的症结何在？［J］．留学生，2015（16）．

思考题

如何认识经济学中关于消费与储蓄的关系？

案例 1 使用指南

第一步：目标设定参考。本案例可以配合本章教学及高鸿业主编《西方经济学（宏观部分·第六版）》的第二十章教学及学习使用。同时，学生应该对宏观经济学的微观基础的内容有所阅读，通过对案例的学习，了解宏观经济学的微观基础。

第二步：背景介绍。种种原因造就了我国居民相当一部分资产以存款的形式存在。那么，我国居民高储蓄到底是利还是弊呢？与西方发达国家的超前消费不同，我国人民倾向于将手上的闲钱存入商业银行。一是因为我国商业银行存款利率较高，存款的利息比较客观；二是我国社保和福利体系不健全，人们准备一份储蓄以免后顾之忧（突发的疾病、“上养老，下养小”等）；三是我国其他投资渠道有限以及人们的理财能力相对缺乏。目前，我国银行业的存款总额超过 40 万亿元人民币，人均存款远超美国。经济增长有三宝：投资、消费和出口。理论上，高储蓄与低消费并存，我国长期的高储蓄率导致即时消费一直低迷，因此消费对我国的经济增长贡献不如投资和出口，大规模的存款加剧了银行的系统性风险。另外，高消费能够促进社会生产。美国作为高消费国家，消费对GDP的贡献超过70%，超前消费、负债消费一直是美式文化的一部分，这确保了美国经济一直长盛不衰，直至2008年的金融风暴发生，暴露出了高消费模式的弊端，美国民众在失业后，突然发现自己身无分文而负债累累，往后日子自然难过了。与美国的国情不同，现在的高储蓄对于我国的将来利大于弊。改革开放30多年以来，我国高速经济增长一直由政府主导的基建投资以及出口商品到海外市场来实现，如今两者的后续动力匮乏，弊端也逐渐显露出来。前者导致我国产能过剩，后者导致我国的对外贸易顺差过大，国内需求不足，而且由于全球经济疲软以及制造产业转移而繁华不再。未来的经济增长将由居民消费来主导。正所谓，留得青山在，不怕没柴烧。高储蓄意味着我国居民未来的资金充足，消费力相当可观，假设我国出现一个极端情况，明年我国民众将40万亿元存款提取出来全部用于消费，年度经济增长可不止10%了。高储蓄还意味着我国居民的“弹药充足”，遭遇金融风暴等突发灾难时，可利用手中的储蓄渡过难关。那么如何让民众大胆地用手中的储蓄消费呢？归根到底，还是要健全福利保障体系，让人们享受最基本的医疗、教育、社保等保障。自然而然，民众便会大胆地消费。

第三步：理论学习。在西方经济学消费理论中，一般是将居民收入列为影响消费需求的主要因素。凯恩斯提出绝对收入假说，提出居民收入是消费需求的唯一影响因素，并且居民收入和消费需求之间存在稳定的函数关系。以后的研究基本上是消费的收入效应，绝对收入假说在很大程度上指引了后来消费函数理论的研究方向。1949年詹姆斯·杜森贝利提出了著名的相对收入假说。在该消费理论的研究中引入了社会心理学的研究成果。他的相对收入假说提出，居民的消费支出水平受到三个方面因素的影响：一是受当前收入水平的影响；二是受到自己以前曾经取得的消费水平的影响，这种现象被称为“不可逆转”的消费；三是受到周围人消费水平的影响。诺贝尔经济学奖获得者米尔顿·弗里德曼在1957年发表论文《消费函数理论》中，提出了著名的持久收入假说。弗里德曼的持久收入假说对消费函数后来的研究产生了较为深远的影响。持久收入假说理论把居民的收入分为两部分：即持久性收入和暂时性收入。并指出居民的消费行为主要是与他们的“持久性收入”即可以预计的未来收入有关，而不是与他们的暂时性收入有关。持久收入假说更注重居民对未来能够取得的收入预期，即自身未来的发展前景。

第四步：讨论思考题目。可以选择根据思考题分组讨论，每组学生轮流发言，组内相互补充发言，各组学生代表相互点评。

第五步：学习总结或教师点评。教师对案例研讨中的主要观点进行梳理、归纳和点评，简述本案例的基础理论，在运用基础理论对案例反映的问题进行深入分析后，辅以适当的框图进行总结。

案例 2 怎样理解“储蓄等于投资”

关于总供求均衡，经济学有个著名的恒等式：储蓄等于投资。此等式最初由凯恩斯提出，之后便在学界流行，到今天已成为宏观经济学的重要基石。众所周知，20 世纪 30 年代前，经济学并不分宏观、微观，是凯恩斯另起炉灶，于 1936 年出版了《就业、利息和货币通论》，才搞起来宏观经济学。

对经济学要不要分宏观、微观，学界一直有争论，不过此非本文重点，这里不讨论。我认为目前亟待研究的是，储蓄等于投资到底是不是总供求均衡的条件。如果是，怎样理解“储蓄等于投资”；如若不是，那么总供求均衡的条件又是什么？这不单是个学术问题，也事关政府调控经济的思路。兹事体大，有必要予以澄清。

我曾说过，所谓“凯恩斯革命”，否定的是萨伊定律。凯恩斯认为，物物交换时代供给可创造需求，但当纸币出现后，供求便不可能自动平衡了。他的根据，是边际消费倾向递减规律。此规律说，随着人们收入增长，消费也会增长，但消费增长跟不上收入增长，令消费在收入中的比重下降，储蓄增加。若储蓄不能转化为投资，供求就会失衡。

凯恩斯的这一观点，追随者多，也有不少学者为文支持。目前教科书给出的一致解释是：一个国家假定只有企业与居民两个部门，不存在税收，也没有政府支出和进出口，这样从收入（供给侧）角度看，国民收入=工资+利润+利息+地租=消费+储蓄；而从支出（需求侧）角度看，国民收入=投资+消费。总供求平衡，意味着总收入等于总支出，即消费+储蓄=投资+消费。等式两边都含消费，故左边的储蓄必等于右边的投资。

上述论证看上去逻辑井然、天衣无缝，然而往深处想，这恒等式其实也有疑点，至少有三个问题值得追问：第一，储蓄的含义究竟为何？是单指居民存款还是包括其他项目？第二，储蓄等于投资是指“事实相等”还是“应该相等”？第三，总供求平衡是否必须将储蓄转化为投资？凯恩斯的《就业、利息和货币通论》我读过多遍，总觉得他讲得不够清晰且自相矛盾，下面说说我的思考。

先说储蓄。照凯恩斯的说法，收入减消费的余额为储蓄，显然，他讲的储蓄就不只是存款。比如你有 10 000 元收入，3 000 元用于消费，余下 7 000 元为储蓄。假如 7 000 元储蓄中你用 5 000 元买了字画收藏，用 1 000 元买股票，剩下 1 000 元存银行，这样看，在凯恩斯那里储蓄是一个比银行存款更宽的概念，我们不妨称为“广义储蓄”。

于是问题就来了，若广义储蓄不单指银行存款，那么储蓄大于存款的部分是什么呢？当然不可能是消费，只能是投资。如上例中居民购买字画收藏与购买股票皆是投资行为，这一点凯恩斯其实也注意到了。问题是储蓄本身包括投资，说储蓄转化为投资岂不是自相矛盾？可见，凯恩斯讲“储蓄转化为投资”时的“储蓄”，并不是广义储蓄，而是狭义储蓄，即居民存款。

再想深一层，如果凯恩斯所讲的储蓄是广义储蓄，而广义储蓄包括投资与存款，这样问题又来了：由于供给侧的国民收入=消费+储蓄=消费+投资+存款，而居民存款是为了从银行取得利息，故存款对居民来讲也是投资。换句话说，居民不仅仅是消费者，同时也是投资者。既然存款也是投资，供给侧的国民收入也就等于消费加投资了。

所以对第二个问题我的观点很明确：从国民收入存量看，“储蓄等于投资”是事实相等。因为国民收入存量是既定量，无论从供给侧看还是从需求侧看，同一个量不可能不等。但若从国民收入流量看，存款是居民投资，但却不是企业投资，存款若不能转为企业投资，总供求流量会失衡。故从流量看，总供求要保持平衡，居民存款（储蓄）需转化为企业投资，即储蓄与投资应该相等。

再谈第三个问题，总供求流量保持平衡，储蓄是否必须转为投资，舍此别无他法？这问题我认为不能一概而论。前面说过，供给侧的国民收入=消费+投资+存款，需求侧的国民收入=消费+投资。这样看，要保持总供求流量平衡，存款可向两个方向转化：一是转为投资，二是转为消费。具体地讲，若投资不足，存款可转为投资；若投资（产能）过剩，存款应转为消费。

放眼看，大量的中外实践证明，储蓄转化为投资可以扩内需，储蓄转化为消费也可扩内需。想想消费信贷吧，消费信贷肇始于欧美，今天风行全球，其实就是支持储蓄转化为消费。凯恩斯当年自己说，他主张储蓄转化为投资，是因为投资有乘数效应。可事实上，投资有乘数效应，消费也有加速效应，而且迄今为止经济学并不能证明，对拉动需求扩投资就一定胜于扩消费。

综上可见，“储蓄等于投资”并非铁律，也非总供求均衡的唯一条件。关于总供求均衡，我赞成马克思的分析。在《资本论》中，马克思将社会资本再生产分为生产资料与消费资料两大部类，他指出，社会总资本再生产，必须坚持价值补偿与实物补偿两个平衡。这一思想，我认为才是实现总供求平衡应该遵循的原则。

现在的难题，是怎样实现两个补偿？有一点可肯定，即不能固守“储蓄等于投资”的教条，否则会作茧自缚。当然，我们也不能走过去计划经济时期政府统购包销的老路。可取的办法是：要让市场在资源配置中起决定作用，同时政府也要对市场失灵做相机调节。

案例来源：王东京. 储蓄为何等于投资 [N]. 学习时报，2015-12-28（4）.

思考题

怎样理解储蓄转化为投资可以扩内需，储蓄转化为消费也可扩内需？

案例 2 使用指南

第一步：目标设定参考。本案例可以配合本章教学及高鸿业主编《西方经济学（宏观部分·第六版）》的第二十章教学及学习使用。同时，学生应该对宏观经济学的微观基础的内容有所阅读，通过对案例的学习，了解宏观经济学的微观基础。

第二步：背景介绍。一方面，2008 年金融危机以来，全球主要国家施行宽松的货币政策，投放高额货币以刺激经济，但并没有看到接踵而来的全球性通货膨胀，反而迎来了全球性通货紧缩。这表明资金并没有通过预期的投资渠道和方式进入实体经济。另一方面是储蓄的增加，随着瑞典、瑞士和日本的负利率政策，居民选择持有现金等保值品规避风险，走出通缩阴影仍未见曙光。怎样将储蓄转化为投资，已成为当前世界经济的现实议题。

第三步：理论学习。资本形成、劳动投入、技术进步以及制度变迁是经济增长的重要因素。传统经济增长理论认为各要素对经济增长的贡献度随经济发展阶段的不同而相应变化，对发展中国家来说，资本积累对经济增长的贡献最为显著。储蓄是推动经济增长的动力，经济在储蓄的作用下不断变化，高储蓄对于发展中国家而言更是经济发展中实现资本积累的重要基石。美国经济学家罗斯托曾将“储蓄率在10%以上”列为经济起飞的必要条件之一。改革开放以来，中国经济之所以能够获得高速增长，国民储蓄“功不可没”。国内学者实证分析显示，1978—2003年资本年均增长速度为9.9%，对经济增长的贡献率为63%，在GDP年均9.4%的增长中贡献近6个百分点。国务院发展研究中心发布的研究报告认为，中国的经济增长模式仍将是一种资本推动型经济增长，推动“十一五”期间以及2010—2020年中国经济快速增长的最主要的动力仍将是快速的资本形成，其贡献率为60%~70%。自1979年改革开放以来，我国储蓄率就一直保持在32%以上的高水平，并且呈现不断上升之势。作为发展中国家，高储蓄是中国最现实的、具有决定性的经济增长来源。因此，储蓄向投资的充分转化和高投资效率是现阶段实现国民经济持续增长的关键环节。

第四步：讨论思考题目。可以选择根据思考题分组讨论，每组学生轮流发言，组内相互补充发言，各组学生代表相互点评。

第五步：学习总结或教师点评。教师对案例研讨中的主要观点进行梳理、归纳和点评，简述本案例的基础理论，在运用基础理论对案例反映的问题进行深入分析后，辅以适当的框图进行总结。

案例备注说明：该案例对于初学者比较困难，可以在结束学期教学或在通读《西方经济学（宏观部分·第六版）》完毕以后使用更佳。当然对于自学能力比较强的学生而言可以直接使用。

案例3　2015年我国固定资产投资增速明显放缓

2015年，我国固定资产投资下行压力较大，增速明显放缓，多项投资指标屡创新低。从主要投资领域看，基建投资保持高速增长，制造业投资和房地产开发投资继续明显减速。企业自主投资意愿不强、实际融资成本较高、地方政府及融资平台投资能力受限、PPP（政府和社会资本合作）模式进展较慢、房地产市场库存仍然较高等成为困扰投资形势趋稳的主要因素。展望2016年，推进“11+6+3+1”重大工程建设、调低投资项目最低资本金比例、投放专项建设基金、加大企业债券支持力度、增强财政资金投资能力、扩大固定资产加速折旧优惠范围等一系列利好政策将释放积极效应，基础设施和服务业仍将是支撑投资平稳增长的重要领域。综合判断，固定资产投资有望呈现稳中略降的态势，预计增长9%左右。建议推进重大项目建设、用好积极财政政策、降低企业融资成本、推进PPP模式以及深化投资审批制度改革。

一、2015 年固定资产投资的基本特征

（一）投资增速跌势明显

受外需大幅萎缩、内需低迷以及房地产市场周期性调整等因素影响，2015 年我国固定资产投资累计增速呈现“逐月放缓”的态势。1—10 月，投资增长 10.2%，增幅分别较上年同期和 2014 年全年回落 5.7 和 5.5 个百分点。逐月看，除 6 月、10 月短暂企稳外，投资累计增速逐月放缓。10 月环比增长率仅为 0.72%，表明投资增速下行压力依然较大。固定资产投资价格指数跌至 100 以下，1—9 月，投资价格指数为 98.5%，分别较上年同期和 2014 年全年回落了 2.2 和 2 个百分点。剔除价格因素后，1—9 月投资实际增长 11.9%，同比回落 3.4 个百分点。

（二）基础设施投资快速增长

制造业、基础设施和房地产开发是固定资产投资的三大领域，基本决定着投资走势。1—10 月，制造业、基础设施、房地产开发投资分别增长 8.3%、17.4%和 2%，增幅同比分别放缓 5.2、4 和 10.4 个百分点。三大领域投资规模合计占总投资的 74%，拉动投资增长 7 个百分点。基础设施投资是支撑投资增速的主要因素，高出投资增速 7.2 个百分点。其中，水利、环境和公共设施管理业投资增长较快，增速高达 19.8%。

在主要行业中，1—10 月，高耗能行业投资增长 4.6%，同比回落 6.4 个百分点，比制造业投资增速低 3.7 个百分点。装备制造业投资增长 10.4%，同比回落 3.3 个百分点，比制造业投资增速高 2.1 个百分点。可见，装备制造业投资快于制造业投资，更快于高耗能行业投资。

（三）第三产业投资比重有所提高

从投资的产业结构看，1—10 月，第一产业投资占比 2.8%，同比提高 0.4 个百分点；第二产业投资占比 41.1%，同比降低 0.8 个百分点；第三产业投资占比 56.1%，同比提高 0.4 个百分点。第三产业投资仍是稳定投资增速的主要力量，即使剔除房地产开发投资、基建投资（不含电、热、气及水生产供应业）后同比增速仍为 13.7%，高出总体投资 3.5 个百分点，其中卫生和社会工作服务业投资增长 29.5%，同比加快 4.5 个百分点。

（四）中部地区投资增速较快

1—10 月，东、中、西部地区投资分别增长 8.5%、14.5%和 8.7%，同比放缓了 6.1、3.1 和 9.1 个百分点，同期东、中、西部地区房地产开发投资分别同比放缓 10.1、9 和 12.5 个百分点。东部地区部分经济发达省份及时推动产业结构调整，转型升级取得较好进展，经济发展重新焕发活力，投资效率提高，引领带动作用逐步增强。中部地区促投资的政策力度较大，投资增速相对较高，回落幅度较小。西部地区及部分资源省份面临能源资源需求低迷、产能过剩、房地产市场调整等多重不利因素，投资减速幅度较大。

（五）民间投资增速显著放缓

1—10 月，民间投资增长 10.2%，同比回落 7.8 个百分点，与总体投资增速持平。民间投资占全部投资的比重达到 64.7%。国有及国有控股投资增长 11.4%，高出民间投资增速 1.2 个百分点。民间投资疲弱反映出企业自主投资意愿不强，国有及国有控股企业在促投资中扮演着重要角色。

（六）到位资金增速降至个位数

1—10月，投资到位资金增长7.3%，同比回落5.1个百分点。资金覆盖率（到位资金/投资完成额）为1.05，低于历史同期水平。其中，国内贷款同比下降4.5%，连续八个月累计增速为负，信贷资金约束比较明显。自筹资金同比增长8.5%，回落7.5个百分点。国家预算内资金同比增长21.1%，加快6.8个百分点。

（七）新开工项目增长缓慢

1—10月，新开工项目（不含房地产开发）计划总投资33.7万亿元，仅增长4.1%，同比回落9.6个百分点，增速为历史同期极低水平。其中，亿元以上新开工项目不足的问题比较突出。施工项目（不含房地产开发）计划总投资93.8万亿元，增长5.3%，同比回落6.2个百分点。

二、固定资产投资底部尚未充分探明

当前，固定资产投资下行压力仍然较大，底部尚未充分探明。投资领域需要密切关注的主要问题有：企业自主投资意愿不强、实际融资成本较高、地方政府及融资平台投资能力受限、政府和社会资本合作模式进展较慢、房地产市场库存仍然较高。

（一）企业自主投资意愿不强

今年以来，市场需求总体偏弱，工业领域价格和企业效益低迷，PPI（生产者物价指数）当月同比连续44个月下跌，工业企业利润受到明显侵蚀，自主投资意愿不强。1—10月份，工业企业利润总额下降2%。产能过剩矛盾仍在持续发酵，工业产成品存货增速不断下降，PMI（采购经理人指数）产成品库存指数低于荣枯线，工业企业整体仍处在去库存阶段，缺乏扩大再生产的投资意愿。同时，房地产市场下行调整，房地产企业开发投资意愿也明显降低，土地购置面积深度下滑，到位资金增速保持个位数，房屋新开工面积持续下降。应该说，民间投资主体对投资形势的反应比较灵敏，从而制造业投资（民间投资比重超过85%）、房地产开发投资（民间投资比重超过70%）增速同比明显回落。

（二）实际融资成本较高

经济下行时期信贷收缩更为明显，融资难、融资贵等问题依然困扰着企业生产经营。尽管金融机构贷款加权平均利率同比有接近130个基点的下行，但价格水平同比下降更多。此外，贷转存款、贷转承兑、借款搭售等行为比较普遍，担保、评估、公证等融资相关费用较高。据调查，企业实际融资成本普遍高达10%以上，部分中小企业甚至超过20%。融资成本居高不下，对中小企业以及民营企业发展造成较大影响，直接影响了其投资能力。

（三）地方政府及融资平台投资能力受限

受公共财政收入低速增长、土地出让收入大幅减少以及偿债高峰期等因素影响，地方政府可用于投资建设的财力明显不足，引导带动社会资本的能力较弱。1-10月份，公共财政收入同口径增长5.4%，政府性基金收入同口径下降24.1%。此外，作为基础设施的主要建设者，地方融资平台因脱钩政府信用，叠加土地市场遇冷，融资成本和难度大幅度提高，投资能力显著削弱。

（四）政府和社会资本合作模式进展较慢

政府力推政府和社会资本合作模式（PPP 模式）以吸引社会资本进入市政公用领域和公共服务领域，拓宽投资资金来源。财政部先后推出两批共 236 个 PPP 项目，总投资额 8 389 亿元；国家发改委发布的 PPP 项目共计 1 043 个，总投资额 1.97 万亿元。目前来看，实际效果并不理想，项目签约率不足两成。项目收益率不高、政府治理水平有待提高、政府信用约束制度尚未建立等是制约 PPP 模式推进的主要因素。此外，在已经签约的 PPP 项目中，社会资本方主要是国有企业，民营企业参与程度偏低。

（五）房地产市场库存仍然较高

尽管二季度以来商品房销售持续回暖，量价齐升，但受制于库存基数较大，特别是三、四线城市去库存化压力较大，房地产开发企业投资意愿仍然疲弱，房地产投资增速一路下行，8、9、10 月份当月增速连续为负。库存高企压制着房地产投资意愿，土地购置面积、房屋新开工面积等先行指标双双深度下滑。截至 2015 年 10 月底，全国商品房待售面积高达 6.86 亿平方米，平均去库存周期仍然长达 7.2 个月，部分三、四线城市甚至在 20 个月以上。房地产销售走强带动房地产开发投资回升一般需要 6~9 个月的传导期，在库存高企的情况下传导期会显著延长，因而房地产投资形势不容乐观。

三、2016 年固定资产投资增速将继续回落

2016 年是“十三五”开局之年。从“十三五”时期投资形势看，固定资产投资有望筑底企稳。一方面，推动经济转型升级和降杠杆将抑制投资增长。另一方面，改革红利释放、新兴产业以及服务业快速发展等将支撑投资增长。展望 2016 年，固定资产投资增速还将继续探底，预计回落到 9%左右。其中基础设施投资高增速，制造业投资低增速，房地产开发投资极低增速，甚至大概率出现下降态势。

（一）促进投资稳定增长的有利因素

推进“11+6+3+1”重大工程建设。国家大力推进 11 大类重大工程包建设，建立重大工程“开工建设一批、投产达标一批、储备报批一批”的滚动机制。同时，积极推进六大领域消费工程、三大战略、重大装备走出去和国际产能合作重点项目建设。这些重大工程建设将对促进投资稳定增长发挥关键作用。

调低投资项目最低资本金比例。有区别地下调固定资产投资项目最低资本金比例，除产能严重过剩行业外，其他行业最低资本金比例调低 5 个百分点。调低投资项目最低资本金比例，可以降低投资门槛，提高投资能力，促进相应投资项目落地施工。

投放专项建设基金。通过发行债券筹集资金设立专项建设基金，对重点项目直接注入项目资本金，以撬动相关金融资源，直接支持看得准、有回报、不新增过剩产能的重点领域建设。

加大对企业债券支持力度。进一步降低企业债券发行门槛，允许借新还旧，简化审核审批程序，扩大企业债券融资规模。同时，出台城市地下综合管廊建设、战略性新兴产业、养老产业、城市停车场等专项债券发行指引，加大企业债券服务实体经济的支持力度。

增强财政资金投资能力。盘活存量财政资金、置换地方政府债务、加快预算执行等举措将提高政府投资能力。按照财政资金统筹使用方案，盘活各领域“沉睡”的财

政资金，统筹用于发展急需的重点领域和优先保障民生支出，增加财政资金有效供给。通过地方政府债券置换存量债务，大幅降低地方政府利息支出和融资成本。加快支出预算执行进度，进一步发挥政府投资引导带动作用。

扩大固定资产加速折旧优惠范围。加大对传统产业投资的支持力度，将加速折旧优惠政策扩大到轻工、纺织、机械、汽车等四个重要行业，有助于激发企业投资和设备更新改造的积极性，促进产业结构优化升级。

（二）制约投资稳定增长的不利因素

投资项目储备不足。受市场需求低迷、融资成本较高、预期收益率走低、库存积压等影响，具备可行性的投资项目仍然较少。一般来说，投资项目通常在两年半内完成。2015 年新开工项目计划总投资额、房屋新开工面积均处在极低水平，反映出投资项目储备不足，将间接影响 2016 年投资增速。

出口形势不容乐观。我国对外贸易依存度较高，投资形势与出口状况关系紧密。2016 年出口形势仍不容乐观，近期 WTO 已经下调世界贸易增长预测，将 2016 年全球贸易增长预测值从 4.0%降低至 3.9%。

融资平台转型改制难度大。地方政府融资平台正在推动转型改制，剥离政府融资职能，成为独立运营的市场主体。融资平台脱钩政府信用后融资成本和难度大幅提高，部分在建项目后续融资困难，新增投资能力明显减弱，或将影响基建投资高速增长的可持续性。此外，地方政府融资平台普遍缺少突出的主营业务和充足的固定资产，参与市场化竞争存在先天不足，转型改制难度较大。

投资统计制度改革引关注。2016 年，我国将全面实行新的投资统计制度，调查对象由投资项目转变为法人单位，投资额计算方法由形象进度转变为财务支出。2014 年全国试点地区投资总额平均减少 50%，增长速度平均降低 30%。参考试点经验，2016 年投资增速可能面临着因统计制度改革带来的“下行”风险。

四、促进投资稳定增长，优化投资结构

2016 年，建议将投资政策主基调确定为促进投资稳定增长，优化投资结构。以增加有效投资、简化投资审批事项、激发民间投资活力为出发点，通过推进重大项目建设，用好积极财政政策，降低企业融资成本，推进 PPP 模式，深化投资审批制度改革，促进固定资产投资健康运行。

（一）推进重大项目建设

一是完善重大项目的政银企社合作对接机制，细化重大工程项目清单，搭建信息共享、资金对接的平台，保障重大项目的资金供应。二是积极引导金融机构的信贷投向，鼓励金融机构建立绿色通道，加快重大项目等领域的贷款审评审批。三是投放专项建设基金，给予国家开发银行、农业发展银行适当的流动性支持。四是统筹落实重大项目建设用地，及时为重点项目建设办理用地手续。五是制定三年滚动投资计划，充实重点产业、基础设施和民生领域的重大项目储备库。

（二）用好积极财政政策

一是发挥好中央预算内投资的带动作用。优化调整中央预算内投资安排，重点用于国家重大工程特别是跨地区、跨流域的投资项目以及外部性强的重点项目，减少竞争性领域投入和对地方的小、散项目投资补助。二是加大盘活财政存量资金力度，清理财政专户。清理结转结余资金和财政专户，将盘活的财政资金重点投向民生改善、公共服务和基础设施等领域，提高财政资金使用效益。三是实行结构性减税。适当调高工薪所得税起征点，扩大税前扣除项目范围，增加养老、教育、住房等支出能力。完善研发费用计核办法，扩大企业研发费用扣除范围。四是推动普遍性降费。减免涉及小微企业的有关行政事业性收费和政府性基金，取缔乱收费，切实减轻小微企业负担。

（三）降低企业融资成本

一是灵活运用降准降息，引导商业银行降低信贷资金成本，加大金融对实体经济的服务。二是扩大专项贷款规模，推动资产证券化，增强开发性、政策性金融资源服务实体经济的作用。三是督察金融机构整改违规收费、以贷转存、存贷挂钩等行为。四是完善多层次资本市场，继续壮大主板市场，积极推动创业板和战略新兴板市场，有序发展新三板市场，规范区域性股权交易中心形成的四板市场，降低中小企业参与资本市场的门槛。五是充分发挥社会资本在普惠金融中的积极作用，支持民营银行、小额贷款公司、村镇银行、P2P 公司等金融机构发展，推动民间金融阳光化。

（四）推进 PPP 模式

一是中央层面安排 PPP 项目前期工作费，支持地方政府开展 PPP 项目的前期工作，推进项目签约及落地实施。二是加大专项转移支付资金、税收优惠政策、PPP 引导基金对 PPP 项目的支持力度。三是规范地方政府行为，加强政府承诺的约束机制，对地方政府违约行为，实施上级财政对下级财政的结算扣款惩罚，切实保障社会资本的合法权益。四是制订 PPP 项目标准化合同范文和分行业合同，提供更加细化可操作的实施指引。五是开展 PPP 项目的推介会和业务培训班，介绍可复制、可推广经验，引导民营资本积极参与 PPP 项目建设。

（五）深化投资审批制度改革

一是进一步取消和下放投资审批权限。清理和规范核准后、开工前的一些报建手续，切实解决前置手续繁杂、效率低下、依附于行政审批的中介服务不规范和收费不合理等问题。二是解决不同审批部门权限下放不同步的问题，促进土地、环评、安全等审批权限同步下放，提高简政放权的综合成效。三是彻底清理审批事项互为前置、互相掣肘的情况，提高审批效率。

案例来源：http://www.irinbank.com/political/2015/11/27753.shtml.

思考题

1. 企业固定投资的含义是什么？

2. 如何理解租赁企业的成本？

案例 3 使用指南

第一步：目标设定参考。本案例可以配合本章教学及高鸿业主编《西方经济学（宏观部分·第六版）》的第二十章教学及学习使用。同时，学生应该对宏观经济学的微观基础的内容有所阅读，通过对案例的学习，了解宏观经济学的微观基础。

第二步：背景介绍。企业的固定资产是支撑企业在市场中立足的重中之重，同时也是衡量一个企业目前的发展状态及发展空间的一个重要指标。截至 2016 年 6 月初全国成交价格最高的 50 宗土地总金额接近 2 300 亿元，其中有 33 宗高价地块被国企竞得，这些国企拿地总金额超过了 1 532 亿元，占比达到了 2/3。而 2016 年前 5 月，全国固定资产投资同比名义增长了 9.6%，这一增长速度是 2000 年以来累计同比增长率的最低水平。全国固定资产投资中民间投资增速放缓，相应放大的是国有及国有控股企业所占全国固定资产投资比重。从 2015 年初以来，国有控股企业在全国固定资产投资总额中所占比重稳步递增。

第三步：理论学习。固定资产投资是指投资主体垫付货币或物资，以获得生产经营性或服务性固定资产的过程。固定资产投资包括改造原有固定资产以及构建新增固定资产的投资。由于固定资产投资在整个社会投资中占据主导地位，因此，通常所说的投资主要是指固定资产投资。固定资产是在社会再生产过程中可供长时间反复使用，并在使用过程中基本上不改变其实物形态的劳动资料和其他物质资料。在我国会计实务中，将使用年限在一年以上的房屋、建筑物、机械设备、器具、工具等生产经营性资料作为固定资产。对于不属于生产经营主要设备的物品，单位价值在 2 000 元以上，且使用年限超过两年的，也作为固定资产。按照一般规律，当年投资其中有三分之一转化成消费，三分之二转化成固定资产。我国多年来讲要降低投资率提高消费率，这是一个沉重的话题，没什么改善，我国投入产出比长期以来是五比一左右，国际上是三到四比一，去年的数字 10 以上，投资效益系数下降到不足 0.1，如果这样下去，每年投资的增幅是 GDP 增幅的两倍、三倍，将可能进一步推动和诱发信贷扩张、赤字增加、加速卖地、债台高筑，土地财政、产能过剩这些弊端恐怕会越来越明显。因此，关注固定资产投资内容非常重要，可以通过其变化来分析我国经济增长速度和比率。

第四步：讨论思考题目。可以选择根据思考题分组讨论，每组学生轮流发言，组内相互补充发言，各组学生代表相互点评。

第五步：学习总结或教师点评。教师对案例研讨中的主要观点进行梳理、归纳和点评，简述本案例的基础理论，在运用基础理论对案例反映的问题进行深入分析后，辅以适当的框图进行总结。

案例备注说明：该案例对于初学者比较困难，可以在结束学期教学或在通读《西方经济学（宏观部分·第六版）》完毕以后使用更佳。当然对于自学能力比较强的学生而言可以直接使用。

案例 4　中国房地产泡沫破裂的阴影

自 1998 年房地产市场化以来，中国政府、房地产开发商、投机者一直喝着房地产飞快增长的自信酒，房地产泡沫被吹得越来越大，如今他们有点醉了，摇摇晃晃的，而泡沫破灭的威胁正越来越近。

一般来说，衡量中国房地产泡沫的常用指标有三个：房地产投资增长率/GDP 增长率、房地产开发贷款额/金融机构贷款总额、房价/收入。

房地产投资增长率/GDP 增长率指标衡量的是房地产投资的泡沫程度。按照国际标准，这个比值一般不应超过 2。比值越大，越意味着房地产业偏离实体经济，越意味着投资需求和虚高价格的形成。

据《中国统计年鉴》上公布的数据测算，2000—2011 年的 12 年间，中国 GDP 从 2000 年的 89 404 亿元增长到 2011 年的 471 564 亿元，增长了 4.27 倍，房地产投资总额却从 4 902 亿元激增到 75 685 亿元，增长了 14.44 倍，中国房地产投资增长率/GDP 增长率除了在 2005 年为最低点 2，其他 11 个年份，都远大于 2，这 12 个年份的比值总和为 34.58，平均每年比值为 2.88。其中，2011 年中国房地产投资总额为 75 685 亿元，投资增长率为 29.7%，GDP 为 471 564 亿元，增长率为 9.2%，房地产投资增长率/GDP 增长率值为 3.23。这说明中国房地产投资过热的现象依然存在，楼市投机特征明显，楼市泡沫化程度令人担忧。

房地产开发贷款额/金融机构贷款总额指标衡量的是房地产资金信贷方面的泡沫状况。从国际标准来看，这个比值一般不应超过 2%，如果超过了 2%，则说明银行、投资公司等金融机构对房地产市场的支持力度过大，如果超过了 2.5，则说明房地产泡沫化程度剧烈，一旦破灭，则会带来巨大的破坏力。

据《中国统计年鉴》和中国央行公布的数据测算，2000—2011 年的 12 年间，中国的金融机构贷款总额从 2000 年的 99 400 亿元增长到 2011 年的 582 000 亿元，增长了 4.86 倍，而房地产开发贷款总额却从 2000 年的 1 385 亿元猛增长到 2011 年的 27 200 亿元，增长了 18.64 倍。其中，2000—2005 年房地产开发贷款额/金融机构贷款总额的指标值都没有超过 2%，但是 2006—2011 年，这六个年份的指标值分别为 2.25、2.52、2.38、2.65、4.56、4.67。

最值得关注的是 2010 年、2011 年这两个年份。2010 年，中国房地产开发贷款额为 2.32 万亿元，房地产开发贷款增长率为 23%，金融机构贷款总额为 50.9 万亿元，房地产贷款额/金融机构贷款总额为 4.56%。2011 年房地产开发贷款额为 2.72 万亿元，房地产开发贷款增长率为 17.1%，金融机构贷款总额为 58.2 万亿元，房地产贷款额/金融机构贷款总额的指标值达到了创历史纪录的 4.67%。

这些数据都说明 2006 年以来，中国房地产市场资金信贷方面存在着巨大的泡沫，最近两年更是达到了疯狂的地步。这种金融信贷泡沫一旦破灭，将会对整个社会产生难以想象的破坏力。

房价/收入指标衡量的是房地产价格层面产生的泡沫。该指标的具体算法是用商品房单套销售均价除以居民平均家庭年收入。按照国际标准，这个比值为 4~6 倍较为合适，在发展中国家这个比值为 3~6 倍较为合适。如果比值超过 6 倍，就说明居民购买房子很困难，房价存在非理性的泡沫。这个比值越大，就说明投机炒房的人很多，房价泡沫的可能性越大。

据《中国统计年鉴》公布的数据测算，2000—2011 年，城镇居民平均家庭年收入从 2000 年的 19 656 元（城镇居民人均可支配收入 6 280 元×平均每户家庭人口 3.13 人）增长到 2011 年的 67 393 元（城镇居民人均可支配收入 21 810 元×平均每户家庭人口 3.09 人）。如果这个数据中再包含农民收入的权重一起测算的话，那么 2011 年中国全国居民家庭年收入的增长还要小于 67 393 元。而与此同时，商品房单套销售均价从 2000 年 175 320 元（1 948 元/平方米×90 平方米）增长到 2011 年 484 290 元（5 381 元/平方米×90 平方米）。相应地，2000 年的商品房单套销售均价/居民平均家庭年收入的指标值为 8.92 倍，2011 年的指标值为 7.19 倍。如果在北京、上海、深圳等一线城市测算这个指标的话，数值接近于 20。

从总体上看，这 12 年的房价泡沫，尤其在一线、二线等城市是非常严重的。这么多年，居民对房价上涨的怨声载道也反映了这一趋势。

由于房地产泡沫吸引了大量企业的眼光，预期的高利润回报加剧了房地产投机活动，伤害最大的是实体经济的发展。据中国全国工商联副主席庄聪生披露的数据显示，在当前的各项投资回报中，资本利润率为 22%，房地产为 28%，而工业为 6.4%，纺织业仅为 4.7%，其结果是造成了实体经济的空心化。他的这一说法也为一些上市公司的"不务正业"所佐证。从沪深上市公司披露的 2011 年年报和 2012 年一季报中可以发现，一些上市公司业绩同比大幅下滑，甚至亏损，但是与之伴随的是这些上市公司把炒房作为它们最重要的投资渠道。它们甚至还专门为此编成了顺口溜"一流企业做金融、二流企业做房产、三流企业做市场、四流企业做实业"。在江浙一带，由于大量的银行信贷资金被投入楼市炒作，许多中小型的实体企业只能靠民间高利贷饮鸩止渴，著名的"吴英案"就是反映实体经济困境的典型例证。

如果房地产泡沫越吹越大，最后破灭，还会导致银行呆账、坏账的增加，甚至会带来连锁性的金融危机。美国的次贷危机引发全球性的金融危机，日本、东南亚、迪拜楼市泡沫的破灭，西班牙、爱尔兰房地产的危机都是活生生的流血教训。

如果房地产泡沫破了，一批涉足企业将会因为抵押贷款还不上而破产、倒闭。同时，民众对房价的预期会持观望、看跌态度，可能还会导致房价迅速跌落，而且许多烂尾楼、空置的地皮会随之出现，整个经济会延续长期的不景气。以日本为例，房地产泡沫破了以后，全国平均地价 1997 年比 1991 年下降 21.8%，商业地价下降 34.1%，全国土地价值缩水了 30%以上。六大都市的平均地价下降多达 56.4%，商业地价更是下降 72.4%，如东京圈下降了约一半，从 88 万日元降到 46 万日元。1995 年土地等不可再生的有形资产减少了 379 万亿日元，相当于一年的国内生产总值。

随之带来的是政治与社会动荡的危机。在经济萧条、失业率上升的情况下，民众的情绪波动性较大，会对政权与社会产生仇恨情绪，犯罪率会有上升，政权的公信力会迅速跌落。

从上述三个指标的分析可以看出，造成房地产泡沫的原因主要有四点：

一是政府的土地出让金泡沫的传导。2010 年，中国国土部公布的土地出让金是 2.7 万亿元，2011 年为 3.15 万亿元，同比增长 16.7%。高地价推动高房价是房地产市场内的普遍声音。

二是宽松的信贷政策成为房地产泡沫发酵的宏观环境。根据中国央行最新公布的数据，截至 2012 年 7 月，广义货币（M2）余额已达到 91.91 万亿元，同比增长 13.9%；狭义货币（M1）余额 28.31 万亿元，同比增长 4.6%；流通中货币（M0）余额 4.97 万亿元，同比增长 10.0%。货币供给的快速增长、信贷资金向房地产市场投资的偏爱已给房价和资产价格泡沫做好了铺垫。

三是房地产投机者的非理性预期所致。投资巨鳄索罗斯用“反射理论”说明了房地产投机心理的生成机制。索罗斯说，市场价格与参与者的预期之间是相互影响的，价格的决定中有可能包含市场参与者主观和非理性的一面，特别是房地产这样高投机的市场，投机者的价格预期很可能是不理性的。由于供给无弹性和需求的增长，直接引发了人们对房价正的预期，并在“反射”作用下逐渐被强化，最终演变为房地产泡沫。

四是境外热钱的流入也加剧了中国房地产泡沫的形成。由于前几年人民币持续升值，很多境外热钱流入中国内地哄炒楼市。近期，由于人民币贬值，一部分热钱开始流出，也从反面佐证了热钱的炒作动机。

房地产泡沫的形成显然触动了中国政府的神经，限购政策的轮番出台、实施，保障房、廉租房建设的行政推动，确实在一定程度上抑制了楼市投机行为。温家宝在 2012 年“两会”的政府工作报告中也说了这样一番话：“投机、投资性需求得到明显抑制，多数城市房价环比下降，调控效果正在显现。”学者型官员贾康也在各地宣传房产税的好处以及中国政府大规模推行房产税试点的可行性，都说明房地产泡沫到了非治不可的地步了。

但是，随着中国经济下行的压力越来越大，实体经济调整结构的能力有限，一些地方政府开始在房地产市场复苏的方向上做起了文章。以北京为例，2012 年 8 月 13 日，北京市统计局公布了 1—7 月北京房地产数据，北京市商品房销售面积为 819 万平方米，比上年同期增长 21.7%。其中，住宅销售面积为 621.4 万平方米，同比增长 31.2%。与此同时，上海、深圳等一线城市的楼市也有复苏的迹象。如果楼市真的复苏了，那么此前的调控成果将付之东流，房地产泡沫还会越吹越大，越大越难以控制。

中国房地产泡沫的未来会怎么样？可能性有四种：①泡沫继续吹大，直至破裂带来严重的危害；②房价预期看跌，投资量减小，泡沫渐渐变小；③经济增长和城市化进程慢慢吸收泡沫，房价基本稳定；④泡沫即将破裂，房价迅速下跌，经济陷入萧条期。

案例来源：http://comments.caijing.com.cn/2012-08-17/112016399.html.

思考题

住房需求的影响因素有哪些？

案例 4 使用指南

第一步：目标设定参考。本案例可以配合本章教学及高鸿业主编《西方经济学（宏观部分·第六版）》的第二十章教学及学习使用。同时，学生应该对宏观经济学的微观基础的内容有所阅读，通过对案例的学习，了解宏观经济学的微观基础。

第二步：背景介绍。目前，中国经济发展处于加速增长的初期，国民经济持续快速增长，人均 CDP 水平加快提高，产业结构趋向高级化，工业化水平进一步提高，第三产业进一步发展。工业化和服务业化的发展使得工业用房和商业用房增长持续上升和扩大。城市规模扩大和人口的增加也将使需求增加。城市化与产业经济互为杠杆和动力，并成为房地产市场增长的基础。2003 年我国城市化率为 40.5%，到全面实现小康的 2020 年，我国城市化水平将达到 50%~60%，期间约有 3 亿~3.5 亿新增城镇人口，每年农村向城镇人口转移有近千万人，据保守估计人均需求 15 平方米，年需求 1.5 亿平方米。未来 20 年，农村人口将大量涌到城市，城市化进程将大大加快。城市人口急剧增加，也给房地产市场带来了巨大的消费需求。农村人口大量进入城市，首先必须满足的是住房需要。由此形成住宅房地产固定性的消费需求。据数据显示，中国城镇化每年以约一个百分点的速度推进，城镇人口年均增长 4%~5%，从而带动新增住房需求快速增长。同时，城市建设的发展，需要进行旧区改造，旧城区的房屋拆迁也会引致拆迁户的大量住房需求。另外，城镇化进程推动的现代生活方式非住宅类房地产流动性消费需求也是逐渐增大的。随着经济发展水平的提高，城镇居民家庭的恩格尔系数降低，消费结构发生变化，流动性消费如旅游、休闲、娱乐等大大增加。于是，城镇化带动了季节性、度假性公共设施如酒店、休闲会所、度假村等非住宅类房地产消费需求的增加。生产性需求是房地产作为生产要素存在，为满足生产经营需要而形成的对房地产商品的需求，其需求的主体是各类企事业单位和个体工商业者。城镇化过程中，人口从农村向城市迁移，并在城市中从事非农业部门的劳动。为吸纳更多的农村剩余劳动力和新增城镇人口，物质生产部门和服务部门必须扩大规模，提供相应的就业岗位，建造更多的工厂厂房、商店店铺、办公用房、服务行业用房以及其他各类生产经营性用房，以满足扩大的社会生产经营活动的需要。由此可见，城市化直接扩大了社会生产经营活动的规模，拉动了房地产市场的生产性需求。

第三步：理论学习。住房需求就是指在一定的时期内，在某一价格水平下，住房的消费者在市场上所愿意且能够购买的住房数量。影响房地产市场需求的因素：①城市化发展水平。城市是社会经济发展，特别是工业化的必然结果。因为社会经济发展，无论从地域上说，还是从经济社会组织形式上说，都表现为城市的发展。城市越发展，对房地产的需求也就越大。随着城市的发展、城市的扩大、城市土地面积不断地增加，城市对土地和住宅的需求也就越来越大。中国现在正处于城市化发展时期，城市数量和城市规模都在不断地增加，因此对土地的需求量是很大的。②房地产价格水平。房地产市场与其他市场一样，价格的高低对房地产的需求也有很大的影响。在正常情况下，房地产价格高，就会限制对房地产的需求，房地产价格低，就会增加对房地产的需求。我国目前房地产价格居高不下是影响房地产需求的一个重要因素。③城市产业结构。城市产业结构是各部门之间的量的关系和比例，以及其特有的相互结合形式。当代经济发展，产业部门已经突破了物质产品生产部门的界限，发展成为包括国民经济各职能部门在内的产业结构。城市产业结构发展的状况，不仅决定着城市对房地产需求的总量，而且决定着房地产产业的需求结构。④国家有关政策。国家的政策，是国家对宏观经济进行调控的重要手段，对房地产的生产性需求和消费性需求，都会有巨大的影响，特别是对房地产的总量平衡和结构平衡有着重大的调节作用。从房地产经济发展的总体上说，房地产的产业政策，决定着房地产产业在整个国民经济中的地位，以及房地产与相关产业发展的关系。房地产经济发展的实践表明，国家的财税政策、国民经济发展计划、金融政策、投资政策等，基本上决定了房地产投资总量和投资结构。同时国家可以通过生产性需求和消费性需求的各种经济参数，如价格、税收、利息、折旧率等，刺激或抑制生产和消费的需求。其中货币金融政策和利率，是调整需求的最有力的经济杠杆。对居民住房消费影响最大的是国家的住房政策，以及与住房有关的各项优惠政策。

第四步：讨论思考题目。可以选择根据思考题分组讨论，每组学生轮流发言，组内相互补充发言，各组学生代表相互点评。

第五步：学习总结或教师点评。教师对案例研讨中的主要观点进行梳理、归纳和点评，简述本案例的基础理论，在运用基础理论对案例反映的问题进行深入分析后，辅以适当的框图进行总结。

案例备注说明：该案例对于初学者比较困难，可以在结束学期教学或在通读《西方经济学（宏观部分·第六版）》完毕以后使用更佳。当然对于自学能力比较强的学生而言可以直接使用。